¡Eso sí! II

Spanisch für Fortgeschrittene

von
Joaquín Masoliver
Ulla Håkanson
Gunilla Sandström
Luis Lerate
Hans L. Beeck

Zeichnungen von
Göran Lindgren

Ernst Klett Verlag für Wissen und Bildung
Stuttgart · Dresden

¡Eso sí! II

von

Joaquín Masoliver
Ulla Håkanson
Gunilla Sandström
Luis Lerate
Hans L. Beeck

Bearbeitung der deutschen Ausgabe
durch die Verlagsredaktion Weiterbildung Sprachen

Bearbeitung dieses Werkes:
Dr. Carlos Segoviano
Sabine Segoviano-Rosenblum
Cristina Palaoro

Gedruckt auf Papier, das aus chlorfrei gebleichtem Zellstoff hergestellt wurde

1. Auflage 1 5 4 3 | 1995

Alle Drucke dieser Auflage können im Unterricht nebeneinander benutzt werden, sie sind untereinander unverändert. Die letzte Zahl bezeichnet das Jahr des Druckes.

Umschlaggestaltung: Dieter Gebhardt, Asperg.
Satz: Setzerei Lihs, Ludwigsburg.
Druck: KLETT DRUCK H. S. GmbH, Korb. Printed in Germany.
ISBN 3-12-514510-4

Inhaltsverzeichnis

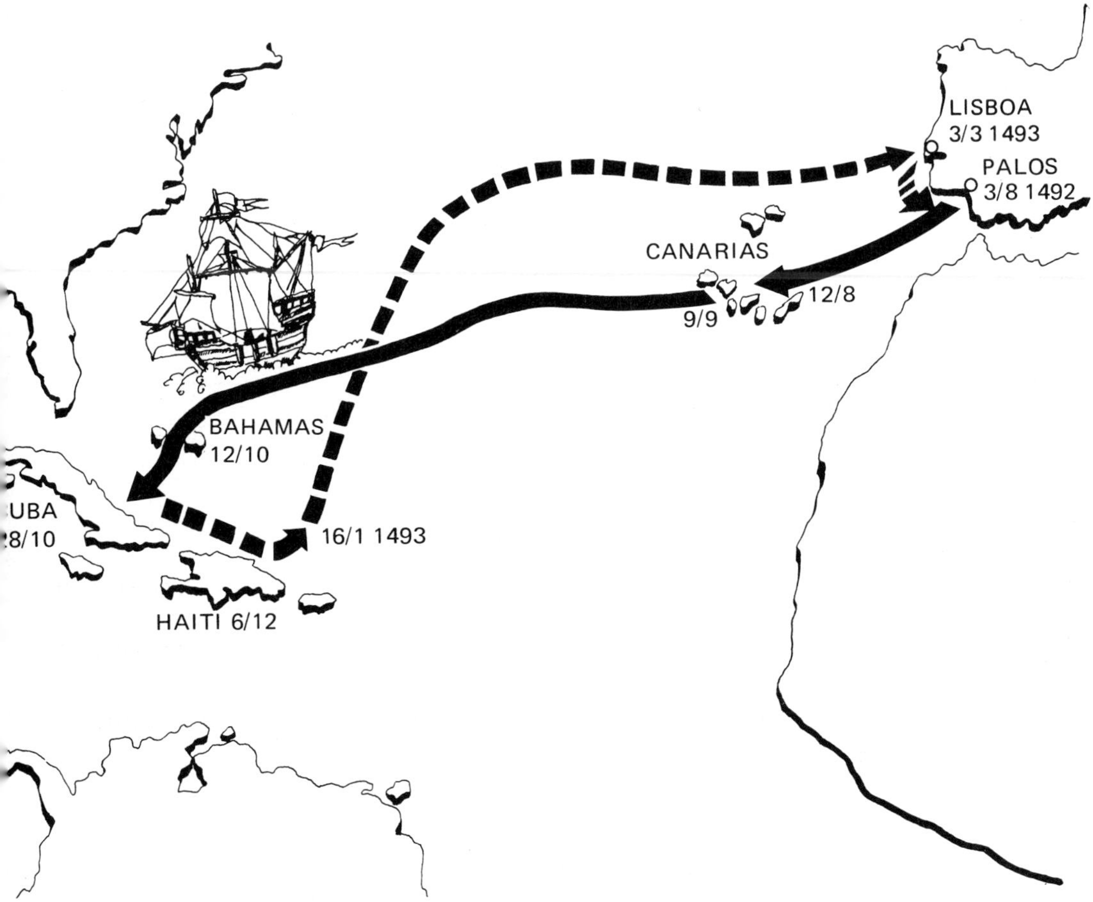

Inhalt – Índice de materias

- Nur die wichtigsten kommunikativen Lernziele („Sprechintentionen – ¿Cómo se dice en español?“) werden bei jeder Lektion aufgeführt.
- In der Spalte „Grammatik – Vokabular“ erscheinen zuerst die zentralen grammatischen Strukturen jeder Lektion, anschließend werden die wichtigsten „kontrastiven“ Vokabeln und Wendungen aufgelistet. Die in Klammern stehenden Strukturen sollen zunächst rein lexikalisch behandelt werden, als grammatische Phänomene werden sie in späteren Lektionen durchgenommen.

Situación - Tema / Situation - Thema	¿Cómo se dice en español? / Sprechintentionen	Gramática - Vocabulario / Grammatik - Vokabular
5 Una vida más ordenada - ¿Papel y lápiz? - De la mañana a la noche		Página 23
- Der moderne Haushalt	den Einfluß moderner Haushaltsgeräte aufzeigen - Vergleiche ziehen zwischen früher und heute - Bedeutung und Anwendung verschiedener Geräte aufzählen	Konjunktiv Perfekt nach *antes de que* und nach unpers. Ausdrücken *hace menos de - caerse dormido - hasta hace poco - siguen siendo* *(para quienes)*
6 Somos hispanos, somos caribeños - Enfrentados a dos Imperios - De Cristóbal Colón al «Estado Libre Asociado» - El rey azúcar - Artesanía puertorriqueña		Página 25
- Einfluß der USA auf das Leben eines Puertoricaners - Landeskundliche Informationen - Geschichtlicher Abriß - Traditionelles Handwerk in Puerto Rico Literarischer Text von L. R. Sánchez Literarischer Text von E. Galeano Literarischer Text von J. R. Jiménez	gezielte Informationen entnehmen - Sachverhalte darstellen - Probleme aufzeigen - Folgerungen ziehen - Informationen zur Geschichte und zur wirtschaftlichen Entwicklung entnehmen	Konjunktiv Präsens in Finalsätzen und nach unpers. Ausdrücken - unregelm. Indefinido *poner, mantener, ser, traer, dar, haber, venir* - Gebrauch von Indefinido und Imperfekt - Relativpron.: *lo que, quienes* - Komparativ und Superlativ *se ha visto enfrentado a - pese a que se escribe - los recién llegados - fueron haciéndose más sólidas - adoptar la condición de - una vez sembradas*
7 En el consultorio - A la cabeza de Europa ... en colesterol - Más carne y menos pan - Así se alimentan los españoles		Página 29
- Beim Arzt - Nahrung und gesundheitliche Folgen - Eßgewohnheiten «A la cabeza de Europa ... en colesterol» (Zeitungsartikel)	jdn begrüßen - körperliche Beschwerden nennen - Ratschläge erteilen - sich nach der Familie erkundigen - fragen, woher man etwas hat - sich einer Sache vergewissern - Tatbestand einordnen nach Art und Weise - über den Gesundheitszustand berichten - Vergleiche ziehen - Mengen aufzählen	verneinter Imperativ *usted* - unregelm. Imperativ *hacer, seguir, volver, pedir, reducir* - Personalpron. im Dativ und Akkusativ - Indefinido *dar* - Relativpron. *cuyo* *tiene buena cara - dentro de lo que cabe - la verdad es que ... - por debajo de - darse cuenta de - a toda costa - más aún sabiendo que - diferente de* *(veremos)*
8 ¡Buen viaje!		Página 32
- Auf dem Bahnsteig	Lautsprecheransagen verstehen - um Wiederholung bitten - sich bedanken - nach der Bedeutung eines Gegenstandes fragen - jdn beruhigen - gute Reise wünschen - Grüße bestellen	Perfekt *decir* - Konjunktiv Präsens in Hauptsätzen: *que lo pases bien ...* *el tren trae retraso - dentro de dos minutos - no faltaba más - no te preocupes* *(¿Me podría ...?)*

Situación – Tema Situation – Thema	¿Cómo se dice en español? Sprechintentionen	Gramática – Vocabulario Grammatik – Vokabular
9 En la farmacia		Página 34
– In der Apotheke «Más carne y menos pan» (Zeitungsartikel)	nach einem Mittel fragen – etwas empfehlen – Wunsch äußern – Anweisungen geben – Zweifel äußern und darauf reagieren	Konjunktiv Präsens in Relativsätzen – Konjunktiv Imperfekt *antes de acostarse* – *en la receta pone que ...* – *por si acaso* *(vivirás)*
10 ¿Quién ha escrito El Quijote? – La aventura de don Quijote y los molinos de viento		Página 35
– Humorvolle Betrachtung der (Schul-)Bürokratie Literarischer Text von M. de Cervantes	jdn ansprechen – sagen, daß man etwas nicht getan hat – jdn um eine Erklärung bitten – für jdn Partei ergreifen – etwas versichern – eine Folgerung ziehen – einen Vorgang beschreiben – einen Befehl erteilen	*este, ese, aquel, esto, aquello* – Indirekte Rede – Akkusativ mit *«a»* – *lo que* *llevar* + Zeitausdruck – *al borde del infarto* – *enterarse de una cosa* – *diciendo esto*
11 Las vacaciones de Eva – Antes y ahora		Página 37
– Eine spanische Studentin erzählt über sich selbst – «Die Zeiten ändern sich» Literarischer Text von A. Gala	sich vorstellen – über Ferienjob und Urlaubspläne berichten – Vergleiche ziehen – über Arbeit und Freizeit erzählen – beschreiben, wie sich die Lebensweise verändert hat	regelm. Indefinido – unregelm. Indefinido *ser, ir, estar, hacer* – *iba a* – Imperfekt (Gewohnheit) – *se habla(n)* *a principios/finales de* – *saber* + Sprache – *sin ton ni son* – *beber más de la cuenta* – *hacer eses* – *sentir que sigue siendo él* – *ha de encerrarse* – *dar la lata a alguien*
12 Carta de Julia – La fórmula mágica – Suplementos		Página 39
– Brief: Junge Leute im Urlaub	Freude/Zufriedenheit/Hoffnung ausdrücken – sich entschuldigen – Vergleiche ziehen – Sympathie ausdrücken – eine Handlung ankündigen – sich verabschieden	Indefinido *tener, venir* – Perfekt *volver, ver, poner* – Stellung des Personal- und des Reflexivpronomens *tardar en* + Infinitiv – *andar de cabeza* – *tener mala pata* – *igual que* – *estar de novios* *(a mí me parece que)*
13 ¡Esto es un atraco!		Página 41
– Auf der Straße – Überfall auf Bankfiliale	jdn ansprechen – Anweisungen geben – jdm Hilfe anbieten – um Auskunft bitten und darauf reagieren – sich einer Sache vergewissern – sich nach einer dritten Person erkundigen – einen Befehl erteilen	regelm. Imperativ *«tú»* – unregelm. Imperativ *«tú»: seguir, decir, torcer* – Indefinido *dar, irse, poder, decir, tener* – Imperfekt *ser, estar* *la número dos* – *estaba comiéndose* – *con cara de gran felicidad*

Situación - Tema *Situation - Thema*	*¿Cómo se dice en español?* *Sprechintentionen*	*Gramática - Vocabulario* *Grammatik - Vokabular*
14 Iguales ante la ley - Morir, dormir ... - Los hombres nunca rompen un plato - Algo cambia - El Ejército discrimina a los hombres		Página 43
- Die Frau in der Gesellschaft: - Persönliches Gespräch - Rolle des Mannes heute - Arbeitswelt der Frau - Stellung der Frau früher und heute - Gleichberechtigung Gedicht von Manuel Machado «Los hombres nunca rompen un plato» (Zeitungsartikel) «El Ejército discrimina a los hombres» (Zeitungsartikel)	Vergleiche (zwischen früher und heute) ziehen und darauf reagieren - zu einem Sachverhalt Stellung nehmen - Statistik auswerten - bestimmten Personenkreis beschreiben - Eigenschaften benennen - Arbeit von Mann und Frau im Haushalt vergleichen - Mißbilligung ausdrücken - Ursachen und Folgen benennen	Präsens *incluir, recluirse* *me llama mucho la atención - pasarse horas y horas - eso también lo hay ... - una vez terminado ... - pasarse el día limpiando - al llegar a casa - sensibilizar a alguien de que ... - seis de cada diez - mientras que - hacer ver algo a alguien*
15 El secreto - A las dos de la madrugada - Mi gallo se murió ayer		Página 46
- Wettervorhersage - Gespräche zwischen einem Ureinwohner Amazoniens und einem Forscher Lied: «Mi gallo se murió ayer»	Gespräch einleiten - von etwas abraten - anbieten, etwas zu tun - Vorgang einordnen nach Zeit - Überzeugung/Bewunderung/Sorge/Sympathie/Zufriedenheit ausdrücken - jdn um einen Gefallen bitten - Vergleiche ziehen	regelm. Futur - unregelm. Futur *poder, hacer, tener, ir, haber, decir, tener, ser, salir* - Futur als Ausdruck einer Vermutung *hacer amistad con alguien - estar impresionado/contento/gastado - o bien - me toca a mí (contigo) - (se murió)*
16 Antes del encuentro - Cruce de culturas - Tenochtitlán		Página 48
- Bedeutende kulturelle Einflüsse in Spanien vor 1492 - Abriß der spanischen Geschichte und Kultur bis 1492 - Tenochtitlán, Hauptstadt des aztekischen Reiches - Eingeborene im heutigen Mexiko «Tenochtitlán» (Zeitungsartikel)	einer Zeichnung Informationen entnehmen und versprachlichen - Informationen zur geschichtlichen Entwicklung entnehmen - über Geschehnisse berichten und Gewesenes beschreiben - einem Text Informationen entnehmen	Gebrauch von Indefinido und Imperfekt - unregelm. Indefinido *estar, ser, convertirse, sentir, tener* - Gebrauch von *ser* und *estar* - Superlativ - Plusquamperfekt - Passiv *diferente de la de otros países - en vez de ... - dando la vuelta a África - hasta unirse con ...*
17 Dos descubrimientos - La perdición de los aztecas - El nombre de Colón - Un lacandón descubre España - Autores latinoamericanos y el descubrimiento - La vasija de barro		Página 50
- 1492 und seine schwerwiegenden Folgen - Kolumbus - Kalender der Azteken - Ein Eingeborener entdeckt Spanien Literarische Zitate von T. Borge, A. Roa Bastos, E. Galeano, M. Benedetti «Un lacandón descubre España» (Zeitschriftenartikel) Lied: «La vasija de barro»	über geschichtliche Ereignisse berichten - Wahrnehmungen und Gefühle anderer beschreiben - Zusammenhänge zwischen Ursache und Wirkung aufzeigen - Person und ihren natürlichen Lebensraum beschreiben - Vergleich ziehen zwischen dem Leben mit der Natur und in der «Zivilisation» -Beobachtungen eines Dritten wiedergeben	Gebrauch von Indefinido und Imperfekt - Plusquamperfekt - *muerto* - Passiv - Konjunktiv Präsens in Temporalsätzen und nach unpers. Ausdrücken *para conquistarse su amistad - tened entendido que ... - no es que se vean borrachos - hacerse una idea cabal de ... - hermosa y riquísima lengua - yazgo en ti (llorad) - (vivirán)*

Situación - Tema / Situation - Thema	¿Cómo se dice en español? / Sprechintentionen	Gramática - Vocabulario / Grammatik - Vokabular
18 Los nuevos señores de América - La conquista - La colonia - Simón Bolívar - Los nuevos Estados - El nombre de América - Población nativa y población mestiza - Educación de príncipe		Página 54
- Eroberung Lateinamerikas - Kolonialzeit - Die neuen Staaten - Der Name Amerikas - Eingeborene und Mestizen im heutigen Lateinamerika (Statistik) Text von Simón Bolívar Literarischer Text von J. Ibargüengoitia	einem Text Informationen über vernichtete Kulturen entnehmen - Bild versprachlichen - Verbindungen knüpfen zwischen Personennamen und Ländern - Statistiken versprachlichen - Vermutungen anstellen - Möglichkeiten aufzeigen	Gebrauch des Indefinido - unregelm. Indefinido *morir, huir* - Plusquamperfekt - Passiv - Superlativ - *prácticamente, política y culturalmente, rapidísimamente* - Konditional und Konjunktiv Imperfekt in Bedingungssätzen - unregelm. Konditional *decir, haber, hacer, poder, tener* *a los incas los sometió Pizarro - a (partir de) mediados del siglo - ya que tiene - por consiguiente - el nombre se debe a ... - llegaron a crecer - el primero en darse cuenta de que ... - no tienen nada que hacer - cada seis (años) - estar a cargo de - pitando el claxon*
19 Hispanos		Página 58
- Landeskundlicher Text: Spanischsprechende Minderheiten in den USA	Sachverhalte beschreiben - Sachinformationen erfragen/geben - Entwicklungen aufzeigen - Vergleiche ziehen - Wünsche eines Dritten wiedergeben	*¿cuál? ¿cuáles? - uno visita/viaja - se oye, se calcula* *sigue siendo - va ganando - estar orgulloso - lleva a su hijo en brazos*
20 México - Datos sobre México - Cómo es este país - Todos Santos, Día de Muertos - El chile mexicano - Calabaza y maguey - Frida Kahlo		Página 59
- Landeskundliche Angaben über Mexiko - Mexiko und seine Feste - Die mexikanische Küche - Frida Kahlo Literarischer Text von O. Paz Literarischer Text von E. Poniatowska	etwas benennen - geographische Lage beschreiben - einem Text Informationen zu Geographie, Wirtschaft und Geschichte entnehmen - sich über Feste informieren und mit Gegebenheiten in anderen Ländern vergleichen - Sachverhalte beschreiben - über Eßgewohnheiten berichten - wie man ein typisches Gericht zubereitet - über Leben und Werk einer Künstlerin berichten	Superlativ - *más de, menos de* - Indefinido *hacer, morir* - Präsens *sustituir* - Plusquamperfekt - Gebrauch von Indefinido und Imperfekt *las dos terceras partes - lo mismo que - tienen otras cosas que hacer - «se vienen temprano» - contaba algo menos de 20 años - de parte a parte - cada vez que ...*

Situación - Tema *Situation - Thema*	*¿Cómo se dice en español?* *Sprechintentionen*	*Gramática - Vocabulario* *Grammatik - Vokabular*
25 ¿Cultura viva? - Las Islas Canarias		Página 75
- Auf der Insel Graciosa: Traum und Wirklichkeit - Landeskundlicher Text: die Kanarischen Inseln	Tatbestand einordnen nach Zeit und Ort - Folgerung ziehen - Gefallen/Begeisterung ausdrükken - Anerkennung aussprechen und darauf reagieren - Verwunderung/Zufriedenheit ausdrükken - widersprechen - jdn auffordern, etwas zu tun - Sachverhalte darstellen - gezielte Informationen entnehmen	Komparativ und Superlativ - Konjunktiv Präsens: *quizás sea* - Konjunktiv Präsens nach *no creo que*/unpers. Ausdrücken - unregelm. Indefinido *buscar, ser, decir* *dirigiéndome a ellos - de eso sí que no nos falta - echarse a* + Infinitiv - *acabar con una cosa - nadie quiere perdérsela*
26 Todos seremos verdes - Humos, olores, ruidos ... - La contaminación empieza en el hogar - Oír cantar a los ruiseñores		Página 78
- Umfrage zur Umweltverschmutzung - Zeitungstext zum Thema Umweltverschmutzung - Ökologie - «Coto Doñana»: Geschichte und Bedeutung «Humos, olores, ruidos ...» (Zeitungsartikel) «La contaminación empieza en el hogar» (Zeitschriftenartikel) «Oír cantar a los ruiseñores» (Zeitschriftenartikel)	Statistik auswerten und versprachlichen - Sachverhalte schildern - Meinung Dritter wiedergeben - Zusammenhänge aufzeigen - Ratschläge erteilen - Hoffnung ausdrücken - Stellung nehmen zu Sachverhalten - Lebensumstände schildern - Gefühle ausdrücken - Bezug zu früher herstellen	Konjunktiv Präsens nach *quizás, ojalá* - Konjunktiv Präsens nach *quizás se consiga que, no significa que* - Gebrauch von Imperfekt und Indefinido - Superlativ *el hecho de comer una hamburguesa - cada vez que - lo más pronto posible - los niños saben cómo influenciar a ... - puede llegar a ser - no la cambio por ninguna otra - tengo mucho cariño a ... - qué quiere que le diga*
27 El coche o usted - Habla un guardia civil de tráfico - El mago del tráfico - No viajes con un elefante a tu espalda - Accidentes mortales		Página 81
- Verkehrsunfälle: persönliches Gespräch - Verkehrsplanung heute und morgen (Zeitungsartikel) - Sicherheitsgurt und Motorradhelm (Spanien, Deutschland, Europa) «Habla un guardia civil de tráfico» (Interview) «El mago del tráfico» (Zeitungsartikel) «No viajes con un elefante a tu espalda» (Zeitungsartikel)	Sachverhalte beschreiben und erklären - Probleme ansprechen - Perspektiven aufzeigen - Forderungen stellen - Lösungen anbieten - Unterschiede hervorheben - Vergleiche anstellen (Spanien, Deutschland, Europa) - Statistik auswerten und versprachlichen	regelm. Indefinido - unregelm. Indefinido *tener, haber - más/menos de ...* - Konjunktiv Präsens in Finalsätzen - Relativpronomen *quienes, los que, de los cuales* - Komparativ und Superlativ - Konditional *por lo que se refiere a ... - o sea que ... - quizás hay que tener en cuenta que ... - no es de lo mejor que se puede tener - están disminuyendo - lleva implícito beber - la gente bebe cuantiosa y copiosamente - en base a*

Situación - Tema *Situation - Thema*	*¿Cómo se dice en español?* *Sprechintentionen*	*Gramática - Vocabulario* *Grammatik - Vokabular*
28 El horóscopo no miente - ¿Cuál es tu signo? - Y tú, ¿de qué signo eres?		Página 85
- Tierkreiszeichen - Wochenhoroskop: persönliches Gespräch	einer Zeichnung Informationen entnehmen – Ratschläge erteilen – etwas voraussagen – Möglichkeiten aufzeigen – Unglauben ausdrücken – jdn auffordern, etwas (nicht) zu tun	regelm. Futur – Futur *haber, tener* – Imperativ *«tú»* und *«ustedes»* – unregelm. Imperativ *decir, seguir, hacer* – Konjunktiv Präsens in Finalsätzen und nach unpers. Ausdrücken – Konj. Präsens *haber* *prestar atención a - volverse atrás - es de esperar que ... - ir por buen camino - llevarse una decepción - andar con cuidado en ... - Me has dejado impresionado. - creer a pie juntillas - Me lo he inventado todo yo.*
29 Una mañana como todas - Las siete y pico - Dramas callejeros		Página 87
- Morgens zu Hause - Auf dem Weg zur Schule/ Arbeit - Uhrzeit - Auf der Straße	jdn auffordern, etwas zu tun – jdm Anweisungen geben – um etwas bitten – nach der Uhrzeit fragen – eine Vermutung äußern – Bedauern ausdrücken – sich rechtfertigen – nachdrücklich um etwas bitten	bejahter und verneinter Imperativ *«tú»* und *«ustedes»* – unregelm. Imperativ *cerrar, hacer, poner* – betontes Possessivpron. – Konjunktiv Präsens in Finalsätzen – doppeltes Personalpron. *me la, te la, se la - ponértela, ponérsela* *está todo roto - no llevo reloj - poner una multa - No te pongas así.*
30 Cuando yo sea grande		Página 89
- Pläne und Wünsche für die Zukunft	Pläne/Wünsche für die Zukunft äußern – über eigene Lebensumstände berichten	regelm. Futur – unregelm. Futur *hacer, tener* – Konjunktiv Präsens in Final-, Temporal-, Relativsätzen – Konjunktiv Präsens nach Wunsch oder Verbot – Imperfekt (Gewohnheit) *comprarse una casa - nunca la dejaré que no más esté lavando - nos dejaba puras sobras*
31 ¿Un argentino medio? - Tres argentinos - Receta - El mate - Los matacos y los tobas - Así hablan los argentinos		Página 90
- Drei Argentinier von Weltruhm - »Rezept« - Ein typisches Getränk - Ureinwohner Argentiniens - Argentinisches Vokabular D. A. Maradona (Zeitungsartikel) Los matacos y los tobas (Zeitungsartikel)	Einzigartigkeit von Personen hervorheben – «Zutaten» aufzählen – typisches Getränk beschreiben – über Dritte berichten (Herkunft, Geschichte, Probleme ...) – Unterschiede im Vokabular aufzeigen	Gebrauch der Vergangenheitszeiten: Indefinido, Imperfekt, Perfekt – Superlativ – *el mejor, el peor - aunque viven, aunque conserven, aunque hayan nacido* *desde hacía 31 años - llegó a ser - soñar con* + Infinitiv – *olvidarse de* + Infinitiv – *llamar a gritos a ... - donde menos aborígenes hay*

Situación - Tema *Situation - Thema*	*¿Cómo se dice en español?* *Sprechintentionen*	*Gramática - Vocabulario* *Grammatik - Vokabular*
32 Un país de mil caras - Datos sobre Argentina - Así es Argentina - Altibajos en su historia y su economía - El Parque Nacional del Iguazú - Desde el arenal de la isla - La cuna del tango - «Mi Buenos Aires querido» - El gaucho - Más pizzerías que en Nápoles ...		Página 93
- Daten zur Geographie, Geschichte und Wirtschaft - Iguazú - Der Tango und C. Gardel Literarischer Text von J. L. Borges Literarischer Text von R. Güiraldes Literarischer Text von E. Sábato Lied: «Mi Buenos Aires querido»	Texten landeskundlichen Inhalts Informationen entnehmen - Text über den Tango und C. Gardel Informationen entnehmen	Superlativ und Komparativ - *mayor que, mejor que, más de* - *había, habrá, hubo* - Gebrauch von Indefinido und Imperfekt - Passiv *se distinguen más de 400 especies - los barrios de las afueras - hasta que llegó a ser - se ganaba la vida cantando - no habrá más pena ni olvido - pide rienda el corazón - mejor que nadie*
33 Urbanización La Palmera		Página 98
- Zeitungsanzeige (Ferienwohnung) - Briefe (Ferienwohnung)	einer Zeitungsanzeige Informationen entnehmen - Wünsche äußern - Zweifel ausdrücken - jdm im voraus danken - Bezug nehmen auf Vergangenes - Absicht äußern - Hoffnung ausdrücken - jdn um etwas bitten	Futur I und II - unregelm. Futur *haber, poder* - Konjunktiv Präsens in Finalsätzen, nach unpersönlichen Ausdrücken, nach Ausdrücken der Willensäußerung - unregelm. Konjunktiv Präsens *ir* *hoy mismo - muy señores míos - deseo que dé a la playa - esperando sus noticias ... - estimados señores - cuanto antes - ambos inclusive - sin otro particular ...*
34 Si algo no funciona ... - Información a los señores huéspedes - En el apartamento 32/A		Página 100
- Gästeinformation - Infotafel - In der Ferienwohnung	einer Anweisung wichtige Informationen entnehmen - Gespräch einleiten - widersprechen - sich über etwas beklagen - etwas bedauern - um etwas bitten	Konjunktiv Präsens nach unpersönlichen Ausdrücken und nach Ausdrücken der Willensäußerung - unregelm. Konjunktiv Präsens *entregar, saber, traer* - bejahter und verneinter Imperativ *usted* - Personalpronomen beim Imperativ *se ha equivocado de número - resulta que ... - si acabamos de arreglarla - hace un par de días*

Situación - Tema *Situation - Thema*	*¿Cómo se dice en español?* *Sprechintentionen*	*Gramática - Vocabulario* *Grammatik - Vokabular*
35 La juventud no lo tiene fácil - Dos preguntas imaginarias - Dos camareras: una jueza y una historiadora. Entrevista - ¡Cómo cambia la juventud!		Página 102
- Was der Jugend wichtig erscheint - Studium abgeschlossen - und dann? Interview mit zwei betroffenen Frauen - Jugend heute «Dos preguntas imaginarias» (Zeitschriftenartikel) «Dos camareras» (Interview) «¡Cómo cambia la juventud!» (Zeitschriftenartikel)	Hypothese aufstellen - etwas bewerten - eigene Situation schildern - zur Arbeitslosigkeit Stellung nehmen - etwas begründen - Hoffnung äußern - wie die Jugend den Wert des Geldes schätzt - wovor sie Angst hat - Wertvorstellungen der Jugend	Konditional I und II in Hauptsätzen - Komparativ und Superlativ - Gebrauch der Vergangenheitszeiten - Konjunktiv Präsens in Konzessivsätzen *supongamos que ... - un conductor kamikaze - a mí me falta una asignatura - cualquier día lo hace - estudié por ocupar el tiempo libre - no se te ocurra ser ... - para echarse a temblar - no hay quien los eche - lo que ocurre es que ... - ¿qué rechazan más?*
36 Se habla castellano - En Buenos Aires - Quiéreme mucho - También los gestos son idioma		Página 105
- Anekdote: Vielsprachigkeit - Buenos Aires und seine sprachlichen Eigenheiten - Begrüßungsformen - Gestensprache «Quiéreme mucho» (Zeitschriftenartikel)	eine amüsante Begebenheit erzählen - Unterschiede im Ausdruck aufzeigen - Vergleiche zwischen früher und heute ziehen - Vergleiche zwischen Europa und der spanischen Welt ziehen	*quienes hablan* *lo vuelve a decir - no entiende una jota - ¿no pone en el letrero que ...? - ¿qué hacés, pibe? - ¿cómo andás? - a vos, ¿cómo te va? - mirá, che - fijate que - la colimba - ¿de qué te quejás, viejo? - pero, pibe, escuchame - perdés un montón de tiempo - chau* *estar en baja/alza - no se parecen en nada a ...*
37 ¡Vaya moto!		Página 107
- Verkehrsunfall	Bewunderung ausdrücken - Einwand erheben - jdn zur Vorsicht ermahnen - Annahme/Meinung äußern - Hypothesen aufstellen - etwas bedauern	Konditional in Hauptsätzen - Konditional I und II, Konjunktiv Imperfekt und Plusquamperfekt in Bedingungssätzen - Futur als Ausdruck der Vermutung - Konjunktiv Imperfekt nach *como si* *¡Vaya moto! - mira cómo se salta los semáforos - qué demonios me importan a mí ... - resulta que la culpa la tengo yo - se me ha olvidado - ¿no le he puesto yo ya a usted una multa?*

Situación - Tema *Situation - Thema*	*¿Cómo se dice en español?* *Sprechintentionen*	*Gramática - Vocabulario* *Grammatik - Vokabular*
38 El perro y el retrato		Página 108
- Anekdote mit offenem Ende	eine Begebenheit in der Vergangenheit schildern - Enttäuschung ausdrücken - Bedingungen stellen	Gebrauch der Vergangenheitszeiten: Imperfekt, Indefinido, Perfekt, Plusquamperfekt - unregelm. Indefinido *querer* *una señora con muchos humos - le hizo mucha ilusión - tardar en* + Infinitiv - *el día que fue a … - me ha puesto años de más - ¿cómo iba a reconocer a …? - al cabo de dos semanas - nada más entrar en … - ponerse a* + Infinitiv - *no tuvo más remedio que …*
39 Y todos seríamos felices …		Página 110
- Wunschgedanken eines Kindes	irreale Wünsche formulieren	Konditional in Hauptsätzen - Konjunktiv Imperfekt in Bedingungssätzen und in Relativsätzen - unregelm. Konjunktiv Imperfekt *haber, hacer, ser*

1 Acabo de llegar

– ¿Tomamos el autobús?
○ No, prefiero tomar un taxi. No me gusta hacer cola.
– No tengo nada en contra.
○ Con todo este equipaje es más cómodo ir en taxi hasta la puerta de casa.

– ¿De dónde viene usted?
○ Vengo de Italia. Acabo de llegar.
– ¿Es usted italiano?
○ No, soy francés.

– ¡Hola, Jaime! ¡Cuánto tiempo sin verte! ¿Dónde has estado?
○ En Estepona. He estado de vacaciones.
– ¿Lo has pasado bien?
○ Sí, han sido unas vacaciones fantásticas.

– Le presento a mi marido.
○ Encantada.
△ Mucho gusto.

– ¿Te ha gustado el viaje?
○ Sí, mucho. Me gustaría volver otra vez a ...
– Pues a mí me gustaría ir el año que viene a Puerto Rico.

¿De dónde vienes, amor, mi niño?
De la cresta del duro frío.
¿Qué necesitas, amor, mi niño?
La tibia tela de tu vestido.

F. García Lorca

– ¡Su permiso de conducir, por favor!
○ ¡Qué despiste! Me parece que lo he dejado en casa.
– ¿No tiene otro documento de identidad?
○ No, lo siento.
– Pues entonces ... Vamos a ver: ¿cómo se llama usted?
○ Moreno Rubio.
– ¿Y su nombre de pila?
○ Juan Luis.
– ¿Su dirección?
○ ¿Cómo dice?
– Que dónde vive usted.
○ Aquí en Madrid, en la calle Abdón Terradas, ocho.
– ¿Fecha de nacimiento?
○ El once de marzo de mil novecientos cincuenta y cinco.
– ¿Profesión?
○ Soy programador.
– Bueno, vamos a ver ...

Veo el cielo abierto.

2 A ver si quedan plazas libres

Un billete de segunda

En la ventanilla número 8 de la estación de Chamartín una muchacha está rellenando un impreso para solicitar la tarjeta interrail.

Mientras ella está escribiendo los datos llega una pareja mayor con mucho equipaje.

– Pueden pasar ustedes primero si quieren. Yo voy a tardar un rato – les dice la muchacha.

○ Muy amable – le contesta sonriendo el señor –. Por favor, déme dos billetes para Burgos, para el tren de las 15.40.

△ ¿Ida y vuelta?

○ No, sólo ida. Segunda clase. Fumadores.

△ A ver si quedan plazas libres …

○ ¿Hace falta reservar asiento?

△ Sí, es un Talgo. Vamos a ver …

El empleado pulsa las teclas del ordenador. Todavía quedan asientos libres. Le entrega los billetes al señor.

△ Son 4.632 pesetas en total.

○ Tenga. No hay que cambiar de tren, ¿verdad?

△ No, no, es directo.

La muchacha sigue escribiendo. En la cola, detrás de los paquetes y las maletas de la pareja, se ha colocado mientras tanto una señora de mediana edad.

La RENFE y la FEVE

La red ferroviaria de España tiene una longitud total de 14.408 kilómetros, 12.721 de vía ancha (más ancha que la del resto de Europa) y 1.687 de vía estrecha. Debido a las numerosas montañas, las curvas, los túneles, la red ferroviaria española se ha caracterizado por un elevadísimo coste de construcción.
El primer tramo de ferrocarril español se inauguró en 1848 entre Barcelona y Mataró. Tres años más tarde comenzó a funcionar la línea Madrid–Aranjuez.
Como ocurre con las carreteras, también el sistema español de trenes es «radial», partiendo todos de Madrid.
Aparte de los trenes de la RENFE (Red Nacional de Ferrocarriles Españoles) existen en el norte de España unas líneas de vía muy estrecha que dependen de la FEVE (Ferrocarriles de Vía Estrecha) y de las Comunidades Autónomas.
Entre Madrid–Sevilla y Madrid–Barcelona–Francia se están construyendo nuevas líneas para TAV (Trenes de Alta Velocidad).

• Composición de los trenes

1, 2	1ª y 2ª clase.		Autoexpreso. Motoexpreso.
	Coche-literas.	Talgo P.	Talgo Pendular.
	Coche-camas.	Talgo C.	Talgo Camas.
	Tren con servicio de restaurante.	Reg. Exp.	Regional Exprés.
	Tren con servicio de bar o minibar.	Interurb.	Interurbano.
		Cercan.	Cercanías.
	Tren con servicio de vídeo.	IC	INTERCITY.
	Coche guardería.	EC	Eurocity.

TALGO = Tren Articulado Ligero Goicoechea-Oriol.
Goicoechea es el ingeniero, Oriol el socio capitalista. El Talgo comenzó a funcionar regularmente (Madrid-Hendaya) en 1950, después entre Madrid-París (1968) y Barcelona-Ginebra (1969).

A quien madruga, Dios le ayuda.
Fue cosa de llegar y besar el santo.

3 Billetes y monedas

Una señora se acerca a una de las ventanillas del banco de la estación. Le entrega al empleado un eurocheque.

El empleado El pasaporte, por favor.

La señora Espere ... ¡Vaya! ¿Va bien con el carné de identidad?

El empleado Sí, sí. Escriba su nombre y firme también al dorso, por favor. Así, muy bien.

La señora ¿Me quiere cambiar este billete de mil?

El empleado ¿En monedas de cien?

La señora Sí, y déme algunas de cincuenta y de veinticinco, por favor.

El empleado Tenga. Aquí tiene.

Un señor Haga el favor de cambiarme estos mil pesos mexicanos.

El empleado Muy bien.

El señor Quisiera también cambiar este cheque de viaje de veinte dólares.

El empleado Para eso vaya a la ventanilla de aquí al lado.

Para utilizar el «cajero automático» basta con introducir la tarjeta, teclear el «número de identificación personal» y seguir las instrucciones que aparecen en la pantalla.

> Los dineros del sacristán cantando se vienen, cantando se van.

4 Voy a contarte quién soy yo

Soy holandés

Soy holandés, tengo 26 años y trabajo desde hace un año en una sucursal de una compañía holandesa aquí en Bogotá. Me gusta mucho mi trabajo y la ciudad, y tengo muchos amigos bogotanos.

Tengo sin embargo un problema que no sé cómo resolver y quiero que usted me ayude con un buen consejo. Se trata de lo siguiente:

Hace unos meses conocí a una chica en una fiesta y desde entonces estoy locamente enamorado de ella. Hemos salido juntos algunas veces y creo que también yo le gusto a ella. La chica tiene 19 años y vive con sus padres.

El problema es que sus padres no quieren que nos veamos, no quieren que vayamos juntos a ningún sitio ni tampoco permiten que yo la visite en su casa.

Hace unos días la llamé por teléfono y contestó su hermano mayor. No me dejó hablar con ella. Me dijo que la familia no quiere que la llame ni que salgamos juntos.

Sospecho que es porque no soy católico. ¿O porque las costumbres de nuestros países son tan distintas?
¿Qué me aconseja usted? ¿Me recomienda que le escriba?
Espero que me conteste usted pronto, pues no sé qué hacer.

Peter Bos, Nimega

Ampliar el horizonte

Desde que mi marido está jubilado no sabe cómo matar el tiempo. Por eso tenemos interés en conocer a personas jubiladas que tengan tiempo y ganas para pasar algún rato juntos.
No es necesario que dispongan de coche ni que hagan mucha vida social. Para nosotros lo importante es que se trate de personas sinceras, que sean activas y emprendedoras sin necesidad de gastar mucho dinero y que tengan sentido del humor.
Tampoco nos importa entrar en contacto con una persona que sufra alguna enfermedad o tenga algún defecto físico.
Conocer a gente nueva y ampliar un poco nuestro horizonte es lo que queremos.

Nuria y Enrique, Ronda (Málaga)

¿Quién me escribe?

Hola.
Me llamo Marina, vivo en Alicante y tengo 17 años. Me gustaría mantener correspondencia con chicas y chicos de otros países.
¿Cómo soy yo? Bueno, digamos que me interesan la historia, la política, países desconocidos ... En mi tiempo libre leo mucho, escucho música (Pink Floyd, Mecano ...). Ah, no soy precisamente una persona muy ordenada, pero creo que tengo sentido del humor.
Lo único importante es que quien me escriba hable español, inglés o alemán. Lo demás no tiene importancia.

Marina Ruiz, Alicante

«Bisonte»

He sido fumadora de Bisonte desde mi más tierna adolescencia. Estudié y ligué con Bisonte; mi habitación, mi cocina y mi despacho han olido siempre a Bisonte; mis besos sabían a Bisonte.
Deja de fabricarse, cambio de marca y los personajes de mi entorno no paran de fruncir el hocico ante mi nuevo tufo. Con el cambio de olor y sabor mi imagen ha sufrido gravemente.
Pregunta técnica: si, como consecuencia de tal suceso, he de hacer frente a un proceso de divorcio, pierdo a la asistenta y mis hijos se largan de casa, ¿me limito simplemente a alegrarme o puedo además exigir daños y perjuicios a la Tabacalera?
¡Exijo que vuelvan a fabricar «Bisonte»!

Emilia Fernández, Mataró

Voy a contarte

Voy a contarte
en secreto
quién soy yo,
así,
en voz alta
me dirás
quién eres,
en qué taller trabajas,
en qué mina,
cómo te llamas,
dónde vives,
calle y número,
para que recibas
mis cartas,
para que yo te diga
quién soy
y dónde vivo ...

Pablo Neruda

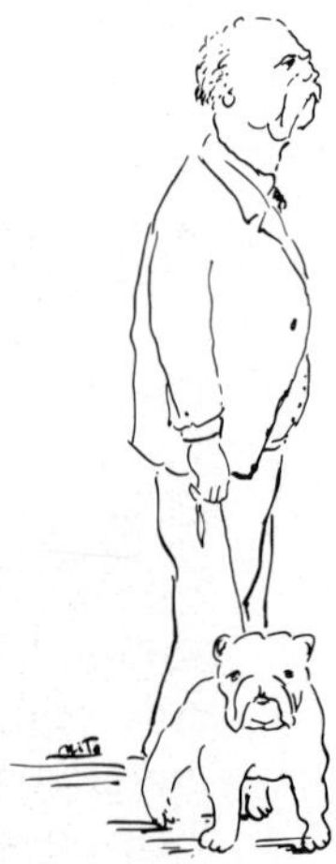

Dime con quién andas y te diré quién eres.

5 Una vida más ordenada

¿Papel y lápiz?

Hace menos de un siglo se generalizó el uso de la electricidad en los hogares de nuestros abuelos y bisabuelos. Hoy día estamos rodeados por todas partes de aparatos eléctricos y electrónicos.

Por la mañana nos despierta el radiodespertador. Antes de que nos hayamos levantado, la cafetera automática ya ha preparado el café. Durante el día los electrodomésticos nos hacen la comida, nos friegan la vajilla y nos lavan la ropa. Y por la noche nos caemos dormidos frente al vídeo con el mando a distancia en la mano ...

¿Cuántas personas llevan ya una calculadora de bolsillo en el monedero o en la cartera? Los ordenadores, por otra parte, se están abriendo camino a marchas forzadas y comienzan a gobernar nuestra vida doméstica.

Hasta hoy día el microordenador es para muchos sólo un juguete. Por eso a estas personas les resulta difícil entender que una minoría haya entrado ya en «el futuro»: muchos ordenadores están conectados con la red telefónica y tienen acceso, de esta forma, a una infinidad de fuentes externas de información. Ya hay gente que en la pequeña pantalla puede obtener todo tipo de datos. Pueden hacer las compras y reservar entradas para los toros o para el partido de fútbol, pueden llevar las cuentas del hogar, efectuar todas las operaciones bancarias y, una vez al año, hacer la declaración de renta. Y todo sin salir de casa.

A pesar de todo, hay muchas personas para quienes el papel y el lápiz siguen siendo unos inventos geniales ...

1 *Gracias al radiodespertador, la voz agradable de una locutora o un locutor me facilita la confrontación con la vida real.*

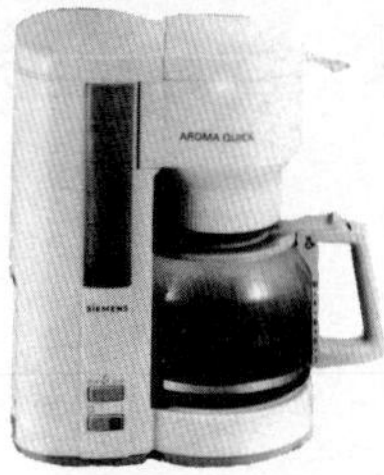

2 *¡Menos mal! Mientras me ducho, la cafetera me ha preparado el café. (O la cocina eléctrica me ha calentado el agua para el té.) La afeitadora eléctrica hace su trabajo en pocos minutos.*

3 *El lavaplatos, uno de los muchos electrodomésticos, me quita el trabajo de fregar todo a mano.*

4 *No me puedo imaginar una vida sin el frigorífico y el congelador, que me ayudan a conservar los alimentos.*

5 *A mediodía, como casi nunca estoy en casa, el microondas calienta en pocos minutos la comida para mis hijos.*

6 *En la oficina, además de la calculadora de bolsillo y qué sé yo cuántos aparatos, la computadora es mi constante compañera.*

7 *¡Otra vez en casa! El mando a distancia me ayuda a encontrar el programa deseado sin tener que levantarme del sofá.*

8 *¡Qué vida! Tanto aparato y no tengo ni más tiempo ni más tranquilidad. Si lo pienso bien, el papel y el lápiz son los mejores inventos que existen. ¿O no?*

A Dios rogando y con el mazo dando.

6 Somos hispanos, somos caribeños

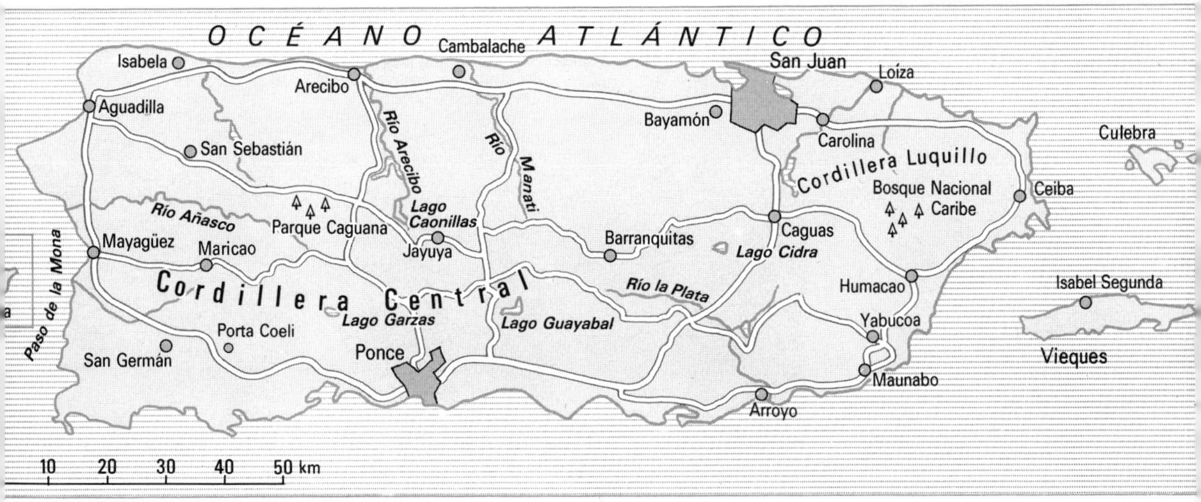

Enfrentados a dos Imperios

«Nuestro país, Puerto Rico, ha vivido siempre bajo el amparo de dos imperios: primero el imperio español y después el imperio norteamericano.

Desde 1917 los puertorriqueños no tenemos una ciudadanía puertorriqueña. Yo viajo con pasaporte norteamericano, yo sirvo en el ejército norteamericano, mi moneda es el dólar y, si tengo algún problema fuera de mi país, tengo que llamar al embajador norteamericano para que me ayude.

La mitad de nuestra población se encuentra repartida por los Estados Unidos de Norteamérica. Hay grandes conglomerados de puertorriqueños en Nueva York, en Boston, en Filadelfia ... Muchos y muchas jóvenes, hijos o nietos de emigrantes, ya no hablan español. Puerto Rico se ha visto también enfrentado, desde el año 1898, a otra lucha permanente: una lucha por conservar nuestro idioma, que es el español, frente a la presencia de una nación mucho más poderosa.

Incluso en este momento nos enfrentamos a un nuevo problema: es la literatura que se escribe en Nueva York, literatura de los puertorriqueños; pese a que se escribe en inglés, es literatura puertorriqueña, porque la mentalidad, los sentimientos y casi todos los temas son de Puerto Rico.

A causa de esta situación, somos latinoamericanos para algunas cosas y norteamericanos para otras. Pero en realidad nosotros, los puertorriqueños, somos caribeños, somos mestizos, somos dicharacheros, estamos muy cerca de los dominicanos y de los cubanos.»

Luis Rafael Sánchez, escritor puertorriqueño

Puerto Rico, situado entre el Océano Atlántico y el Mar Caribe, es la más pequeña y oriental de las «Antillas Mayores».

Extensión: 8.897 kms^2

Población: 3.500.000 habitantes

Clima: templado durante todo el año, con una temperatura media de 25 grados.

Torre de la Universidad de Puerto Rico.

Calle típica del barrio antiguo de San Juan.

Vista del «Morro», antigua fortaleza militar a orillas del mar.

De Cristóbal Colón al «Estado Libre Asociado»

Cristóbal Colón puso su pie por primera vez en Puerto Rico en 1493, durante su segundo viaje al «Nuevo Mundo». La isla, llamada en aquel entonces Borinquén, estaba habitada por los indios «taínos», quienes mantuvieron al principio unas cordiales relaciones con los recién llegados y con su primer gobernador, Ponce de León, nombrado en 1508; esta cordialidad, lamentablemente, no duró demasiado.

Los primeros españoles, ansiosos por encontrar oro, tuvieron que renunciar pronto a su ambición debido a las escasas reservas auríferas de la isla, lo que los obligó a dedicarse a la agricultura y la ganadería.

Durante los tres siglos siguientes, los colonizadores tuvieron que defender la isla en repetidas ocasiones de los ataques de sus tradicionales enemigos: los holandeses y los ingleses. Como consecuencia, las fortalezas de San Juan fueron haciéndose cada vez más sólidas e imponentes. Al mismo tiempo, los isleños trataban de desarrollar una economía interna, apoyada sobre todo en la ganadería y en el cultivo de la caña de azúcar, el tabaco y el café.

Como consecuencia de la guerra hispano-norteamericana de 1898, España cedió la isla a los Estados Unidos. Los puertorriqueños se convirtieron en ciudadanos de esta última nación en 1917 y adoptaron la condición de «Estado Libre Asociado» en 1952. Tras la segunda guerra mundial, Puerto Rico comenzó un programa intensivo de industrialización. Hoy en día este país es un importante productor y exportador de tecnología, así como de productos manufacturados y farmacéuticos.

Paisaje montañoso en el centro de la isla.

El rey azúcar

La búsqueda del oro y de la plata fue, sin duda, el motor central de la conquista. Pero en su segundo viaje Colón trajo las primeras raíces de caña de azúcar, desde las Islas Canarias, y las plantó en las tierras que hoy ocupa la República Dominicana. Una vez sembradas, dieron rápidos retoños, para gran regocijo del Almirante.

El azúcar, que se cultivaba en pequeña escala en Sicilia, era un artículo tan codiciado por los europeos que hasta en los ajuares de las reinas llegó a figurar como parte de la dote. Se vendía en farmacias, se pesaba por gramos.

Durante poco más de tres siglos a partir del descubrimiento de América no hubo, para el comercio de Europa, producto agrícola más importante que el azúcar cultivado en estas tierras. Se alzaron los cañaverales en el litoral húmedo y caliente del nordeste de Brasil y, posteriormente, también en las islas del Caribe – Barbados, Jamaica, Haití y la Dominicana, Guadalupe, Cuba, Puerto Rico –.

Inmensas legiones de esclavos vinieron de África para proporcionar, al rey azúcar, la fuerza de trabajo numerosa y gratuita que exigía.

Eduardo Galeano

Se recogen los granos de café …

… y se ponen a secar.

Artesanía puertorriqueña

Ya desde 1930, más o menos, Puerto Rico comienza a ejercer una atracción especial, sobre todo para los norteamericanos – por su belleza tropical – y por otras razones – guerra civil – para muchos españoles. La artesanía más conocida y más hermosa de la isla abarca por ejemplo:

- los «santos», figuritas talladas en madera con una técnica transmitida de generación en generación, que representan escenas religiosas;
- el «mundillo», encaje de bolillos;
- el «cuatro», instrumento musical de cinco cuerdas dobles que ya existía antes de la colonización;
- el «güiro», instrumento hecho de un calabacín de corteza dura que se frota con una púa de metal;
- las «máscaras» de coco, muy usadas en las fiestas de Carnaval.

«Saltimbanquis» (Lorenzo Homar).

«El limpiabotas» (J.A. Torres Martinó).

> Tierra de Puerto Rico, estoy mirándote pensando en lo que va a ocurrir en ti, en lo que puede ser que ocurra en ti.
>
> *Juan Ramón Jiménez*

¡Marinero sobre cubierta!
Camarón que se duerme, se lo lleva la corriente.

7 En el consultorio

El médico Buenos días, señor Guerra. ¡Cuánto tiempo sin verle! Tiene usted buena cara.

El paciente No crea, no crea. No me encuentro del todo bien. Me duele el estómago.

El médico A ver, abra la boca. No, no la cierre, por favor. Así … Veo que fuma usted mucho. No creo que tenga fiebre.

El paciente No, fiebre no tengo. ¿Qué piensa usted?

El médico Nada, no es nada grave. Haga un poco de régimen. Tome alimentos hervidos, arroz hervido por ejemplo, y en un par de días se le va a pasar.

El paciente ¿Cree que puedo trabajar …?

El médico Sí, sí. Bueno, pero procure, sobre todo, dejar de fumar. O fumar un poco menos. Mire, tome esta hoja y siga las instrucciones. Si no mejora, vuelva dentro de 3 ó 4 días. Pida hora a la enfermera.

El paciente Muy bien, doctor, gracias.

El médico A ver ... ¡El siguiente! Hola, Carlos. ¿Todos bien en casa?

Carlos Sí, gracias, dentro de lo que cabe.

El médico ¿Les diste las vitaminas a los niños?

Carlos Sí, sí, ya se las di. Yo estoy tomando ahora unas pastillas y no sé si son buenas. Desde que las tomo me despierto muy temprano. He traído el frasco, mira.

El médico ¿Quién te las ha recetado? Yo no te las receté, ¿verdad?

Carlos No, no, me las dio un amigo que es farmacéutico.

El médico La verdad es que no las conozco bien. Parecen un poco fuertes. Es mejor que tomes vitamina B y, sobre todo, mucha fruta. De momento es suficiente, luego ya veremos. Depende de los análisis. ¿Me has traído el resultado de los análisis de sangre?

Carlos Sí, se lo he entregado a la enfermera.

El médico Muy bien. Vamos ahora a la otra habitación. Te voy a hacer una radiografía.

A la cabeza de Europa ... en colesterol

El cambio operado en los últimos años en la alimentación y el empleo de grasas animales ha provocado un aumento preocupante en los niveles de colesterol de toda la población española, que se ha puesto a la cabeza de Europa.

Un estudio realizado por el Hospital Clínico de Madrid con 600.000 personas entre los 5 y los 60 años así lo confirma: «Más de un 22% de los madrileños mayores de 40 años necesita un tratamiento dietético o farmacológico. Los niveles de colesterol de los madrileños entre 5 y 12 años de edad se sitúan en 172,5 miligramos por decilitro en los niños y 174,8 en las niñas, cuando lo recomendable es que estén por debajo de 170.

La población española está empezando a alcanzar los mismos niveles de colesterol que Finlandia, Suecia y Noruega, países con los índices de hipercolesterolemia más altos de Europa.

Esta situación debemos evitarla a toda costa, más aún sabiendo que España, hasta hace pocos años, gozaba de una situación privilegiada en este sentido junto con los otros países mediterráneos, debido principalmente a una dieta rica en pescado, frutas, verduras y alimentos preparados con aceites vegetales y con pocas grasas animales.»

El País

Más carne y menos pan

Hoy el español compra menos pan, menos aceite, grasas, patatas, frutas, café, azúcar, confituras y bebidas alcohólicas.
En cuanto a la carne, cada español come unos 63 kilos al año, es decir, casi 200 gramos diarios. De este total, cuatro kilos son de cordero, cuatro de conejo, veinte de cerdo, doce de vacuno, veinte de pollo ...
Con el pollo ocurre una cosa curiosa, y es que España es el país europeo más aficionado a este tipo de carne, ya que la media en los otros países está en torno a los 14,5 kilos. Esta preferencia se debe en gran medida a los altos precios que alcanzan los otros tipos de carne en el mercado.
Cada español toma además 102 litros de leche al año, 307 huevos, 120 kilos de patatas, bebe 66 litros de vino y 44 de cerveza. Hay que destacar el gran auge de la cerveza en los últimos años, cuyo consumo se ha duplicado, mientras ha descendido algo el consumo de vino.
Sin embargo, la característica más destacada de la alimentación en España, lo que hace a los españoles verdaderamente diferentes de los demás países, no es lo que comen, sino lo que cuesta comer. El dinero que se gasta en la alimentación coloca a España a la cabeza de los países europeos.
Por supuesto que el gastar más no indica que coman más, ni que la alimentación sea mejor, sino que en España la alimentación siempre ha alcanzado precios escandalosos.

Cambio 16

Así se alimentan los españoles

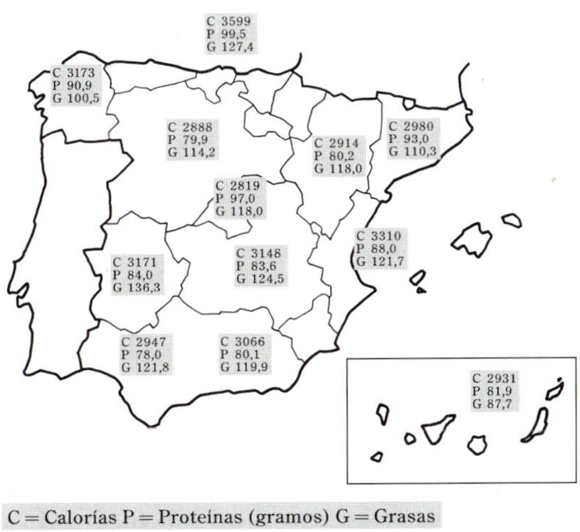

C = Calorías P = Proteínas (gramos) G = Grasas

Lleve la caballa a su mesa, hay recetas para todos los gustos. Experimente. Aprovéchese del momento y ... ¡que aproveche!

Reduzca sus gastos de luz hasta en un 80%.

VALLE DEL ALMANZORA
Un rincón perdido.
¡Encuéntrelo!

Asómese al futuro. Disfrute hoy de los ordenadores de mañana con ...

He pasado una noche toledana.

Viva en Montesoro, la nueva Ciudad-Jardín de Madrid.

8 ¡Buen viaje!

– ¿Has oído? El tren de Barcelona está entrando por la vía 2.
○ Sí, vamos. Allí enfrente está. A ver en qué vagón viene María Luisa.
– ¿Qué ha dicho? No he entendido nada.
○ Ha dicho que el tren de Bilbao trae 25 minutos de retraso.
ANDEN 7
VIA 2
TREN TALGO
BARCELONA
LLEGADA 14.44
– Déme una hamburguesa, pero rápido, por favor. Tengo prisa. Mi tren sale dentro de dos minutos.
HAMBURGUESAS
BOCADILLOS
REFRESCOS
– ¿Oiga, me podría prestar su horario?
○ No faltaba más. Tómelo.
– Muy amable, gracias.
○ No hay de qué.

Adonde fueres, haz lo que vieres.

9 En la farmacia

Farmacéutico Dígame, dígame. ¿Qué desea?

Cliente ¿Tiene usted algún desinfectante que no sea demasiado fuerte?

Farmacéutico ¿Para uso externo? Este es muy bueno ... ¿Algo más?

Cliente Sí, un rollo de esparadrapo y una venda.

Farmacéutico ¿No quiere tiritas?

Cliente No, no. Y una venda que sea ancha, por favor.

Farmacéutico ¿Va bien así?

Cliente Perfecto. Y un tubo de crema solar.

Farmacéutico Puede empezar con éste y luego usar uno más suave. ¿Es todo?

Cliente Sí.

Farmacéutico Pase por caja, por favor. ¿Y usted, señora? ¿Son para usted estas pastillas?

Clienta Sí, sí.

Farmacéutico Tenga. Tome tres por la noche, antes de acostarse.

Clienta Mi médico me dijo que tomara dos.

Farmacéutico Pues en la receta pone tres. Pregúntele otra vez, por si acaso. ¿No le recomendó nada más?

Clienta Sí, me aconsejó que comiera cosas ligeras, que durmiera más y ...

Almuerce bien, coma más, cene poco y vivirá.

10 ¿Quién ha escrito El Quijote?

Un alto cargo del Ministerio de Cultura manda a varios inspectores para comprobar el nivel de la enseñanza que se da en las escuelas.
Uno de ellos llega a un pueblo, y en una clase pregunta a un niño:
– A ver, dime: ¿quién escribió «El Quijote»? – El niño empieza a llorar y dice que él no ha sido.
El inspector se dirige entonces al maestro:
– Bueno, ¿cómo explica usted esto?

A lo que el maestro responde:

- ○ Mire, yo conozco bien a este niño y a toda su familia, y le puedo asegurar que, si él dice que no ha sido, es que no ha sido.

El inspector, muy sorprendido, va a hablar después con el director y le informa de lo ocurrido. El director le responde entonces que aquel maestro lleva treinta años en la escuela y, si él dice que el niño no ha escrito «El Quijote», es que él no lo ha escrito.

Al borde del infarto el inspector vuelve a Madrid, va al Ministerio a ver a su jefe y le cuenta lo que le ha pasado. Este se enfada mucho, dice que aquello es intolerable, y le ordena:

- △ Vuelva usted inmediatamente a ese pueblo, investigue y no regrese a Madrid hasta enterarse bien de quién ha escrito «El Quijote».

La aventura de don Quijote y los molinos de viento

Del buen suceso que el valeroso don Quijote tuvo en la espantable y jamás imaginada aventura de los molinos de viento.

En esto, descubrieron treinta o cuarenta molinos de viento que hay en aquel campo, y don Quijote dijo a su escudero:

– Ves allí, amigo Sancho Panza, donde se descubren treinta, o pocos más, desaforados gigantes, con los que pienso hacer batalla y quitarles a todos las vidas.

– ¿Qué gigantes? – dijo Sancho Panza.

– Aquellos que allí ves – respondió su amo – de los brazos largos.

– Mire vuestra merced – respondió Sancho – que aquellos no son gigantes, sino molinos de viento, y lo que en ellos parecen brazos son aspas.

– Bien parece – respondió don Quijote – que no estás cursado en esto de las aventuras; ellos son gigantes.

Y diciendo esto, dio de espuelas a su caballo Rocinante, y encomendándose de todo corazón a su señora Dulcinea, embistió con el primer molino que estaba delante …

Miguel de Cervantes, El ingenioso hidalgo Don Quijote de la Mancha (del capítulo 8)

Lo ha aprendido todo al pie de la letra.

11 Las vacaciones de Eva

¡Hola! Me llamo Eva Martínez. Soy hija única y vivo con mis padres y mi abuelo en Bilbao. Estudio Derecho.

A principios del verano, para ganar un poco de dinero para mis gastos, trabajé cinco semanas en una clínica. Fue una experiencia muy interesante, pero bastante dura también.

Luego, a finales de julio, llegó por fin el momento de las vacaciones. Los últimos seis años hemos pasado el verano en Estepona, en el sur de España. Esta vez nos decidimos a cambiar. Fuimos toda la familia en un viaje chárter a Kos, que es una de las islas más interesantes del archipiélago griego.

Nos alojaron en un chalé, a menos de cien metros de la playa. Durante las dos semanas que estuvimos allí hizo un tiempo maravilloso. No llovió ni un solo día.

Ahora estoy otra vez en Bilbao. Kos nos gustó a todos aunque, la verdad, yo prefiero Estepona porque allí tengo un montón de amigos. Además, no sé ni una palabra de griego.

Una de mis mejores amigas, Julia, ha pasado como yo muchos veranos en Estepona. Poco antes de empezar las vacaciones le escribí una carta a Madrid (porque ella es madrileña). Sí, me dijo que me iba a escribir enseguida, pero todavía estoy esperando su respuesta.

Parte antigua de Estepona.

Puerto de Estepona (provincia de Málaga).

Antes y ahora

Antes se aguardaban los fines de semana como un regalo estrepitoso y compartido; se disfrutaban las horas de ocio como una jubilosa venganza del trabajo, y una recuperación de energía, y un temporal olvido de los cómitres.

Antes, durante tales pausas, se desbordaban las charlas sin ton ni son, los vinos, las bromas, las barajas; se salía de casa para sentarse en las aceras, o en las terrazas y ante los veladores.

Antes la latinidad izaba sus banderas desde las noches de los viernes hasta el lunes; la gente se sentía contenta y liberada; vociferaba y gesticulaba; bebía más de la cuenta hasta llegar haciendo eses a sus casas ...

¿Qué es lo que ahora sucede? El individuo responsable – no hablo del adolescente por edad o por inmadurez –, para sentir que sigue siendo él, ha de encerrarse dentro de su hogar, convertirlo en fortaleza y surtirlo de cuanto pueda necesitar para dos días y medio.

Siempre se dijo «el casado casa quiere»; pero no tanto. Hoy el casado – o el emparejado – se atrinchera con su media naranja y su par de retoños en su apartamento – en zapatillas o descalzo, en bata o en «shorts», según el tiempo –.

De lo que se habla hoy es del funcionamiento, bueno o malo, de los aparatos que llenan el hogar y de sus marcas. Hay quien ha de conformarse con horno, lavadora, tostador, frigorífico y vino con gaseosa; y hay quien abrió sus puertas a la más avanzada tecnología. (Para los adultos, los ingenios electrónicos cumplen el oficio que cumplieron los trenes eléctricos en su infancia: mantenerlos en silencio sin dar la lata a nadie.)

Antonio Gala

Dos vistas de una hermosa playa, limpia y con pocos turistas, en el norte de España.

Eva está en lo mejor de la vida.

12 Carta de Julia

Querida Eva:

¡Qué alegría recibir tu carta! He tardado un poco en contestarla porque últimamente he andado de cabeza preparando el examen de COU. En junio tuve mala pata y me suspendieron. Por eso he tenido que presentarme otra vez ahora en septiembre. Ayer me examiné por fin. Esta vez yo creo que me ha salido bastante bien. Con un poquito de suerte, casi seguro que apruebo, y entonces … ¡a la Universidad!

Pero vamos a dejar este tema. El mes de agosto lo pasé en Estepona con mis padres. Mi hermano Luis no vino. Se quedó aquí en Madrid haciendo un cursillo de ordenadores o no sé qué, y después se fue a Suiza y a Italia con la tarjeta interrail.

En Estepona todo está igual que el año pasado. He visto allí a Mari Nives y a Pili y también a Paco, el de la moto. ¿Te acuerdas de él? Se ha puesto guapo guapo. Toni ha vuelto de la mili. Virginia y él están todavía de novios, aunque yo creo que la cosa va a durar poco.

Y a propósito de Paco, ¿sabes una cosa? A mí me parece que le gustas. ¿No te ha escrito?

Bueno, Eva, voy a terminar esta carta. A ver si el año que viene vuelves a Estepona. Todos nos acordamos mucho de ti y tenemos muchísimas ganas de volver a verte.

Un abrazo muy fuerte de tu buena amiga

Julia

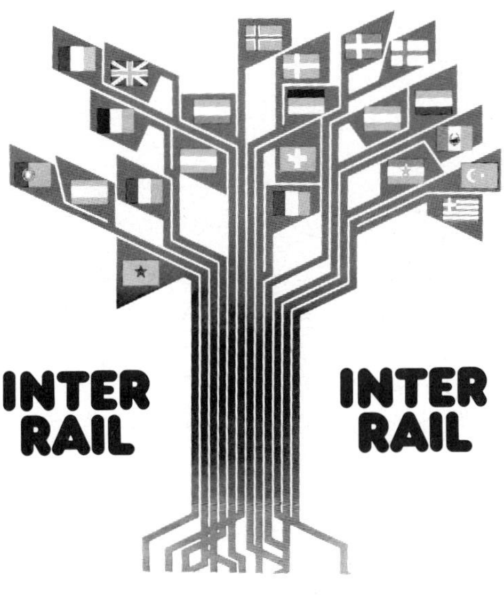

La fórmula mágica

¡Interrail es la fórmula mágica para visitar muchos países!
¿Sueñas con la aventura del cambio, con lo nuevo, los viajes y, en definitiva, con unas vacaciones de fábula?
Todo eso está a tu alcance con Interrail.
A un precio realmente interesante puedes recorrer (casi toda) Europa, y Marruecos, sin limitación de kilómetros y durante un mes.

En la práctica, esto quiere decir que ...
Puedes conseguir tu tarjeta en las principales agencias de la RENFE y en muchas agencias de viajes.
Para justificar tu edad y nacionalidad, se requiere el carnet de identidad o un justificante oficial indicando que vives en España desde hace por lo menos seis meses.

Y eso no es todo
La tarjeta Interrail te ofrece reducciones en numerosos servicios marítimos y «ferrys», por ejemplo en las líneas a las Islas Británicas, así como para una amplia red de ferrocarriles privados y para las líneas de autocares «Europabus».

Suplementos

Tu tarjeta es válida para la segunda clase. En determinados países, el viaje en algunos trenes requiere el pago de un suplemento, como en el caso de Alemania (trenes EC, IC y D), en Grecia, Portugal, Rumania ...

También en España ha aumentado enormemente en los últimos años el número de motos grandes y pequeñas (y asimismo, lamentablemente, el número de accidentes)

Una nueva fórmula flexible
¿No tienes un mes entero de vacaciones?
No hay problema.
También existe la tarjeta «Interrail Flexi».
Es válida para un mes y durante este período puedes viajar diez días a elegir.

Un alojamiento barato
Existen los albergues de la juventud en casi todos los países de la zona Interrail.
Los puedes reconocer por su emblema:

Los precios están por las nubes.

13 ¡Esto es un atraco!

Un niño Oiga, señora, ¿hay un banco por aquí cerca?

La dependienta ¿Un banco? Pues mira: baja por esta calle hasta la próxima esquina. Tuerce a la izquierda y sigue todo derecho hasta una pequeña plaza. Cruza la plaza, y allí enfrente hay un banco.

El viernes 9 de noviembre, a las 10 de la mañana, una pequeña sucursal del Banco de Vizcaya abrió sus puertas al público. La primera persona que entró fue un niño de unos 8 ó 10 años.

Se dirigió con pasos decididos a la ventanilla de información. La empleada le sonrió amablemente.

– ¿Puedo ayudarte? – le preguntó.
– ¿Es esto el banco? ¿Es aquí donde está el dinero?
– Aquí es, sí, pero esta es la ventanilla de información. El dinero está allí enfrente, en la ventanilla de caja, ¿la ves? La número dos.
– ¿Seguro?
– ¡Seguro! – dijo la empleada. – Pero dime, ¿qué haces aquí? ¿Dónde están tus padres?

El niño no contestó. Se fue derecho a la ventanilla número dos. Sacó una pequeña pistola y apuntó con ella a la cajera, una señora mayor, con gafas y pelo blanco.

– ¡Esto es un atraco! ¡El dinero! ¡En seguida!

La cajera tuvo que levantarse de su asiento para poder ver al niño al otro lado del mostrador. Cuando la pobre señora vio el arma se asustó mucho y, antes de poder reaccionar, le dio dos o tres billetes de mil pesetas.

El niño los cogió y corrió hacia la puerta. En un momento desapareció entre toda la gente de la calle.

La policía tuvo dificultades para identificarlo porque, como era tan pequeñito, la cámara del banco no pudo filmarlo. Lo encontraron, sin embargo, poco después en una cafetería del centro. Allí estaba el joven atracador. Estaba comiéndose, con cara de gran felicidad, una enorme hamburguesa doble especial.

Sobre la mesa, envuelta en una servilleta de papel, estaba el arma: una pistola de plástico.

A lo hecho, pecho.

14 Iguales ante la ley

Morir, dormir …

– Hijo, para descansar,
es necesario dormir,
no pensar,
no sentir,
no soñar …
– Madre, para descansar,
morir.

Manuel Machado

Elke Algo que me llama mucho la atención aquí, en tu ciudad, cuando voy a tomar un café en la cafetería de la esquina, son esas mujeres que se pasan horas y horas echando dinero en la máquina tragaperras.

Paloma Tienes razón. Pero eso también lo hay en Alemania, ¿no?

Elke Puede ser. Lo que pasa es que allí yo no salgo a diario para tomar un café en el bar de la esquina porque no existe.

Paloma Bueno, últimamente se discute mucho sobre ese tema. Acabo de leer en una revista que son cada día más las amas de casa que acuden a las consultas de los médicos para pedir ayuda.

Elke En Alemania se habla también de las «grüne Witwen», amas de casa que viven en una ciudad-dormitorio y no saben cómo matar el tiempo una vez terminadas las tareas domésticas.

Paloma Ves, aquí pasa lo mismo en muchos casos. Los maridos se van al trabajo, los hijos están todo el día en el cole. Y, de las mujeres que no trabajan fuera de casa, unas se pasan el día limpiando, otras salen a comprar cosas innecesarias, unas se encuentran con sus amigas en un Bingo, otras se recluyen en el hogar buscando consuelo en bebidas alcohólicas …

Elke Me da la impresión de que, hasta el día de hoy, ni en Alemania ni en España tenemos una posibilidad real de elección libre. Somos iguales ante la ley, pero …

Paloma Pero sí que es importante que el papel del ama de casa no sea ya un tema tabú. Y las jóvenes de hoy son más decididas.

Elke Incluso muchos hombres colaboran hoy un poco más …

Paloma ¿Los hombres? ¡Los hombres nunca han roto un plato!

PLAN PARA LA IGUALDAD DE OPORTUNIDADES DE LAS MUJERES

MINISTERIO DE ASUNTOS SOCIALES
Instituto de la Mujer

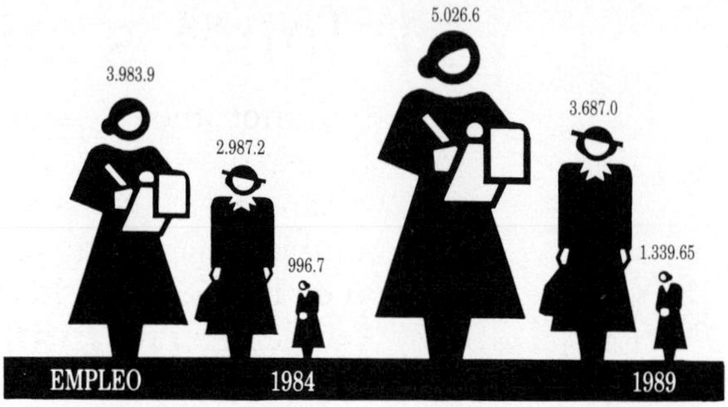

	1984	1989
Mujeres activas	3.983.9	5.026.6
Ocupadas	2.987.2	3.687.0
Paradas	996.7	1.339.65

(en miles)

Los hombres nunca rompen un plato

El hombre de la década de los noventa que tiene entre 25 y 30 años es un «profesional activo y liberal, un padre moderno y responsable, un buen compañero que, además ..., nunca ha roto un plato. Nunca lo ha roto porque, como la mayoría de los hombres, al llegar a casa está acostumbrado a no hacer nada», según la campaña que, bajo el lema «Rompe con la desigualdad», ha realizado en España el Instituto de la Mujer con el fin de sensibilizar a los varones españoles de que deben compartir con sus compañeras las responsabilidades domésticas.
Seis de cada diez varones mayores de 18 años no hacen absolutamente nada en casa. El 87 % de los encuestados confiesa que nunca plancha; el 77 % jamás lava la ropa; el 72 % no colabora en la limpieza de los cristales; el 66 % reconoce que nunca friega el cuarto de baño. Es decir, apenas participan en las tareas de «mantenimiento de la casa» como recoger, limpiar el polvo o lavar los platos.
Por término medio, las mujeres españolas dedican seis horas diarias a las labores del hogar, mientras que los hombres apenas llegan a las dos horas y cuarenta y cinco minutos.
La campaña del Instituto de la Mujer pretende hacer ver a todos, hombres y mujeres, que la «doble jornada» – laboral y doméstica – de muchísimas mujeres no es ni justa ni solidaria. *El País*

Horas semanales dedicadas al trabajo remunerado

%	Hombres	Mujeres
Ninguna	**32,3**	**63,3**
10 horas	**1,2**	**3,2**
10-20 horas	**2,1**	**5,5**
21-40 horas	**31**	**17,5**
41-50 horas	**20,2**	**7,2**
50 horas	**13,3**	**3,3**

Horas diarias dedicadas a las tareas domésticas

%	Hombres	Mujeres
Ninguna	**63,8**	**9,4**
1-3 horas	**29,5**	**23,8**
3-6 horas	**4,8**	**31,3**
6-10 horas	**1,3**	**20,2**
10 horas	**0,6**	**15,3**

Algo cambia

En los últimos años el papel social de la mujer española ha experimentado un ascenso casi ininterrumpido.
Este cambio, iniciado de manera significativa en la década de los sesenta, ha sido posible debido a tres factores:

- La mayor incorporación de la mujer al trabajo fuera del hogar.
- La emigración del campo a la ciudad.
- El aumento del nivel educativo de la mujer, sobre todo desde que se implantó la educación obligatoria hasta los 14 años. (En los últimos años, el porcentaje de mujeres matriculadas en la Universidad se incrementó en un 40 %).

Mujeres que trabajan fuera del hogar
1910 → 13,5 %
1950 → 15,8 %
1960 → 20,1 %
1981 → 24,8 %
1988 → 34,2 %

Población femenina de 16 y más años según el nivel de instrucción (1990)

edad	*anal-fabetas*	*sin estudios*	*estudios primarios*	*estudios medios*	*estudios superiores*
16–29	0,8 %	2,4 %	20,7 %	72,8 %	3,3 %
30–44	2,6 %	10,2 %	56,9 %	26,8 %	3,5 %
45–59	10,5 %	22,3 %	57,3 %	9,1 %	0,8 %
60 y más	20,4 %	31,8 %	43,0 %	4,4 %	0,4 %
total	8,8 %	16,8 %	43,3 %	29,2 %	1,9 %

El Ejército discrimina a los hombres

La dirección del Ejército ha incluido, entre las prendas menores a repartir entre la tropa y los oficiales, varios sujetadores, así como bragas y calzoncillos. En cuanto a los sujetadores, las mujeres tienen derecho a tres piezas, pero las oficiales tienen que comprarlos.
Las mujeres pueden usar bañador, que se reparte también entre la ropa reglamentaria, pero para los hombres no se incluye traje de baño. La discriminación masculina se extiende también al número de prendas a repartir: cada mujer, tanto de tropa como oficial, recibe seis bragas, los hombres solamente tienen derecho a tres calzoncillos.

El País

El amor y la tos no se pueden ocultar.

15 El secreto

Un joven explorador norteamericano llegó hace unos años a una aldea de una región amazónica. En esa aldea vivía una tribu de indios pacíficos. Muy pronto el jefe de la tribu, un anciano de unos ochenta años, hizo amistad con el explorador. Un día el viejo indio le dijo al explorador:

– Yo sé que has organizado una expedición a la selva y que quieres salir mañana. Pero escúchame ... Es mejor que te quedes en la aldea con nosotros. Esta noche empezará a llover muy fuerte y seguirá lloviendo durante unos quince días. Si después hace buen tiempo – si quieres – yo iré contigo.

Aquella noche, tal como había dicho el viejo, empezó una horrible tempestad que duró veinte días. El joven explorador dio las gracias al jefe indio:

○ Creo que me ha salvado usted la vida.

A partir de entonces, antes de cada expedición, el explorador consultaba a su amigo. Este le pronosticaba siempre el tiempo con una exactitud increíble:

– Sí, podrás partir ...
– Hará buen tiempo durante quince días ...
– Hará mucho calor durante tres días ...

O bien:

– Habrá una tempestad ...
– Tendrás que esperar porque hará muy mal tiempo al menos durante cinco o seis días ...

El joven explorador estaba muy impresionado por la sabiduría de su amigo, pero nunca le preguntó nada sobre su secreto.

○ Será sin duda un viejo secreto indio, transmitido de generación en generación. Si yo le pregunto, él quizás se enojará y nunca más me dirá nada.

Finalmente, después de seis meses, el explorador tuvo que volver a su país. El día de su salida, el jefe indio lo llamó y le dijo:
– Eres un joven simpático y estoy muy contento de haber podido ayudarte. Ahora me toca a mí pedirte un favor. Dentro de poco estarás en Nueva York. ¿Podrás comprarme allá pilas nuevas para mi radiotransistor? Las que tengo están bastante gastadas y muy pronto ya no podré escuchar las informaciones meteorológicas de la radio. Pronto vendrán probablemente otros exploradores y, con las pilas nuevas, podré ayudarles igual que a ti.

(Mit freundlicher Genehmigung von D. C. Heath and Co.)

A las dos de la madrugada del domingo los relojes se adelantarán a las tres.

La hora oficial se adelantará sesenta minutos en la madrugada del domingo 25 de marzo con objeto de ahorrar energía. A las dos de la madrugada los relojes pasarán a marcar las tres. También cambiará la circulación de los trenes. Después de las dos de la madrugada los trenes quedarán detenidos durante una hora. A partir de las tres de la madrugada del nuevo horario, los trenes saldrán a la hora prevista según los itinerarios de verano.

Mi gallo se murió ayer

Mi gallo se murió ayer.
Mi gallo se murió ayer.
Ya no cantará cocodí cocodá.
Ya no cantará cocodí cocodá.
Coco-coco-coco-cocodí-cocodá.
coco-coco-coco-cocodí-cocodá.

Hombre prevenido vale por dos.

16 Antes del encuentro

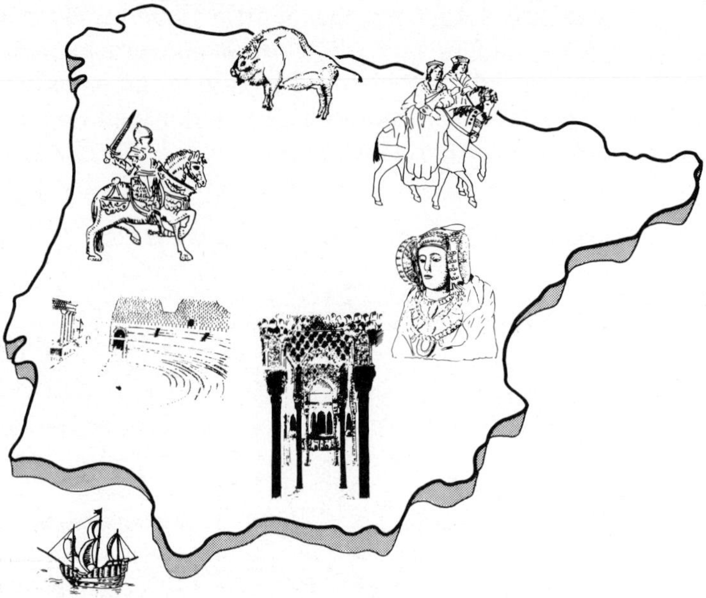

¿Qué representa cada una de estas figuras?

Cruce de culturas

En los primeros años de su historia España estuvo íntimamente ligada al resto del Mediterráneo. Desde el siglo I hasta el siglo V formó parte del poderoso Imperio Romano. Luego los germanos invadieron la Península y habitaron en ella hasta el siglo VII.
En el año 711 llegaron los árabes y todo cambió. Muchos españoles adoptaron el Islam y las costumbres árabes, aunque en las montañas del norte pequeños grupos de cristianos lucharon contra los nuevos señores.
Pronto florecieron la cultura y la ciencia. Córdoba fue durante unos años la ciudad más rica, más culta y más refinada del mundo occidental. De allí partían para toda Europa hermosos tejidos de seda, finos perfumes, canciones, libros científicos … Los mejores artistas del mundo acudían a esa ciudad.
También el Reino de Granada, alrededor del fabuloso palacio de la Alhambra, se destacó más tarde en el campo de las ciencias, el arte y la cultura. Pero ya entonces los cristianos, con un poderoso ejército, habían conquistado todo el norte y centro de la Península y habían llegado hasta Andalucía.
En 1492 Fernando e Isabel, los Reyes Católicos, vencieron a los musulmanes en la última batalla, en Granada. Todos los árabes y los judíos que no se convirtieron al Cristianismo tuvieron que huir a África o a otros países.

El mismo año del final de la Reconquista llegó a Sante Fe, el pueblo donde se encontraban los reyes, un navegante genovés, Cristóbal Colón. Tenía una idea atrevida: los cristianos podían dominar el comercio de las especias, de la seda y del oro. En vez de ir en barco a la India dando la vuelta a África, se podía ir hacia el oeste, atravesando el Atlántico. Miles de soldados sin ocupación fueron a buscar aventura y fama en las nuevas tierras.
Se iban a encontrar dos culturas.

Tenochtitlán

Los españoles entraron por primera vez en Tenochtitlán, capital del Imperio Azteca, en 1519. Es difícil imaginar lo que sintieron aquellos soldados al ver aparecer ante sus ojos una fantástica ciudad edificada sobre el agua que duplicaba en población (y quién sabe si en riqueza) a las más grandes ciudades europeas.
Tenochtitlán era realmente un paraíso, una de esas ciudades que sólo aparecen en los sueños. Los dioses habían ordenado a los antepasados de los aztecas: «Debéis fundar una ciudad donde veáis un águila sobre un nopal y con una serpiente en las garras».
Tenochtitlán creció, robando terreno a las aguas, hasta unirse con la vecina población de Tlatelolco.
Las naciones sometidas «tributaban oro y plata, y plumas y piedras, y mantas y algodón, e indios e indias para ser sacrificados o para servir».
Centenares de canoas atravesaban la ciudad por sus canales hasta la gran plaza de Tlatelolco, «tan grande como dos veces la ciudad de Salamanca».

El País

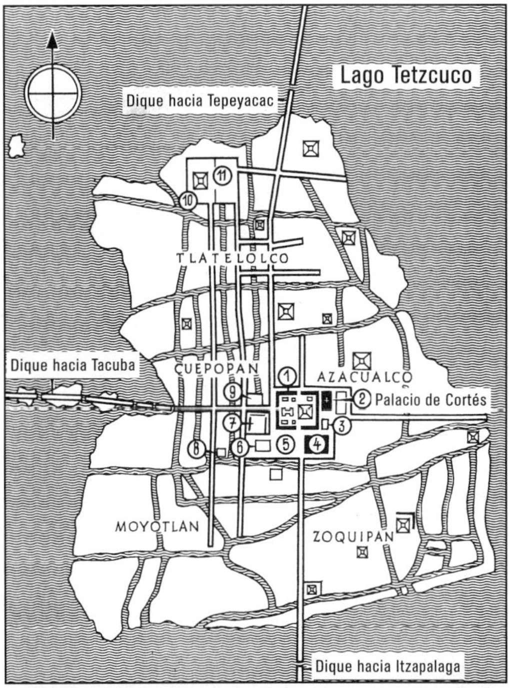

Plano de la ciudad de Tenochtitlán
1. Zona del templo.
2. Palacio de Cortés.
3. Pajarera.
4. Palacio de Moctezuma.
5. Plaza del mercado.
6. Casa de bailes y cantos.
7. Viejo palacio de Moctezuma.
8. Parque Zoológico.
9. Palacio Quauhtémoc.
10. Gran Teoculli.
11. Mercado Grande.

El hábito no hace al monje.

17 Dos descubrimientos

La perdición de los aztecas

El día 12 de octubre de 1492, después de tres meses de navegación por el inmenso Océano Atlántico, Colón llegó a las Antillas. Aquellas tierras no eran, como él pensaba, parte de la India. Había llegado a un continente que los europeos no conocían.

La noticia conmovió a Europa: nuevas tierras, pueblos exóticos, plantas y animales desconocidos, oro, plata ... Los españoles iniciaron inmediatamente la conquista y la colonización.

Para los indígenas la sorpresa fue inmensa. Vieron por primera vez gente de una raza desconocida, caballos, armas de fuego ... Los barbudos y temibles soldados extranjeros les llenaron de terror. Pensaban que los había enviado su dios Quetzalcóatl. Terremotos, sequías y otras catástrofes ya habían anunciado la llegada de estos «dioses».

En Tenochtitlán, la bella ciudad azteca a orillas del lago Texcoco, el soberano Moctezuma esperaba con enorme miedo a los conquistadores. Y les envió valiosos regalos para conquistarse su amistad.

El capitán Cortés y sus soldados se acercaron lentamente, por el Este.

Cuando Cristóbal Colón nació, en 1451, se pensaba que la tierra era plana. Pero él comprendió pronto que, en realidad, era redonda. Por eso, para ir a la India por mar, no era necesario pasar por el sur de África.

El nombre de Colón

pervive en el nombre de un país, Colombia, y de varios pueblos y ciudades de América. El 12 de octubre, fecha del descubrimiento del Nuevo Mundo, es en muchos países hispánicos una fiesta importante.

Estalló una guerra cruel. «Era cosa admirable ver a los mexicanos – contaba después un azteca recordando la lucha –. La gente de guerra, confusa y triste, mirando su perdición; y los niños, viejos y mujeres, llorando. Los señores y la gente noble, en las canoas con su rey, todos confusos».

En 1521 Tenochtitlán estaba arrasada y miles de aztecas habían muerto, entre ellos su soberano, Moctezuma.

Así se lamentaba un poeta azteca que vivió la guerra y la perdición de su patria:
«Llorad, amigos míos.
Tened entendido que con estos hechos
hemos perdido la nación mexicatl».

«La piedra del Sol», el calendario azteca, fue encontrada en 1790 en el lugar que hoy es el centro de la capital mexicana. La piedra, ahora sin los magníficos colores que tenía originalmente, pesa unas 12 toneladas y tiene un diámetro de 3,5 metros. Dice la leyenda que los aztecas necesitaron 52 años para hacer este calendario.

Un lacandón descubre España

Kayum Maax vive habitualmente en la selva, en el poblado de Nahá, al sur de México. Comparte su casa de abeto y cemento con su mujer y sus tres hijos, no muy lejos de su padre, Chankin viejo, de 105 años. Chankin viejo es el «tohil» (jefe religioso) de la comunidad, unos 200 lacandones.

Como la mayoría de los lacandones del poblado, Kayum se acuesta pronto, al anochecer, y se levanta a las cinco y media de la mañana.

Pero Kayum emprendió hace poco tiempo un largo viaje a España. Viajó por Madrid, Sevilla, Valencia y Salamanca, entre otras ciudades, pero siempre como un observador perplejo, como un viaje al pasado, un descubrimiento al revés: «Este viaje me alegra, pero no puedo quedarme mucho tiempo aquí. Mi selva me llama. Tengo árboles allá que me piden que regrese. Allí me siento libre. El aire que respiramos es natural y no hay mucho tráfico. Tenemos algunos camiones y motos para llevar nuestros productos a San Cristóbal, pero apenas perturban nuestra vida».
En la selva, además, no se necesita dinero para vivir: «Sembramos maíz y frijoles y toda clase de hortalizas. Tenemos cabritos, venados, faisanes, tepesquinches – una carne muy sabrosa –, puercos de monte … .»

Chankin viejo, un anciano de 105 años. △

◁ *Kayum Maax delante del Museo del Prado, en Madrid.*

Del paisaje castellano Kayum opina que es frío y duro, pura piedra. De la cadena de montaje de automóviles sacó la impresión de que los hombres que trabajan allí «no pueden parar, sólo paran para comer; y, enseguida, otra vez a trabajar».

Pero lo que más le extraña de esta sociedad es que vivir cueste dinero: «Hay que pagar por la casa, por la luz, por el teléfono, por la comida ... Y hay que trabajar mucho para tener mucho dinero y poder pagarlo todo».

«Además hay mucho bar aquí. La gente bebe mucho. No es que se vean muchos borrachos, pero para mí es imposible beber tanto».

Los lacandones relacionan el fin del mundo con el abandono de sus dioses y con la muerte de la vegetación. Por eso sobrevivir significa para ellos resistir a la contaminación y a la muerte de los bosques.

El País Semanal

Colón adivinó América, pero Europa no la ha descubierto todavía.
Tomás Borge

Es claro que el mundo que «descubrió» Colón, sin saber que lo descubría, sólo era nuevo para los europeos. Allí existían ya viejas civilizaciones y culturas que habían llegado a estados muy avanzados de desarrollo; pueblos con identidad propia y una peculiar cosmovisión que dejaron perplejos a los propios «descubridores».
A. Roa Bastos

España es una de las madres históricas y culturales de América, fundamental para quienes hablamos la lengua castellana, pero no es la única madre; y desde España, desde Europa, no siempre resulta posible hacerse una idea cabal de las trágicas urgencias que nuestras tierras están viviendo.
E. Galeano

El legado verdaderamente extraordinario que nos dejó la aventura de Colón es la hermosa y riquísima lengua que hoy hablan más de 300 millones.
M. Benedetti

La vasija de barro

Yo quiero que a mí me entie-
rren como a mis antepasados,
en el vientre oscuro y fresco
de una vasija de barro.

Cuando la vida se pierda
tras una cortina de años,
vivirán a flor de tiempo
amores y desengaños.

Arcilla cocida y dura,
alma de verdes collados,
luz y sangre de mis hombres,
sol de mis antepasados.

De ti nací, a ti vuelvo,
arcilla, vaso de barro.
con mi sangre yazgo en ti,
en tu suelo enamorado.

Texto: Jorge E. Adoum
Música: Benítez, Valencia

Tras la tempestad viene la calma.

18 Los nuevos señores de América

La conquista

Los conquistadores que llegaron después del descubrimiento encontraron en América pueblos que habían alcanzado un elevado nivel de desarrollo, como los aztecas (en México), los mayas (en Centroamérica y en el sur de México), los incas y quechuas (sobre todo en los Andes de Ecuador, Perú y Bolivia).

Todos ellos fueron dominados en poco tiempo por los españoles. Hernán Cortés y sus soldados conquistaron México en 1521. A los incas los sometió Pizarro en 1534.

Pasado y presente: indios guatemaltecos ante sus antepasados.

La colonia

A mediados del siglo XVI prácticamente toda América estaba ya en poder de los españoles. La excepción más importante fue Brasil, donde se establecieron los portugueses. La lengua de los colonizadores y la religión católica se extendieron rápidamente por aquellas tierras.

Los españoles que se trasladaron a América formaron la clase social dominante. Los nuevos señores de América obligaron a trabajar para ellos a los indios y a los esclavos negros que habían sido enviados desde Europa por comerciantes europeos.

Las sociedades americanas cambiaron bruscamente: muchos indios murieron, otros huyeron de sus pueblos y el resto tuvo que trabajar en los latifundios y en las minas de los colonizadores para producir alimentos y algo que se podía enviar fácilmente a España: plata y oro.

Durante muchos siglos, una gran parte de América dependió política y culturalmente de España.

A principios del siglo XIX los descendientes de los inmigrantes españoles nacidos en América, «los criollos», se rebelaron contra España. Después de varios años de luchas lograron independizarse.

El líder venezolano Simón Bolívar y el argentino José de San Martín fueron dos de los muchos héroes latinoamericanos que lucharon por la independencia del continente.

«Es una idea grandiosa pretender formar de todo el mundo nuevo una sola nación. Ya que tiene un origen, una lengua, unas costumbres y una religión, debería por consiguiente tener un solo gobierno. Mas no es posible, porque climas remotos, situaciones diversas, intereses opuestos y caracteres desemejantes dividen a la América.»

Simón Bolívar
Carta del 5 de septiembre de 1815

Los nuevos Estados

Al entrar en este nuevo período histórico, la antigua colonia se dividió en una serie de naciones, como México, Chile, Paraguay, Argentina y varias más. Para todos estos países comenzó entonces una época difícil en la que fueron frecuentes las revoluciones y las dictaduras.

Las condiciones de vida de la mayoría de los latinoamericanos no mejoraron mucho con la independencia.
Todavía hoy la riqueza está muy mal repartida. Hay muchos latifundios, y son grandes las injusticias políticas y sociales que sufre la población.
Aunque a partir de mediados del siglo XX en algunos países grandes como México y Argentina se han creado importantes centros industriales, América Latina es todavía un continente poco desarrollado y depende económicamente del exterior.

La población crece rapidísimamente en algunos países. Es muy difícil reducir el analfabetismo y el paro o solucionar el problema de la falta de viviendas y otros importantes problemas sociales.

Las diferencias entre los diecinueve países en los que se habla castellano son enormes. En muchos de ellos hay zonas desarrolladas y en algunos hay modernos centros industriales y científicos comparables a los de los países más desarrollados del mundo.

El nombre de América

El nombre de América se debe al navegante italiano Amérigo Vespucci (1454 – 1512), que había realizado varios viajes al Nuevo Mundo. Sobre estos viajes escribió interesantes relatos; sus contemporáneos llegaron a creer que él era el verdadero descubridor de América. Parece que Vespucci fue el primero en darse cuenta de que las tierras descubiertas por Colón formaban parte de un continente nuevo. En un mapa publicado en 1507 aparece por primera vez el nombre de «América».

Trabajando la tierra.

Una madre con su hijo en el mercado.

Población nativa en algunos países de Hispanoamérica		
Argentina	835.000	(3 %)
Bolivia	3.245.000	(54 %)
Colombia	292.000	(1 %)
Chile	66.000	(0,6 %)
Ecuador	3.258.000	(39 %)
Guatemala	3.900.000	(50 %)
Honduras	245.000	(6 %)
México	21.489.000	(29 %)
Nicaragua	125.000	(5 %)
Panamá	188.000	(10 %)
Paraguay	475.000	(15 %)
Perú	8.820.000	(49 %)
El Salvador	295.000	(6 %)
Venezuela	300.000	(2 %)

Población mestiza en algunos países de Hispanoamérica		
Bolivia	1.863.000	(31 %)
Colombia	16.939.000	(58 %)
Cuba	1.335.000	(14 %)
Chile	2.109.000	(19 %)
Ecuador	3.425.000	(41 %)
Guatemala	2.340.000	(30 %)
Honduras	3.721.000	(91 %)
México	40.755.000	(55 %)
Nicaragua	1.725.000	(69 %)
Panamá	978.000	(52 %)
Paraguay	2.375.000	(75 %)
Perú	5.940.000	(33 %)
El Salvador	4.142.000	(84 %)
Venezuela	9.924.000	(66 %)

Datos de 1990. El porcentaje se refiere a la población total de cada país. México tiene el mayor número de población mestiza. Sin embargo, en comparación con su población, Honduras es el país con el mayor porcentaje de mestizos (91 %).

Educación de príncipe

Hay gente que piensa que los reyes pasaron de moda y que ya no tienen nada que hacer en este mundo. Yo no.

Pensemos por un momento en las ventajas que tendría que en México se estableciera una monarquía. Desde luego, vendrían más turistas.

Las coronaciones se harían en Teotihuacán, con números de baile a cargo del Ballet Folklórico. Si además se agregaran sacrificios humanos, el éxito sería total. Se construiría una gradería con cupo para cien mil espectadores. Los derechos de la televisión asegurarían el progreso de México por cinco años. Las coronaciones serían cada seis.

La sucesión no sería hereditaria, sino por sorteo. Todos los mexicanos, hombres, no sólo podríamos participar, sino que estaríamos obligados a hacerlo. Las mujeres no. Nada de reinas.

La educación del príncipe, por otra parte, sería mucho más sencilla que la de Juan Carlos. No habría necesidad de aprender a pilotear aviones de caza, ni helicópteros, ni velear, ni montar a caballo, ni aprender karate, porque para eso estarían los guardaespaldas. Ni habría necesidad de tomar clases de economía, ni asuntos extranjeros, porque las funciones administrativas del reino estarían a cargo del Sumo Sacerdote.

El príncipe heredero andaría en su coche para allá y para acá, muy tranquilo, con el escape abierto y pitando el claxon, vestido con un traje hecho de plumas de guacamaya y un gorro de piel de jaguar.

Lo único que tendría que aprender el príncipe sería una frase, en náhuatl, que es la que diría al aceptar la corona de su antecesor.

Jorge Ibargüengoitia

Nunca es tarde si la dicha es buena.

19 Hispanos

Joan Baez, popular cantante de raíces mexicanas.

¿Cuáles y cuántos son los países donde se habla español? Son diecinueve en América, desde México a Chile; Guinea Ecuatorial, en África; y España, naturalmente. Hay también muchos hispanohablantes en Estados Unidos y no pocos en las Islas Filipinas.

México, España, Argentina y Colombia son, por este orden, los cuatro países del mundo que tienen más población de lengua española. Pero, ¿cuál viene luego como número cinco? ¿Perú? ¿Venezuela? ¿Chile? No, ¡los Estados Unidos!

Cuando uno viaja por California, Texas o Nuevo México, cuando uno visita Nueva York o Miami y entra en las tiendas y restaurantes o viaja en autobús o en metro, se oye el castellano por todas partes.

En los territorios que hoy constituyen el sur y el oeste de los Estados Unidos (que México perdió en una guerra a mediados del siglo XIX), el castellano sigue siendo una lengua muy hablada.

El castellano va ganando terreno también en otras partes del país, gracias a la continua inmigración de mexicanos, puertorriqueños, cubanos y de otros muchos latinoamericanos. Se calcula que a fines de este siglo habrá en los EE UU más hispanos que negros.

Para muchos hispanohablantes su lengua es la de la gente pobre, la de los marginados y oprimidos. Pero son muchos también los que están orgullosos de ella y defienden su derecho a hablar el castellano.

Así cuenta un periodista europeo:

Estoy en California. Paso en autobús por un barrio obrero de Los Ángeles. Voy sentado junto a un hombre que lleva a su hijo en brazos. El niño, que apenas tendrá tres años de edad, habla ya con mucha soltura. Le comento esto al padre, que entonces me explica que es de México y que él quiere que su hijo hable siempre castellano. «No sabe ni una palabra de inglés» – añade orgulloso.

Conozco el país como la palma de mi mano.

20 México

Datos sobre México

Nombre oficial: Estados Unidos Mexicanos

Superficie: 1.958.201 kilómetros cuadrados

Población: 81 millones de habitantes

Capital: México D.F. (Distrito Federal): 19 millones de habitantes

Lenguas: español, náhuatl, maya y otras

Moneda: peso mexicano

Exportaciones: gas, petróleo, azúcar, algodón, café ...

Importaciones: maquinaria, productos químicos, papel, vehículos...

Cómo es este país

De todos los países latinoamericanos, Brasil, México y Argentina solos tienen más de la mitad de la superficie y las dos terceras partes de la población total. Estos tres países producen juntos las tres cuartas partes de todas las exportaciones latinoamericanas.

Hoy día el 30 % de la población de México es indígena y el 15 % es de origen europeo. La mayor parte de los mexicanos, algo más de la mitad de la población, son mestizos, es decir descendientes de españoles y de algún pueblo indígena.
Los indios mexicanos, descendientes de los antiguos aztecas, mayas y de otros muchos pueblos, hablan todavía más de cincuenta lenguas diferentes.

México es un país montañoso, con extensas zonas secas. Gran parte de la población está concentrada en la Meseta Central, que es una zona con buen clima y condiciones muy favorables para la agricultura.
México es, además, un país rico en minerales y tiene una reserva petrolera considerable.
El turismo es otra actividad económica de gran importancia.
México fue, por sus minas de plata, uno de los centros más importantes del imperio colonial español.

La población de México aumenta muy rápidamente. La mortalidad infantil es relativamente baja. Casi la mitad de la población tiene hoy menos de 15 años.

«La muerte», máscara utilizada en las danzas populares, sobre todo el «día de los muertos».

Población maya a la orilla del mar, por donde pasan canoas con guerreros toltecas.

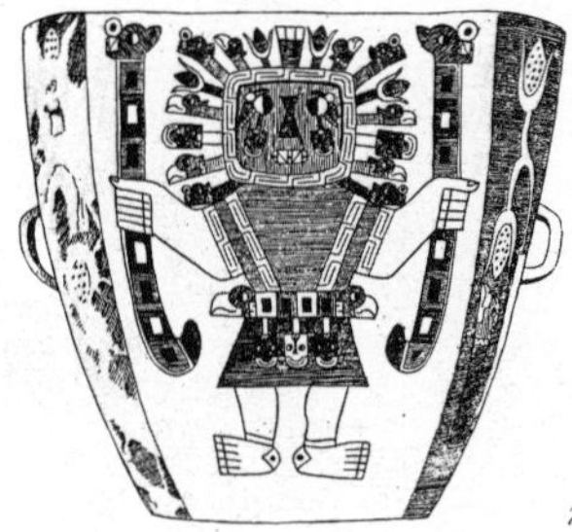

Vasija de cerámica proveniente de la zona del lago Titicaca.

Todos santos, día de muertos

El solitario mexicano ama las fiestas y las reuniones públicas. Todo es ocasión para reunirse. Cualquier pretexto es bueno para interrumpir la marcha del tiempo y celebrar con festejos y ceremonias hombres y acontecimientos. Somos un pueblo ritual. El arte de la Fiesta, envilecido en casi todas partes, se conserva intacto entre nosotros. En pocos lugares del mundo se puede vivir un espectáculo parecido al de las grandes fiestas religiosas de México, con sus colores violentos, agrios y puros, sus danzas, ceremonias, fuegos de artificio, trajes insólitos y la inagotable cascada de sorpresas de los frutos, dulces y objetos que se venden esos días en plazas y mercados.

Nuestro calendario está poblado de fiestas. Ciertos días, lo mismo en los lugarejos más apartados que en las grandes ciudades, el país entero reza, grita, come, se emborracha y mata en honor de la Virgen de Guadalupe o del General Zaragoza.

Nuestra pobreza puede medirse por el número y suntuosidad de las fiestas populares. Los países ricos tienen pocas: no hay tiempo, ni humor. Y no son necesarias; las gentes tienen otras cosas que hacer y cuando se divierten lo hacen en grupos pequeños. Las masas modernas son aglomeraciones de solitarios. En las grandes ocasiones, en París o en Nueva York, cuando el público se congrega en plazas o estadios, es notable la ausencia de pueblo: se ven parejas y grupos, nunca una comunidad viva. Las fiestas son nuestro único lujo; ellas sustituyen, acaso con ventaja, al teatro y a las vacaciones, al «week end» y al «cocktail party» de los sajones, a las recepciones de la burguesía y al café de los mediterráneos.

Octavio Paz

El chile mexicano

La cocina de México es una de las más ricas y variadas del mundo.
Mucho antes de Cristo los mexicanos cultivaban con éxito maíz, calabaza, una gran variedad de chiles ... Las frutas eran abundantes y no faltaba la carne de aves y de otros animales, así como el pescado.

El chile pertenece desde siempre a la cocina mexicana. Es rico en vitamina A, en hierro, en calcio. Existen en México más de cincuenta variedades de chile, con distinto sabor y picor.
En este país se comen cada año más de 400.000 toneladas de chiles verdes y 30.000 de chiles secos.

El algodón es un artículo de exportación muy importante.

En México la cultura indígena se mantiene viva.

Calabaza y maguey

Pues mañana las espero .... Se vienen temprano para tomar leche caliente con calabaza y maguey.
Serían de él las guayabas o quién sabe, pero no nos reclamó nada. Al contrario, nos convidó y fuimos al otro día a comer con él. Llegamos muy temprano. Esa mañana nos dio calabazas asadas con piloncillo. Hizo un hoyo y metió las calabazas adentro y luego las tapó con hojas y les echó tierra. Prendió la lumbre y toda la noche se cocieron. Al otro día que llegamos apagó la lumbre, destapó el hoyo, sacó las calabazas y nos las dio con leche y nos fuimos al cerro y ya en la tarde que bajamos nos tenía una olla de frijoles como no he vuelto a tomar otros iguales. Cocinados con pura leche en lugar de agua, ¡se imagina qué frijoles serían!

Elena Poniatowska

Frida Kahlo

¿Quién no ha visto en fotos o en películas los murales de Diego Rivera en la ciudad de México? Como muchos hombres famosos, también él compartió su vida con una mujer no menos dotada, quien nos dejó una obra artística extraordinaria: Frida Kahlo (1907–1954).
Hija del fotógrafo alemán Wilhelm Kahlo y de su segunda esposa, la mexicana Matilde Calderón, muchas personas consideran hoy día a Frida Kahlo como la mejor pintora de México.

«Autorretrato con vestido de terciopelo».

«La columna rota» es el título de uno de los más famosos cuadros de Frida Kahlo. En él se ve a la pintora llorando; a través del tórax abierto aparece una columna griega rota; el cuerpo está lleno de clavos; un corsé sujeta todo su cuerpo.
Frida había tenido polio de pequeña y una pierna casi paralizada. No obstante, la gran tragedia de su vida tuvo lugar cuando contaba algo menos de veinte años: un tren arrolló el autobús en que viajaba ella. Las consecuencias del accidente fueron múltiples fracturas en la columna vertebral, pero lo más impresionante fue que un pasamanos de hierro atravesó su pelvis de parte a parte. No murió, pero estuvo más de un año inmóvil sobre una cama, con un corsé de yeso que cubría todo su cuerpo.
Alguien tuvo entonces una extraña idea: colocar sobre la cama un baldaquín con un espejo en la parte inferior. Frida podía, así, ver todo su cuerpo enyesado cada vez que abría los ojos. De esta forma comenzaron los autorretratos.

«Dos mujeres».

En la pintura de Frida Kahlo hay dos tipos de obras bien diferenciadas: está, por un lado, el relato de su vida social, amorosa, política e intelectual; y, por otro, el impresionante muestrario de terribles depresiones macabras, su profundo sufrimiento físico y moral, sus gritos en la noche, sus pesadillas, su llanto incesante.

No hay mejor espejo que el amigo viejo.

21 Una llamada misteriosa

En la madrugada del 23 de febrero de 1978, unos trabajadores estaban perforando el suelo en la ciudad de México para instalar unos cables eléctricos. Tropezaron entonces con una gran piedra que les impedía avanzar. Las obras se desarrollaban en el cruce de las calles Guatemala y Argentina, a pocos pasos de la Plaza de la Constitución.

Aquel mismo día, a las nueve de la mañana, alguien que no quiso dar su nombre llamó por teléfono al Instituto Nacional de Antropología e Historia. Dijo que en la calle de Argentina habían hecho un importantísimo descubrimiento, y que tenía que presentarse allí inmediatamente algún arqueólogo.

A aquellas horas nadie sabía nada de ningún descubrimiento, y en el Instituto no prestaron atención a aquella llamada.

Bajo el suelo de México hay todavía muchas sorpresas arqueológicas ...

Dos horas después, a las once, la misma persona volvió a llamar para insistir en que era absolutamente necesaria la presencia de los arqueólogos en aquel lugar. Había aparecido allí algo – dijo – que nadie se esperaba.
– Precisamente hoy. ¡Fíjese qué coincidencia! – añadió la anónima voz antes de colgar.

Ante la insistencia de aquellas misteriosas llamadas, un arqueólogo se dirigió al lugar de las obras. Después de mirar y remirar durante un buen rato, llamó a otros colegas, que llegaron rápidamente. También ellos estuvieron durante horas estudiando y analizando aquel gran bloque de piedra. Antes de terminar el día, todos estaban de acuerdo:
– Es Coyolxauhqui, la diosa de los cascabeles en las mejillas.

La noticia se extendió en seguida por toda la ciudad. Al día siguiente, la prensa y la televisión, los expertos, las autoridades, hasta el mismo Presidente de la República, todos fueron a admirar la escultura de la vieja diosa azteca. Se trataba de una magnífica talla de piedra rosa de tres metros de diámetro. Una verdadera maravilla arqueológica.

– Es muy curioso esto – comentó uno de los arqueólogos –. Fue también un 23 de febrero, en 1525, cuando los españoles mataron a Cuauthémoc, el último emperador azteca. Precisamente el 23 de febrero. ¡Qué extraña coincidencia!

Nadie ha podido nunca explicar quién fue la persona que hizo aquellas llamadas. En México hay gente que piensa que sólo hay una explicación: aquella anónima voz era en realidad la voz de la diosa misma …

La diosa de los cascabeles en las mejillas.

No dejes para mañana lo que puedas hacer hoy.

22 ¿Qué nos recomienda?

Isabel y Ángel Pastor salen a cenar a un restaurante para celebrar el cumpleaños de Isabel.

Ángel Buenas tardes.

Camarero Buenas tardes. ¿Cuántos son? ¿Dos? ¿Han reservado mesa?

Isabel No …

Camarero Tendrán que esperar un poquito. Lo siento.

Ángel ¿Hay mucha gente esperando?

Camarero No, sólo tres grupos. No tardará mucho. Si quieren, pueden tomar mientras tanto un aperitivo en la barra. Ya les avisaremos.

La pareja se sienta en los taburetes delante de la barra y pide un jerez. Al cabo de un rato se acerca un joven.

El joven ¿Llevan ustedes mucho rato esperando?

Isabel No, unos cinco minutos.

El joven Por favor, ¿le importaría acercarme el cenicero?

Ángel No, claro que no.

El joven ¿Le molesta el humo?

Ángel No, no, en absoluto. Oye, Isabel, ¿por qué no vamos después al cine?

Isabel Bueno, si quieres …

Ángel ¿Es de hoy el periódico? ¿Me lo podría dejar un momento para mirar la cartelera?

El joven Tenga. Se lo puede quedar. Yo ya lo he leído.

Ángel Muchas gracias.

El joven Vale, vale.

– ¿Me podría indicar dónde están los servicios?
○ Baje esta escalera y allí los encontrará a la derecha.
– Muchas gracias.
○ De nada.

En ese momento llega el camarero. Se dirige a Ángel.

Camarero Ya tenemos una mesa libre para ustedes. Por aquí, por favor. Es esa mesa redonda del rincón. Enseguida les traigo la carta. Su señora …

Ángel Sí, ahora viene.

La pareja mira la carta y, cuando llega otra vez el camarero, encargan la cena.

RESTAURANTE · BAR

CASA PEPE

MENÚ DEL DÍA 900 PESETAS

1. Entremeses
   Escalope milanesa
   Postre

2. Ensaladilla rusa
   Pollo con guarnición
   Postre

3. Zumos de fruta
   Merluza a la romana
   Postre

4. Gazpacho andaluz
   Chuleta de cerdo
   Postre

Vino, cerveza o agua mineral. Servicio e impuestos incluidos

Entremeses y sopas

Entremeses	500
Ensalada mixta	450
Jamón serrano 100 grs	825
Salchichón, chorizo	475
Sopa de ajo con huevos	380
Gazpacho andaluz	420

Carnes

Filete de ternera	780
Escalope con guarnición	990
Pollo al ajillo	525
Cordero asado	790

Pescados

Gambas a la plancha	900
Calamares a la romana	780
Merluza a la plancha	950
Lenguado frito	840

Huevos y tortillas

Tortilla de patatas	500
Huevos fritos	425

Arroz

Paella (mínimo dos raciones)	730
Arroz a la cubana	650

Legumbres

Judías verdes	400
Guisantes	360
Patatas fritas	240

Postres

Flan	350
Melocotón en almíbar	410
Helado	300
Pijama	380
Fruta del tiempo	400

Bebidas

Vino de la casa	320
Paternina Banda Azul	725
Paternina Banda Dorada	725
Cerveza mediana	90
Agua mineral (con o sin gas)	100
Sangría	400

Horas de servicio: Almuerzo de 1^{00} a 4^{00} – Cena de 8^{00} a 12^{00}

Hay libro de reclamaciones.

Calle de Jesús, 18, Málaga • Teléfono: 123 45 67

Camarero Señores …

Ángel ¿Qué nos recomienda?

Camarero ¿Desean alguna entrada?

Isabel A mí me apetece algo ligero.

Camarero El gazpacho es muy bueno.

Isabel ¿Es de lata o natural?

Camarero Aquí todo es natural, señora.

Isabel Está bien. Un gazpacho entonces. ¿Para ti también, Ángel?

Ángel Sí, también para mí. La merluza no es congelada, ¿verdad?

Camarero No, es fresca. Del Cantábrico.

Isabel Muy bien. Yo tomo merluza.

Ángel Yo no. Yo prefiero carne. Un filete de ternera con patatas salteadas.

Camarero ¿Para beber?

Ángel Tráiganos algún Rioja …, una botella de Paternina. Y media botella de agua mineral sin gas, por favor.

Camarero Muy bien. Dos gazpachos, una merluza, una ternera, una botella de Paternina y media sin gas … .

Ángel Voy a pedir otro cuchillo. Este no sirve. No corta.

Isabel La merluza está estupenda.

Ángel Sí, dicen que la del Cantábrico es la mejor de España. También la ternera está buenísima, aunque quizás esté un poco sosa. Acércame el salero.

Isabel Mejor sosa que demasiado salada. Toma.

Ángel Eso sí.

Isabel ¿Por qué no pides un poco más de agua?

Ángel ¿Podría traernos otra botellita de agua mineral, por favor?

Camarero En seguida, señor. Y de postre, ¿qué toman?

Isabel No, gracias, postre no. Tráigame sólo un cortado.

Ángel Para mí un solo doble. Y la cuenta, por favor. Tenemos un poco de prisa.

Se acerca a la mesa otro camarero.

Camarero Perdón, señores. Hemos encontrado esta agenda en los servicios, en el suelo. No pone ningún nombre. ¿Es suya?

Isabel No, yo no utilizo agenda. ¿Es tuya, Ángel?

Ángel No, no, la mía es roja y más grande.

Isabel No, no es nuestra.

Ángel comprueba la cuenta.

Ángel Oiga ..., perdone, pero me parece que se han equivocado.

Camarero A ver ...

Ángel Mire, aquí pone «licores, 450», debe de ser un error.

Camarero Tiene usted razón. De verdad que lo siento muchísimo.

Ángel No es grave. Todos podemos equivocarnos.

La boca se me hace agua.

23 Si fuera un Picasso ...

Estamos en el Rastro de Madrid.

Vendedor ¡Este sensacional y maravilloso cuadro surrealista, por sólo tres mil pesetas! ¡Aprovechen la ocasión! Si estuviéramos en París, pagarían ustedes el doble.

Comprador ¿Cuánto? Si hablara usted un poco más despacio, entenderíamos mejor lo que dice. ¿Cuánto dice que pide?

Vendedor He dicho seis mil pesetas, señor. Pero a usted se lo dejo por cinco ..., ya veo que entiende usted de arte.

Comprador Demasiado caro ...

Vendedor Si fuera un Picasso, costaría cinco millones, señor.

Comprador ¡Hombre, qué gracioso! Si fuera un Picasso, no lo vendería usted aquí en el Rastro.

Vendedor Aquí vendemos de todo, caballero. No se lo creerá, pero aquí se ha vendido hasta un Velázquez.

Comprador Sí, supongo que serán Las Meninas. Vamos, tenga usted cuatro mil y déme el cuadro.

Vendedor Trato hecho.

Todos los sábados y domingos las calles alrededor de la Plaza del Rastro y la Ribera de Curtidores se convierten en un gigantesco mercado.

En el Rastro se vende toda clase de objetos nuevos y usados.

Introducción a la historia del arte

Nicole habla de un escultor que ella conoce, hombre de mucho talento y fama. El escultor trabaja en un taller inmenso, rodeado de niños. Todos los niños del barrio son sus amigos.

Un buen día la alcaldía le encargó un gran caballo para una plaza de la ciudad. Un camión trajo al taller el bloque gigante de granito. El escultor empezó a trabajarlo, subido a una escalera, a golpes de martillo y cincel. Los niños lo miraban hacer.

Entonces los niños partieron, de vacaciones, rumbo a las montañas o al mar.

Cuando regresaron, el escultor les mostró el caballo terminado.

Y uno de los niños, con los ojos muy abiertos, le preguntó:

– Pero ..., ¿cómo sabías que adentro de aquella piedra había un caballo?

Eduardo Galeano, Días y noches de amor y de guerra

Mariano habla por los codos.

24 La televisión y la radio

¿Tú ves con frecuencia la televisión? – Una entrevista

– Sara, ¿tú ves con frecuencia la televisión?
○ Con frecuencia. Diariamente.
– ¿Sí?
○ Diariamente, aunque sea …
– ¿Cuántas horas, más o menos?
○ No, horas no.
– ¿Y tu familia? ¿Tus hijos? ¿Tu marido?
○ Tampoco, tampoco. Se suele ver un rato. Un rato. Si uno llega a casa, no tiene nada que hacer, está solo, posiblemente enciende la televisión como compañía, sin saber qué programa va a haber. Es una persona más en la casa.

– Y las noticias, por ejemplo, en la televisión: ¿te interesan?

○ Generalmente sí. Si no he visto las noticias ni he oído radio … Difícil, porque la radio se oye mucho. Si vas en el coche, las noticias ya las has oído en la radio y a lo mejor ya no pones la televisión.

– No te interesan tanto.

○ Claro.

– Pero tú, entonces, no eres representativa para el español medio …

○ No.

– Porque se ve bastante la televisión. ¿No es cierto?

○ Se ve, se ve mucho.

– ¿Y tú crees que la televisión española ofrece algunos programas que tú dirías que son especialmente interesantes?

○ Yo creo que sí. Creo que sí, que hay programas que merecen la pena verse. En informativos, por ejemplo, a mí me gusta ver «Informe Semanal».

– ¿Y de qué trata «Informe Semanal»? ¿Qué ofrece, por ejemplo, sobre otros países, sobre España, sobre regiones españolas?

○ No. Es un poco lo que ha sucedido en la semana.

– Entiendo.

○ No solamente en España, sino también puede suceder que sea en otro país, o en el mundo. Una noticia de mucho valor. Y hacen, a lo mejor, un reportaje de tres, cuatro, cinco noticias – máximo –. Resulta interesante de ver. A veces el locutor está muy bien preparado … .

La radio y los idiomas – Otra entrevista

– Oye, y en cuanto a los idiomas, ¿la radio contribuye en España a la difusión de los idiomas? Estoy pensando, fundamentalmente, además del español, en el catalán, el gallego, el vasco. ¿Tú crees que la radio contribuye a la extensión de esos idiomas?

○ Yo pienso que, como métodos en radio, no ha aprendido nadie – o muy poca gente – el idioma en la radio o en la televisión. Como método.

– Claro.

○ Ahora, como oír un programa normal … , personas que estudian idiomas usan mucho la onda corta para familiarizar su oído con ese idioma. Se oye la «Deutsche Welle» o la «BBC» o – supongo – «Radio Exterior de España» – quien desee aprender español.

– Y hay incluso, yo lo he oído alguna vez, una emisión, creo que diaria, en el llamado «español sefardita». ¿Es diaria?

○ ¿Es diaria? No lo sé. Porque la persona que la hace, que es muy amiga, es una mujer muy encantadora y entrañable, viene un día a la semana. Y la veo todos esos días, cuando hace la emisión. Es una argentina ... sefardita ...

– Claro.

○ ... que ha guardado con muchísimo cariño esta lengua.

– ¿Y conserva bien el idioma? ¿Y la emisión se ofrece toda en ese idioma «judeo-español»?

○ Sí, sí, sí. Eso sí. Eso sí.

Querida amiga:

No, en contra de lo que usted cree, no soy un televidente empedernido. Entiéndame, suelo ver la televisión un ratito por las tardes, el final del telediario, «La hora 15» y el espacio que sigue. Y no todos los días, por supuesto. De noche, sí. El tiempo que dedico por las noches a la televisión rara vez baja de un par de horas. ¿Qué quiere usted? Es la manera de disponer de un interlocutor al que puede usted callar la boca si le resulta inoportuno .... El quid radica en no dejarse engatusar por la televisión, evitar pasarse ante el aparato las horas muertas. ¿Cómo? La receta es sencilla: seleccionando espacios .... La caja, entonces, deja de ser tonta y pasa a ser entretenida, en ocasiones incluso enriquecedora. Mi difunta hermana Rafaela sí era una televidente contumaz. En vacaciones y durante los últimos años, a raíz de su jubilación, permanecía horas y horas ante el televisor como hipnotizada. Consciente de su afición, y a pesar de que no los regalan, adquirí un receptor en color para sorprenderla. ¿Qué será esto del color que a todos nos encandila? Los hombres llevamos dentro algo del niño que fuimos ....

Miguel Delibes

Cada loco con su tema.

25 ¿Cultura viva? – Las Islas Canarias

El burro: un medio de transporte práctico y barato.

A finales de los años setenta busqué en el mapa un lugar apartado de la civilización para pasar mis vacaciones. Entonces me interesaba mucho por la ecología.
Me decidí por un puntito del archipiélago canario, al norte de Lanzarote: la isla Graciosa. Ochocientos habitantes, un par de volcanes apagados, lava, arena y medio millar de cabras. «¡Ni coches ni televisión!», pensé entusiasmado.

Pocos días más tarde me encontraba allí, sentado en una silla de paja, a la puerta de un bar, en una plazuela de Caleta de Sebo, pequeña población de la isla. Un grupo de ancianos estaba a mi lado, leyendo «La Provincia», el único ejemplar del único periódico que llegaba a la isla cada día.

– ¡Qué maravilla! – exclamé dirigiéndome a ellos! – ¡Qué tranquilidad!
○ De eso sí que no nos falta, señor – contestó el que parecía tener más edad.
– Y buena salud tampoco, ¿eh? – les dije, –, que he leído que aquí la gente vive muchos años.
○ Pues es verdad. No creo que ninguno de los que estamos aquí tenga menos de ochenta años – dijo el viejo.
△ Quizás sea porque no tenemos ni médico ni cura – dijo otro, y todos se echaron a reír.

A lo lejos se veía un pastor con un rebaño de cabras.

– Es raro que haya tantas cabras aquí, en un lugar tan árido. ¿Hay muchos pastores?
○ No, señor – me contestó el más viejo –. Aquél que ve allí es el único, y se jubilará dentro de medio año. Durante mucho tiempo aquí todos fuimos pastores. Pero las cabras acabaron con la vegetación. Mi padre, que llegó aquí hace un siglo, fue uno de los primeros habitantes de la isla. Entonces esto era un vergel. Ahora, en cambio, casi todos vivimos de la pesca.
– ¿Y sacan ustedes mucho? – le pregunté.
○ Sí, el pescado abunda aquí, y no creo que haya otro mejor. Es muy importante que pruebe usted un mero o unas sardinillas ... y ya me dirá ....

Yo estaba encantado. El cielo azul, la brisa del mar, el canto de los pájaros ... Y, sobre todo, aquella cultura viva y sin influencias exteriores ...
En el campanario de la iglesia sonaron lentamente seis campanadas. Los viejos se levantaron todos entonces y comenzaron a marcharse a toda prisa.

○ ¡Las seis ya! ¡Vamos!
– ¿Qué pasa? – pregunté –. ¿Adónde van? ¿Hay una fiesta ...?
¡No, no, nada de eso, qué va! – me contestó uno sin detenerse –. Nos vamos a casa para ver esa serie «Dallas». Nadie quiere perdérsela, y como la tele del bar no es en color ...

Las Islas Canarias

El archipiélago canario, colonizado por los españoles en el siglo XV, está situado muy cerca del trópico, a 115 kilómetros de la costa de África. La mayor parte de las islas está formada por unas rocas de color oscuro, material volcánico que se ha enfriado.

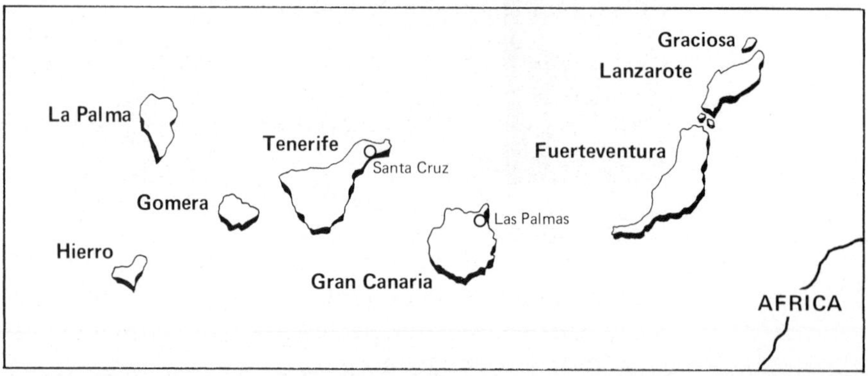

Calor y nieve

El clima es templado y seco. La temperatura es bastante alta casi todo el año y llueve poco, sobre todo en el sur. Las tierras que están en el norte son más húmedas y allí la flora es muy rica y variada. En las montañas elevadas hay nieve.
La agricultura y la pesca son las actividades económicas más importantes de las islas. Entre los cultivos destacan el plátano, el tomate (que se puede cosechar todo el año), la patata, frutas tropicales y plantas industriales, como el tabaco.
Desde hace varios decenios el turismo ha sido una importante fuente de ingresos. Pero, en cambio, hay pocas industrias.

Playas famosas

La isla más poblada es Gran Canaria. Su capital, Las Palmas, es una de las diez ciudades españolas que tienen más población. Gran Canaria tiene algunas playas de fama internacional, como por ejemplo Las Canteras, en la capital, y Maspalomas, en el sur. El interior de la isla es muy montañoso.
Tenerife es la isla más extensa y montañosa del archipiélago. En el centro se levanta, hasta los 3.710 metros, el Teide, la montaña más alta de España.
La Palma, Gomera y Hierro son también montañosas. Lanzarote y Fuerteventura son más llanas y las menos pobladas.

El punto más elevado de las Islas Canarias es el Teide, en Tenerife.

Santa Curz, en Tenerife, es la segunda ciudad más importante de las Islas Canarias.

No se puede repicar y estar en la procesión.

26 Todos seremos verdes

Humos, olores, ruidos …

¿Piensa usted que el problema de la contaminación en España es …		
muy grave?	1974: 16 %	1990: 33 %
grave?	1974: 39 %	1990: 53 %
leve?	1974: 8 %	1990: 30 %
no existe?	1974: 6 %	1990: 0 %
No sé.	1974: 9 %	1990: 6 %

¿Qué factor cree usted que produce más contaminación donde usted vive? (1990)	
Humos de la industria	40 %
Humos de los vehículos	24 %
Humos de las calefacciones	2 %
Obras y construcciones	2 %
Ruidos	5 %
Malos olores	5 %
Contaminación de las aguas	9 %
Destrucción de árboles	7 %
No sé.	6 %

La conciencia ecológica de los españoles aumenta, pero eso no significa que acepten mayores impuestos sobre los coches y la gasolina para solucionar con ese dinero el problema de la contaminación.

La contaminación empieza en el hogar

Los grandes problemas del medio ambiente llevan ya varios años de actualidad: el agujero de la capa de ozono, la deforestación de importantes zonas verdes del planeta, la peligrosidad de muchos residuos, la contaminación de los ríos y los mares …

Pocas veces pensamos, sin embargo, que el hecho de comer una hamburguesa puede aumentar el peligro de cáncer de piel, o que cambiar la pila de un reloj puede contaminar todo un lago.

Anualmente se talan cerca de 130 millones de árboles sólo para el papel y el cartón que necesitan 40 millones de españoles: una familia media «tira al año seis árboles». Cada vez que va de compras, una española o un español vuelve a casa con unas seis bolsas de plástico. El 7 % de toda la basura son frascos, botellas y otros objetos de vidrio que podrían ser fácilmente reciclados.

¿Qué se debería hacer? Por ejemplo:
- ir a la compra con una bolsa de tela o de yute y rechazar las bolsas de plástico;
- evitar los aerosoles (causantes directos del agujero de la capa de ozono);
- comprar productos elaborados con papel reciclado …

En varios países europeos existen, desde hace ya algunos años, distintivos – como el «ángel azul» de Alemania – que garantizan que determinados productos no son contaminantes. También en España y en otros países hay ya muchos productos que aseguran ser «amigos de la naturaleza»: pilas, detergentes, desodorantes ... que decoran los envases con un arco iris, una puesta de sol ...

Y sobre todo: los defensores de la naturaleza esperan convencer lo más pronto posible a los niños. Ellos – los niños – saben muy bien cómo influenciar a los mayores. Así quizás se consiga que en la próxima generación todos seamos «verdes».

Cambio 16

Aquí se tiran, por ejemplo, las botellas no retornables.

Energías no contaminantes

Molino de viento

Aerogenerador

Oír cantar a los ruiseñores

«Por San Blas la cigüeña verás», dice el refrán. Cada año, a finales de enero o principios de febrero, aparecen en Castilla las cigüeñas. Hacen su nido en las torres o campanarios de los pueblos. Y, a finales de julio o principios de agosto, vuelven a marcharse. Han llegado desde África y allá regresan otra vez. El recorrido desde África puede llegar a ser de 10.000 kilómetros. Antes o después de cruzar el Estrecho de Gibraltar, muchas cigüeñas, como tantas otras aves migratorias, hacen escala en el Parque de Doñana.

En España hay nueve «parques nacionales», cinco en la península y cuatro en las Islas Canarias. El más famoso de todos es, sin duda, Doñana, que está en el sur de la Península Ibérica, en la costa de Andalucía Occidental, junto a la desembocadura del río Guadalquivir, y por tanto muy cerca de África.

Este parque recibió a finales del siglo XVI el nombre de «Coto de Doñana» cuando «Doña Ana» de Mendoza se retiró a vivir en un palacio construido para ella en el interior del coto.
Doñana es uno de los escasos ejemplos de naturaleza casi intacta que quedan en Europa (aunque ojalá se conserve así en el futuro: no es seguro). Solamente quedan pocas zonas equiparables: el delta del Danubio, la Camarga en Francia, algún parque nacional en Laponia … .

Radio Nacional de España

– Lo que no cambiaríamos por nada del mundo es la alegría de oír cantar a los ruiseñores. ¿Los escucha usted? – dicen María Román y su esposo, guardas de Doñana.

¡Escuchar a los ruiseñores! Pero no son sólo los ruiseñores. Son miles de aves las que sobrevuelan el Coto sin miedo del hombre y de su escopeta.

○ La vida aquí es durísima, porque pasamos muchos meses aislados del mundo y de la «civilización». Y, sin embargo, no la cambio por ninguna otra. Tengo mucho cariño a la marisma, a las dunas, a los animales … . Aquí mismo nací y aquí vivieron mis padres y mis abuelos.

– Qué quiere que le diga: la ciudad tendrá sus ventajas, pero la naturaleza es maravillosa y el hombre nunca creará algo tan hermoso.

El País

Por San Blas la cigüeña verás.

27 El coche o usted

Habla un guardia civil de tráfico

– Hoy es el 2 de agosto. Anteayer, el 31 de julio, salieron de casa o volvieron a casa un par de millones de españoles. Ayer, 1 de agosto, salieron otros millones de españoles. ¿Qué pasó con el tráfico ayer y anteayer?

○ Bueno, por lo que se refiere a la demarcación que yo rijo, tuvimos la gran fortuna de que no hubo ningún accidente grave, o sea que ...

– ¿Ningún muerto?

○ Ningún muerto.

– ¡Qué suerte tienen ustedes! Pero el último fin de semana, según he leído en la prensa y he escuchado en la radio, hubo más de cincuenta muertos, casi cincuenta heridos graves en carretera. Son demasiados accidentes, ¿no cree?

○ Son demasiados accidentes, evidentemente. Pero quizás hay que tener en cuenta que nuestra red viaria no es de lo mejor que se puede tener. Le puedo decir que, por fortuna, están disminuyendo los accidentes. ¿Por qué? Primera causa e importante: que la red de carreteras está mejorando considerablemente.

– Sí.

○ Y segunda causa – y también importante –: que desde el día 4 de abril de este año ha entrado en vigor la nueva ley de seguridad vial con multas muy cuantiosas, muy elevadas ...

– Lo he leído ....

○ Otra causa de accidentes también es el alcohol. En España pues ... por ser una nación ... de mucha producción vinícola y de mucha tradición en este sentido, y que se come muy bien ...

– Sí.

○ ... pues la gente no mide eso.

– Se come y se bebe muy bien.

Guardia Civil de Tráfico.

Alcoholímetro para medición del alcohol en la sangre.

El tráfico de no pocas ciudades es infernal, sobre todo a las horas punta.

El futuro debería pertenecer a los autobuses y al metro.

○ Sí, pero yo decía que se come muy bien porque la comida lleva implícito también beber. Es decir, la gente pues ... en su comida cuantiosa y copiosa también bebe cuantiosa y copiosamente. Entonces la gente no estaba concienciada de que la bebida es también un problema grave, es un problema considerable. Y ... bueno, pues en mi zona de influencia hemos conseguido, en base a una serie de controles que se montan todos los fines de semana, concienciar a la gente para que no beba o beba menos.

– Controles de alcoholemia.

○ De alcoholemia, sí.

El mago del tráfico

La ciudad del futuro apenas tendrá coches. Así la imagina B. Winkler, considerado «el mago del tráfico» tras sus informes sobre los problemas de Múnich y Bolonia.

Este urbanista alemán ha elaborado un estudio sobre los problemas de la circulación en la capital de España. Su informe imagina un casco urbano que permita caminar a pie o ir en bicicleta al trabajo y sin obstáculos; un metro con transbordos cómodos y abundantes escaleras mecánicas; gran número de estacionamientos disuasorios para quienes llegan en coche o autobús hasta la periferia ...

Madrid tiene 27.000 habitantes por kilómetro cuadrado, una densidad de las más altas de las grandes ciudades europeas. Múnich, con una superficie aproximadamente igual, sólo tiene un tercio de los habitantes de Madrid. Las calles principales del centro de Múnich, sin embargo, están cerradas para el tráfico individual desde los años setenta.

En Bolonia sólo se permite circular por el centro, desde 1988, a los autobuses, taxis y vehículos de transporte de mercancías (y a los que viven allí, con un permiso especial). Bolonia se ha convertido en una de las ciudades más agradables de Italia y nunca estuvo tan llena de vida como hoy.

Y es que los coches circulan, en su mayoría, ocupados por una sola persona. Un automóvil necesita unos 50 m^2 para circular y 20 m^2 para aparcar. Un autobús con ochenta personas, en cambio, utiliza 80 m^2, es decir, 1 m^2 por persona. Además, no necesita lugar para aparcar. Como tampoco el metro.

Winkler opina que una ciudad como Madrid debería tener tres tipos de calles: unas, destinadas fundamentalmente al tráfico (calles de circunvalación exterior e interior); en el centro de la ciudad, calles de uso mixto, con gran cantidad de tiendas; y numerosas calles y plazas destinadas principalmente a la estancia de los ciudadanos, por ejemplo en el centro histórico de la ciudad. La solución ideal consiste en que los habitantes de las ciudades y de los pueblos periféricos tomen el autobús para llegar a una estación del metro, que en Madrid es rápido y se extiende por casi toda la ciudad.

Aunque el prestigio y las comodidades del coche, desde la música hasta el aire acondicionado o el teléfono, pueden hacer del automóvil una «sala de estar sobre ruedas», éste podría convertirse en un «coche de estar» en las grandes ciudades. El futuro pertenece al metro y a los autobuses.

El País

MINISTERIO DE ASUNTOS SOCIALES
FINES DE INTERES SOCIAL

No viajes con un elefante a tu espalda

Usa cinturón y reposacabezas conduciendo tu automóvil

Usa casco en tu moto

Cumple rigurosamente las medidas de seguridad laboral

Si quieres ayudar a los heridos, no los muevas, avisa a una ambulancia

Los accidentes de tráfico son la principal causa de muerte no natural. Por ejemplo: dos de cada tres jóvenes fallecidos entre los 15 y los 24 años mueren en accidentes de tráfico.

Muchas veces se ha hablado de la antigüedad de los vehículos que circulan en España como una de las causas más importantes de accidentes en comparación con otros países de la CE. Sin embargo, son los automóviles con menos de siete años los que causan un mayor número de accidentes mortales.

Un hecho sorprendente en España es la enorme diferencia que existe entre los accidentes producidos en carretera (83 %) y en ciudad (17 %). En Alemania los porcentajes son 67 % y 33 %, en Francia 63 % y 37 %.

En España había en 1990 diez millones de vehículos, de los cuales novecientos mil eran motocicletas. Una de las causas más importantes de los accidentes graves de las motos es la no utilización del casco. Sólo el 69 % lo usa en carretera; en la ciudad, el 29 %. Hasta 1991 el uso del casco no fue obligatorio para los motoristas.

El cinturón de seguridad, que sí es obligatorio desde hace muchos años, se usa poco, aunque está demostrado que puede evitar numerosas muertes y accidentes graves. La causa es, según los conductores, que la policía apenas controla o pone multas cuando no se lleva abrochado el cinturón.
La mayoría de los conductores ignora que el cinturón evita anualmente la muerte de unos mil doscientos conductores en un país como España.
Porque los sesenta kilos de una persona sentada en el asiento trasero de un coche se pueden convertir, en el caso de un frenazo brusco, en mil ochocientos, lo cual equivale a «viajar con un elefante a la espalda».

El País

Accidentes mortales en la CE		
	Vehículos de 4 ruedas por 1000 habitantes	Muertos por cada millón de vehículos
Grecia	221	763
Irlanda	252	520
Portugal	287	1.162
España	333	635
Dinamarca	369	376
Países Bajos	391	231
Bélgica	404	490
Reino Unido	422	217
Italia	452	285
Francia	486	424
Alemania	506	265

Fuente: Conferencia Europea de Ministros de Transporte (1990)

El casco, como el cinturón de seguridad en los coches, puede salvar la vida a muchos conductores de moto.

Del dicho al hecho hay un gran trecho.

28 El horóscopo no miente

Aries: Deberá ocuparse más de sus hijos y de sus problemas. Procure prestar atención a su pareja. Sus asuntos económicos dependerán de sus relaciones.

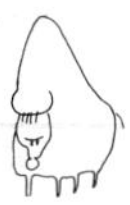

Tauro: Habrá ciertas dificultades para usted en el terreno del amor. Si sabe superarlas, tendrá unos días de relaciones muy intensas.

Géminis: Esta semana se le presentarán oportunidades que debería aprovechar. Sus sentimientos estarán muy abiertos a la amistad.

Cáncer: Alguna persona de su familia tendrá dificultades económicas, pero será capaz de superar ese problema. Buen momento profesional.

Leo: No tome decisiones repentinas que le llevarían a una situación comprometida. Evite precipitarse para que no tenga que volverse atrás.

Virgo: Asuntos económicos relacionados con su familia le llevarán a una situación ambigua y desagradable. Participe en algunas reuniones: es de esperar que sean interesantes o divertidas.

Libra: Las relaciones con sus hijos – o con sus padres – irán por buen camino. Tendrá éxito en el campo del amor.

Escorpio: El trabajo le traerá esta semana conflictos o molestias desagradables. Evite los excesos de un festejo para que después no tenga problemas de salud.

Sagitario: Sus relaciones personales le traerán novedades. Puede que haya discusiones con sus padres o con su pareja por cuestiones económicas. Días muy importantes para su creatividad.

Capricornio: Recibirá noticias de personas lejanas, incluso del extranjero. Se verá en la obligación de tomar decisiones importantes en muy poco tiempo. Se sentirá entre animado y excitado.

Acuario: Posiblemente se llevará una decepción si sus asuntos dependen de una institución oficial. Luche cuanto antes contra problemas de salud propios o en su familia.

Piscis: Ande con cuidado en los asuntos relacionados con la familia o la salud. No deje las cosas para mañana. Aproveche la semana para viajes y reuniones.

Y tú, ¿de qué signo eres?

Isabel Y tú, ¿de qué signo eres?

Carlos Yo no creo en esas mamarrachadas.

Isabel Bueno, pero dime de qué signo eres.

Carlos Aries.

Isabel Pues escucha lo que dice el diario. «*Dinero:* Mañana ganará usted un pequeño premio en la lotería y recibirá una cantidad no muy elevada de algún pariente. Un amigo le pedirá dinero prestado. Cuidado, es muy posible que el amigo no le devuelva nunca el préstamo» … . Vamos a ver … «*Salud:*»

Carlos Sigue, sigue …

Isabel No me interrumpas. «*Salud:* Lleve una vida más sana. Haga deporte. Suspenda las bebidas alcohólicas. Probablemente padecerá un ligero resfriado. »… Y para terminar … «*Amor:* Estos días no serán muy felices en el terreno sentimental. Se peleará con su novia.» … ¿Qué te parece?

Carlos Increíble. Me has dejado impresionado, de verdad. ¡Todo eso es lo que me ha pasado hoy! ¿De qué día es el diario?

Isabel De ayer.

Carlos Pues a partir de ahora creeré a pie juntillas en los horóscopos.

Isabel Tonto, ¡qué fácilmente te dejas engañar! Aquí en el diario no pone nada. Me lo he inventado todo yo.

Más vale pájaro en mano que ciento volando.

29 Una mañana como todas

José Vamos, hijos, que ya es tarde. Quitad los platos de la mesa y ponedlos en el lavaplatos. Y no olvidéis los libros.

Roberto Papá, está lloviendo. Mi impermeable está todo roto.

José Déjale el tuyo, Ana. Coge tú un paraguas.

Ana ¿El mío? Bueno, pero no lo pierdas, ¿eh?

Roberto Ya estoy. ¿Cierro la ventana?

José No, no la cierres. Déjala un poco abierta para que se ventile la casa. Subid las persianas del cuarto de estar.

José vive solo con sus dos hijos. El padre va a la comisaría, donde trabaja. Es guardia. Pero antes acompaña a José y Ana al colegio, que está en el mismo barrio.

Roberto Papá, dame dinero. Tengo que comprar un bolígrafo.

José La librería está cerrada ahora. Hazlo durante el recreo. Pregunta a tu profesor si puedes salir un momento.

Roberto Bueno.

José Tened cuidado al cruzar la calle.

Roberto Sí, papá. ¿Me das el dinero?

José Toma, aquí tienes. Hala, corred, que ya son las ocho y media.

Los niños entran corriendo al colegio, justo cuando suena el timbre.

Las siete y pico 

– ¿Va bien ese reloj?
○ No sé, el mío se ha parado.

– ¿Qué hora es, por favor?
○ Lo siento, no llevo reloj. Pero serán las siete y pico.

Dramas callejeros

José, policía municipal, ayuda a la gente de su barrio y, si hace falta, se cuida del tráfico. En una calle ve dos coches mal aparcados.

Señora Por favor, no me ponga una multa, sólo quería …
José Lo siento, tengo que ponérsela.
Señora Por favor, no me la ponga. Ya me voy.

José le pone la multa.

José ¿Otra vez mal aparcado, Juan Luis?
Juan Luis Sí, ya sé, ya sé. Pero es que no había ningún sitio. No me pongas la multa, José.
José Lo siento. Como a todo el mundo. Tengo que ponértela.
Juan Luis No te pongas así, hombre. Además somos amigos …. No me la pongas.
José ¿Tú crees que yo …? Aquí tienes la multa.

José se la entrega.

José es más bueno que el pan.

30 Cuando yo sea grande

Cuando yo sea grande me compraré un carro último modelo y me haré una casa junto al mar. Me pasearé en mi carro cuando salga del trabajo.

Buscaré una compañera que estará en casa y no tendrá que trabajar fuera; una compañera que me haga la comida, que lave y que planche; pero nunca la dejaré que no más esté lavando y planchando y haciendo comida: la voy a sacar a pasear en el coche. La llevaré a los mejores restaurantes, para que nunca tengamos disgustos entre ella y yo, para que siempre haya felicidad y mucha alegría en mi casa y, por supuesto, de ella también.

Y cuando tengamos hijos seré el hombre más feliz del mundo. Viajaremos a Disneylandia y a México y a otros lugares del mundo. Iré a ver a mi madre, mis hermanos y mis abuelitos, y a mis tíos y tías, y haré feliz a mi esposa y a mis hijos e hijas.

Pero nunca seré egoísta como mi padrastro: nos pegaba, compraba cosas y no nos daba, la pegaba a mi madre. Andaba con otra señora, y a la hora de la comida él comía primero y nos dejaba puras sobras.

Mi madre ha sufrido, pero cuando sea grande la ayudaré con la comida, los gastos y juguetes para mis hermanos más chicos. Pero que también trabaje mi hermano mayor y que también coopere para hacer feliz a mi madre.

Gustavo Ignacio Mayoral Romero, 10 años.
Bahía de Tortugas, Baja California Sur.

Los niños y los locos dicen las verdades.

31 ¿Un argentino medio?

Tres argentinos

Jorge Luis Borges, narrador, poeta y ensayista, nació en 1899 y falleció en 1986, ciego desde hacía treinta y un años. Borges poseía una enorme cultura literaria y era una persona de gran inteligencia e imaginación.
En su poesía, en sus cuentos, en sus ensayos utilizaba un lenguaje culto y muy rico. Muchos de sus lectores en todo el mundo consideran que Borges es uno de los mejores escritores del siglo veinte.

Cualquier argentino sabe muy bien quién es el corredor de automoviles Juan Manuel Fangio, nacido en 1911.
Entre sus primeros éxitos está el haber ganado el «Gran Premio Internacional del Norte», una carrera entre Buenos Aires y Lima, ida y vuelta.
Más tarde Fangio llegó a ser cinco veces campeón del mundo en fórmula uno.

«Diego Armando Maradona tiene el rostro de un niño y el cuerpo de un balón de fútbol.
Es hijo de los humildes suburbios porteños, donde la casa es un modelo de sacrificio, la calle es escuela de picardía, el fútbol es la más barata posibilidad de alegría y de éxito.
Los domingos, en los descansos de los partidos, Maradona recogía los aplausos de las multitudes dominando la pelota con la gracia de un niño, con la habilidad de un prestidigitador, con el

Jorge Luis Borges, el extraordinario escritor argentino.

Fangio: cinco veces campeón mundial.

Diego Armando Maradona, nacido en los suburbios de Buenos Aires y triunfador en América y Europa.

atrevimiento de un loco. A los quince años, la edad en la que muchos sueñan con ser un día futbolistas, Maradona debutó en la primera división argentina y … se olvidó de vivir la adolescencia. Es, piensan muchos, el mejor en la cancha y el peor en la calle. Un hombre que disimula su inseguridad a base de supersticiones y que, antes de los partidos, ahuyenta el miedo llamando a gritos a su madre.»

Jorge Valdano, El País

Receta

para fabricar un argentino medio

Tomar por orden:
- una india ancha de caderas
- dos caballeros españoles
- tres gauchos mestizos
- un viajero inglés
- medio pastor vasco
- y una pizca de esclava negra

Dejar cocer lentamente durante tres siglos. Antes de servir, agregar de golpe:
- cinco tanos (italianos del sur)
- un judío polaco (o alemán, o ruso)
- un hotelero gallego (español)
- tres cuartos de tendero turco (sirio-libanés, árabe)
- una francesa entera

Dejar reposar unos cincuenta años.

El mate

El mate es una infusión de «yerba» que se toma en Argentina, Paraguay y Uruguay. Con la «bombilla», que generalmente es de plata, se sorbe el mate, que está en la «calabaza».

Los matacos y los tobas

Argentina es uno de los países de América Latina donde menos «aborígenes» hay, aunque ellos serían, se dice, los argentinos «de pura cepa». Los indios argentinos no están censados, no viven en las ciudades, no se mezclan con los blancos.

Los indios tobas viven en su mayoría en el noreste de Argentina, en las provincias de Chaco, Formosa y Misiones. Y sobreviven fabricando objetos de barro sin cocer para vender a los turistas. La mayoría ha abandonado las formas tradicionales de artesanía india para producir objetos ajenos a su propia cultura: rosarios, crucifijos, ceniceros se venden mejor que sus ídolos o sus pájaros.

Los matacos son nómadas. Durante siglos han vivido de lo que la naturaleza les ofrecía, recogiendo los frutos del monte, cazando y pescando en algún lugar hasta que el alimento se agotaba. Entonces cambiaban de sitio.
Aunque viven en grupos muy reducidos y cerrados, existe entre sus miembros un extremado sentido de solidaridad.
Algunos indios matacos trabajan, durante una temporada, en la recolección del algodón o de la resina de los árboles, pero en general siguen viviendo al día; sus casas, por ejemplo, son una sola habitación de ramas que comparte todo el grupo familiar.
Las mujeres, que antes dedicaban su tiempo a acarrear agua del río, a buscar leña, a cuidar de la familia y a modelar el barro, se han convertido en auténticas jornaleras de la artesanía para turistas: ropa de lana, bolsas de yute, objetos de barro fabricados casi en serie ...

El País Semanal

Así hablan los argentinos

Argentina es uno de los países menos racistas del mundo. Todos se sienten argentinos, aunque conserven las costumbres de sus países de origen o aunque hayan nacido en Beirut, en Oxford, en Siracusa, en La Coruña o en Rothenburg.

He aquí algunas de las expresiones típicas de este país:

el subte (subterráneo) *metro*
el colectivo *autobús*
el colectivero *conductor de autobús*
el tachero *taxista*
el boliche *bar, tienda de bebidas*
el pibe *niño, muchacho*
la piba *niña, muchacha*
el canillita *vendedor de periódicos*

chico, chica *niño, niña*
porteño *habitante de Buenos Aires*
morocho *de pelo negro*
milico *soldado, militar*
chanta *fanfarrón, presumido*
laburar *trabajar*
llevar el apunte *hacer caso*
chau *adiós*

¡Qué plomo que sos!

32 Un país de mil caras

Datos sobre Argentina

Nombre oficial: República Argentina

Superficie: 2.767.000 kilómetros cuadrados

Población: 32 millones de habitantes

Capital: Buenos Aires, 11 millones de habitantes

Lengua: Castellano

Exportaciones: Cereales, carne, lana, pieles y cueros, vinos, máquinas-herramientas

Importaciones: Maquinaria y vehículos, hierro y acero, papel, productos químicos

Moneda: El austral

Así es Argentina

Argentina es el país de lengua española de mayor extensión. Tiene una superficie algo mayor que México y España juntos.

Argentina es un importante país agrícola y ganadero. Grandes extensiones, como las famosas Pampas, son de gran fertilidad. También produce vinos excelentes. Y cuenta, además, con petróleo, carbón, hierro y otros minerales.

Antes de la llegada de los españoles vivían en estas tierras varias tribus indígenas, pero esta zona de América ha estado siempre poco poblada.

Altibajos en su historia y su economía

A partir de finales del siglo XIX, Argentina exportó a Europa grandes cantidades de lana, carne y cereales. Como había mucho trabajo, miles y miles de europeos – españoles e italianos sobre todo – emigraron allá. Entre 1850 y 1930 llegaron unos cinco millones de personas. En Argentina tuvo lugar entonces un enorme desarrollo económico.

Pero la crisis económica de los años treinta de este siglo fue desastrosa para Argentina, que vivió desde entonces varias dictaduras militares.

Los años cuarenta estuvieron dominados por la figura de Juan Domingo Perón y su esposa Eva Duarte («Evita»). Durante la segunda guerra mundial y en los años siguientes Argentina conoció nuevamente unos años de esplendor: la exportación, sobre todo de productos agrícolas y de carne, mejoró mucho el nivel de vida. Pero la economía empeoró luego muy rápidamente, y en 1955 un golpe militar acabó con el régimen de Perón.

En las Pampas argentinas hay mucho ganado vacuno. Argentina es el país productor de carne más importante de América Latina.

La situación económica y social siguió con grandes altibajos durante los años sesenta. Hubo varios gobiernos militares, interrumpidos por un corto gobierno de Perón en 1973 y, tras su muerte, el de su segunda esposa, María Estela Martínez de Perón («Isabelita»), presidenta de 1974 a 1976 en medio de un gran caos político y social.

Una nueva dictadura militar, especialmente despiadada, anuló desde 1976 las libertades más elementales. La represión obligó a cientos de miles de argentinos a exiliarse. Otros muchos miles forman el grupo de los «desaparecidos». El gobierno militar perdió la guerra de las Malvinas y como resultado de la dictadura se agudizaron los problemas más serios: dependencia tecnológica del exterior, una terrible inflación y una gran recesión.

En 1983 se celebraron elecciones democráticas y los civiles volvieron a gobernar el país.

El Parque Nacional del Iguazú

Cataratas del Iguazú, en la provincia de Misiones.

Las cataratas del Iguazú (palabra de origen guaraní: «i» = agua, «guazú» = grande) son sin duda lo más espectacular de este Parque Nacional, situado exactamente en la frontera entre Argentina, Brasil y Paraguay.
Pero mucho más importantes son en Iguazú, zona declarada de interés universal por el Comité del Patrimonio Mundial de las Naciones Unidas, la flora y la fauna existentes en esas 55.000 hectáreas de la provincia de Misiones.
Además de una gran variedad de flores y plantas tropicales, viven en Iguazú diversas especies animales en peligro de extinción, por ejemplo el ocelote, el jaguar, el puma ... En ningún lugar del mundo habrá probablemente tantas especies de mariposas como allí.
Las cataratas, con unas treinta caídas de agua, tienen una anchura total de casi tres kilómetros y se pueden visitar desde muy cerca, recorriendo una pasarela situada a pocos metros de distancia.

Desde el arenal de la isla San Martín, numerosos pescadores prueban su suerte y habilidad para la pesca del dorado, del salmón y del gigantesco manguruyú. Abunda en las aguas el pez tigre y en cierta época del año la piraña, famosa por su voracidad.
La fauna de la tierra es más abundante que la del agua: el yaguareté, la pantera onza, el puma y el jabalí americano o chancho del monte, de carne muy apreciada.
Entre los pájaros se distinguen más de cuatrocientas especies; admirables colores y cantos y luego las mariposas que, en el otoño, cubren el aire y todo el cielo y el río parece un ala transparente.

Jorge Luis Borges

La cuna del tango

En los barrios de las afueras de Buenos Aires, entre los emigrantes desarraigados, nació el tango. No se sabe exactamente cuándo, aunque sí es clara su relación con la habanera, la milonga ...

La burguesía y la alta sociedad argentinas no aceptaron este baile erótico, melancólico, de ritmo violento, hasta que llegó a ser el baile de moda en gran parte de Europa – sobre todo en París y en Berlín – a principios de este siglo.

El bandoneón, el instrumento más conocido para acompañar el tango, lleva el nombre de su inventor, Band, un profesor de música alemán.

El cantante y compositor de tangos más famoso de todos los tiempos es sin duda Carlos Gardel.

Gardel nació en Francia en 1890 y llegó con su madre a Argentina cuando tenía dos años de edad.

A los dieciocho años se ganaba la vida cantando en los cafés de Buenos Aires y fue descubierto muy pronto por el gran público.

A los veinticinco años era ya famoso en todo el mundo. Su vida fue breve.

En 1935 murió en un trágico accidente de aviación, pero ya entonces Gardel era una leyenda.

Una de sus melodías más famosas es «Mi Buenos Aires querido», con letra de su amigo Alfredo Le Pera:

Mi Buenos Aires querido,
cuando yo te vuelva a ver,
no habrá más pena ni olvido.
El farolito de la calle en que nací
fue el centinela de mis promesas de amor;
bajo su quieta lucecita yo la vi
a mi pebeta luminosa como un sol.
Hoy que la suerte quiere que te vuelva a ver,
ciudad porteña de mi único querer,
y oigo la queja de un bandoneón,
dentro del pecho pide rienda el corazón.

Mi Buenos Aires
tierra florida,
donde la vida
terminaré ...

Carlos Gardel

El gaucho

Ya desde el siglo XVI, el gaucho vivía de las reses sin dueño que había en las extensas llanuras de la pampa. Vestido con botas, poncho y sombrero, montaba a caballo mejor que nadie y era experto en el manejo del lazo y las boleadoras.

«Cinco años habían pasado .... Cinco años de esos hacen de un chico un gaucho, cuando se ha tenido la suerte de vivirlos al lado de un hombre como el que yo llamaba mi padrino. Él fue quien me guió pacientemente hacia todos los conocimientos de hombre de pampa. Él me enseñó los saberes del resero, el manejo del lazo y las boleadoras, la difícil ciencia de formar un buen caballo ...»

Ricardo Güiraldes

Más pizzerías que en Nápoles ...

Bruno, uno de los personajes de la novela «Sobre héroes y tumbas» del escritor argentino Ernesto Sábato, pasea por el puerto de Buenos Aires, a orillas del Río de la Plata, y contempla la ciudad:

Bruno se inclinó hacia la ciudad y volvió a contemplar la silueta de los rascacielos. Seis millones de hombres, pensó. Un muchacho besaba a una chica. Pasó un vendedor de helados Laponia en bicicleta: lo chistó. Y mientras comía el helado volvía a mirar el monstruo, millones de hombres, de mujeres, de chicos, de obreros, de empleados, de rentistas. ¿Cómo hablar de todos? ¿Cómo representar aquella realidad en cien páginas, en mil, en un millón de páginas? Seis millones de argentinos, españoles, italianos, vascos, alemanes, húngaros, rusos, polacos, yugoslavos, checos, sirios, libaneses, lituanos, griegos, ucranianos. La ciudad más gallega del mundo. La ciudad italiana más grande del mundo. Etcétera. Más pizzerías que en Nápoles y Roma juntas. «Lo nacional». ¡Dios mío! ¿Qué era lo nacional?

Ernesto Sábato

Calafate está donde el diablo perdió el poncho.

33 Urbanización La Palmera

Vacaciones en la Playa

Urbanización La Palmera
Precios módicos
Apartamentos de 2 habitaciones: 31.700 pesetas/semana
Apartamentos de 3 habitaciones: 34.100 pesetas/semana

Todas las comodidades. La mayoría de los apartamentos, con vistas al mar.

Reserve su plaza hoy mismo.

Llamar al teléfono 37 19 63 de 5 a 8 tardes. O escribir a: Apartado de Correos 2232, Las Palmas de Gran Canaria.

Urbanización La Palmera
Aptdo. de Correos 2232
E-35000 Las Palmas de Gran Canaria

Hamburgo, 6 de abril de 1991

Muy señores míos:
Desearía reservar un apartamento entre el 1 y el 15 del próximo mes de julio. No sabemos aún exactamente cuántas personas seremos, pero no creo que vayamos más de tres.
Tengo un folleto de la última vez que estuve en esa urbanización, hace tres años. Aunque supongo que algunas cosas habrán cambiado.
Si puede ser, deseo que el apartamento dé a la playa, pero que no esté en el mismo edificio que la discoteca. Como iremos con un niño pequeño, es mejor que sea planta baja.
¿Tienen televisión ahora en los apartamentos? ¿Han terminado la pista de tenis? Le agradeceré me envíe un folleto con datos actuales, para que pueda informarme de estos y otros detalles.
Esperando sus noticias con mucho interés, le saluda muy atentamente

Barbara Berlin
Hauptstraße 23
D-2000 Hamburg 20

Urbanización La Palmera
Aptdo. de Correos 2232
E-35000 Las Palmas de Gran Canaria

Hamburgo, 14 de abril de 1991

Estimados señores:

El pasado 6 de abril les escribí una carta para reservar un apartamento en su urbanización. Han surgido algunas dificultades, y por ello no podremos llegar hasta el día 7. Como les decía en mi última carta, pensamos pasar allí 15 días, es decir del 7 al 21 de julio, ambos inclusive.

Espero que este pequeño cambio sea posible.

Deseamos un apartamento para tres personas.

Les ruego me lo confirmen cuanto antes.

Sin otro particular, les saluda cordialmente

Barbara Berlin

Hoteles y apartamentos en las Islas Canarias:

a la izquierda, Puerto de la Cruz, Tenerife.

a la derecha, Maspalomas, Gran Canaria.

Distribuidos por toda España hay hoteles que son propiedad del Estado: Paradores Nacionales, Albergues de Carretera, Hosterías, Refugios de Montaña.

No se debe comprar el collar antes que el galgo.

34 Si algo no funciona ...

Información a los señores Huéspedes

- Las cocinas de la urbanización funcionan con bombonas de gas butano. Les rogamos lean las instrucciones sobre su uso, que encontrarán en la puerta de la cocina.
- Los lunes tiene lugar el cambio de sábanas, toallas, paños de cocina, manteles y servilletas. Les agradeceremos que depositen la ropa usada en la cesta que encontrarán en el armario ropero.
- Si algo no funciona bien, por favor, no lo arreglen ustedes mismos. Avísennos y les enviaremos a uno de nuestros empleados.
- En el plano adjunto encontrarán ustedes marcados los lugares donde se encuentran el supermercado, nuestra oficina y otros servicios de la urbanización. Es importante que sepan que los domingos y días festivos nuestra oficina está cerrada.
- Es importante que entreguen ustedes las llaves del apartamento el día de su salida definitiva.

La Dirección de la URBANIZACIÓN LA PALMERA desea que pasen ustedes unas agradables vacaciones en este apartamento.

Balneario-Hotel en Cestona, en el País Vasco.

Parador Nacional «Las Cañadas del Teide» en Santa Cruz de Tenerife.

En el apartamento 32/A

Sr. Berlin Oiga, ¿es la oficina de La Palmera?
Una señora No, no, señor, se ha equivocado de número.
Sr. Berlin Ah … Usted perdone.
…
Sr. Berlin ¿La Palmera?
Empleada Sí, señor. Diga.
Sr. Berlin Oiga, estamos en el apartamento 32/A. Resulta que la ducha no funciona bien. No sale agua caliente.
Empleada ¿Es posible? Si acabamos de arreglarla hace un par de días … . ¿Ha abierto bien los dos grifos?
Sr. Berlin Señora, por favor … Claro que sí. Tiene que ser algo del calentador … .
Empleada Bueno, espere un momento … . Lo lamento. Voy a avisar ahora mismo al fontanero. Pronto subirá.
Sr. Berlin Ah … ¿Podría usted decir que nos traigan un rollo de papel higiénico … y unas perchas? En el armario sólo hay tres.
Empleada Papel higiénico y perchas. Muy bien. La camarera se lo llevará enseguida. No tardará.

Las cuentas claras y el chocolate espeso.

35 La juventud no lo tiene fácil

Dos preguntas imaginarias

Un grupo de catorce chicas y chicos entre 12 y 22 años manifestó sus opiniones sobre las dos siguientes preguntas imaginarias:

1. Supongamos que eres el editor de un diario y debes escoger la noticia más importante para la primera página. ¿Qué noticia escogerías?
   a) Diez mil ahogados en India a consecuencia de un maremoto.
   b) Cuatro muertos en el centro de Madrid por un conductor kamikaze.
   c) El Gobierno anuncia una reducción de impuestos.
   d) El rey Juan Carlos pierde dos dedos en un accidente de esquí.

   La mitad de los participantes se decidió por el maremoto en la India y los diez mil muertos.
   La reducción de los impuestos sería la noticia más importante para dos de los encuestados.
   El accidente de Madrid y el de Juan Carlos serían la primera noticia del día solamente para uno de los participantes.

2. De esa lista de noticias, ¿cuál habría destacado en la primera página el periódico que se lee en tu casa o el telediario?

   Un tercio de los encuestados eligió la misma respuesta que en la pregunta anterior.
   La mayor parte, el 35%, piensa que la televisión y el diario escogerían la reducción de impuestos.
   Los muertos de la India bajaron al tercer lugar.
   El accidente del rey se mantuvo en un 7% y la noticia del conductor kamikaze desapareció de la primera página.

Cambio 16

Dos camareras: una jueza y una historiadora

– Inma, usted terminó el bachillerato y ha tenido la oportunidad de estudiar en la Universidad. Ahora, en esta pensión, usted es nuestra amable camarera … .
  ¿Qué pasa? ¿Qué ha estudiado usted? ¿No ha encontrado trabajo en su especialidad todavía? ¿Por qué?

○ Bueno, yo estudié Derecho en la Universidad de Oviedo y no encontré trabajo todavía … . Y estoy preparando «oposiciones» para …, bueno, para ser juez o fiscal.

– Juez o fiscal. «Jueza» se dice ahora también, ¿no?

○ Sí.

– ¿O no le gusta el término de «jueza»?

○ Me da igual.

– Sí. Y usted, Belén – dos nombres bonitos, Inma y Belén –, ¿ usted ha estudiado también? ¿Ha terminado la carrera?

△ A mí me falta una asignatura para terminar Historia.

– Una asignatura.

△ Sí.

– Ah, cualquier día lo hace. Sí. ¿Y busca usted empleo en su especialidad o no?

△ Yo, más que nada, estudié por … porque me gusta mucho estudiar y por ocupar el tiempo libre que tengo en el invierno. Estudié toda la carrera a distancia y me falta una asignatura. Y …, bueno, aunque no es una carrera que tenga muchas salidas – porque hay mucho desempleo –, pienso que algún día quizás pueda surgir una colocación.

– Cuando los niños quizás sean …

△ … sean un poco mayores.

– Claro, claro. No sé, es difícil de entender el problema de más de dos millones de parados en España, lo que equivale al 16% de la población activa. ¿Por qué hay tanto paro en España? ¿Por qué hay tanto paro?

○ Bueno, los jóvenes porque es difícil encontrar el primer trabajo, ya que piden experiencia para casi todo. Entonces, si lo piden también para el primero, nunca se puede tener.

¡Cómo cambia la juventud!

«Hoy en día es más importante tener dinero que ser inteligente. Para tener poder, hay que ser político; para tener dinero, hay que ser empresario; para tener prestigio, hay que ser juez. Si quieres tener poder, dinero, o prestigio, no se te ocurra ser profesor, sindicalista o policía».

Muchos jóvenes españoles creen que así es la España de los años 90. Y creen, además, que en el futuro la sociedad será aún más injusta, la desigualdad será aún mayor y la competitividad será para echarse a temblar.

Pero la sorpresa mayor consiste en saber que estos mismos jóvenes que tan mala idea tienen de la sociedad actual no parecen dispuestos a luchar para cambiarla.

La juventud tiene más miedo a la pobreza que a ser víctima de un robo o de un atraco. Rechaza los crímenes pasionales mucho más que los delitos económicos. Y no tiene ningunas ganas, en su mayoría, de abandonar la casa de los padres.

Es cierto. También las relaciones familiares han cambiado enormemente. En los años 60 los hijos se iban pronto de casa; en cambio, en los años 90, no hay quien los eche. Y no es que el mundo de los padres y el de los hijos sean iguales. Lo que ocurre es que hay razones materiales y sentimentales para que los chicos y las chicas decidan quedarse en casa. Abandonar el cómodo techo paterno para vivir en un diminuto apartamento con dos o tres amigos, como era casi normal hace años, supone ser muy ahorrador y vivir con muy poco dinero.

Todo hace pensar que la juventud de hoy ha dejado de ser rebelde, que ya no busca la revolución, sino las reformas.

Grupo de estudiantes en el «Museo de Escultura al aire libre» de Madrid.

RIQUEZA Y ETICA

¿Cree que para enriquecerse hay que ser deshonesto?

ARTURO JUEZ

¿Pesimismo? ¿Realismo? ¿Miedo? Así piensa la juventud española actual.

¿Y qué valoran o qué rechazan más los jóvenes de hoy? Aprecian mucho la libertad (antes era la igualdad), la amistad, el amor, la igualdad racial … .
Y, cuando se les pregunta, rechazan cada vez más, al menos en teoría, la droga, el cigarrillo, el alcohol y hasta las corridas de toros. Y la mayoría muestra una gran comprensión con los enfermos de sida.

Cambio 16

De tal palo, tal astilla.

36 Se habla castellano

En un pueblecito de la costa cantábrica, al lado de la carretera general, hay una pequeña taberna con este letrero: «Aquí se hablan todas las lenguas».
Entra un cliente y pide, en alemán, una botella de vino del país. Como nadie parece entender lo que dice, lo vuelve a decir en inglés y finalmente se ve obligado a hacerlo en francés. Nada. El tabernero no entiende una jota.

– Pero, ¿no pone en el letrero que hablan ustedes todas las lenguas? – pregunta sorprendido otro cliente.
○ Sí señor – contesta el tabernero –, y es la pura verdad. Pero son nuestros clientes quienes hablan todas esas lenguas.

En Buenos Aires

Dos jóvenes se encuentran en un colectivo.

Martín ¿Qué hacés, pibe? ¿Cómo andás?
Juan Bien, bien. Y a vos, ¿cómo te va?
Martín Mirá, che, yo ando un poco mal. Fijate que tengo que empezar el mes que viene la colimba*.
Juan ¿Y de qué te quejás, viejo? A mí me tocó hace dos años y ..., bueno, no fue tan grave.
Martín Pero, pibe, escuchame. Yo quería empezar a estudiar y trabajar un poco al mismo tiempo ....
Juan Es verdad que es duro y perdés un montón de tiempo, pero dentro de un año te olvidaste de todo y chau.

* «corro, limpio y barro»

Quiéreme mucho

Los besos entre hombres están en baja, el choque de manos en alza. Señores, cuidado con lo que hacen.

Hace unos años los hombres tomaron la costumbre de saludarse de forma «afectuosa», dejando un poco de lado el tradicional apretón de manos. Así, en oficinas, clubes y hasta por la calle era frecuente observar distintos tipos de saludos masculinos como besos en la mejilla, abrazos …

Pero hoy … Ya el presidente Alfonsín instauró el denominado «saludo político», que también su sucesor usa con frecuencia. Se trata de extender la mano derecha y, al mismo tiempo, apretar con la izquierda el antebrazo de la otra persona.

Por su parte, muchos deportistas conservan la costumbre de chocar las palmas de las manos o sujetarse mutuamente el dedo pulgar.

Noticias de la semana, Buenos Aires

También los gestos son idioma

A veces los gestos usados en México no son los mismos que en España o en Chile … Pero en muchas ocasiones esos gestos no se parecen en nada a los usados en Europa Central.

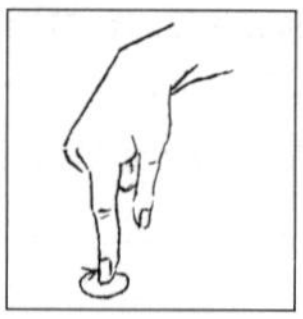

1 ¡Ven acá!/ ¡Ahora mismo!

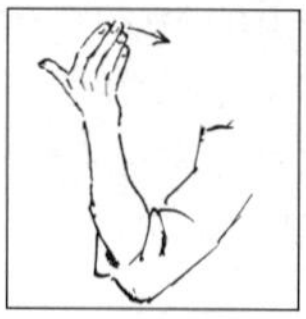

2 ¡Venga, venga! (invitación; orden)

3 Se cree muy importante, pero …

4 ¡La playa estaba así! ¡Qué cantidad de gente!

5 ¡Ojo!/ ¡Mucho cuidado!

6 Está totalmente loco./Le falta un tornillo.

7 ¿Lo dices en serio o …?

8 Yo me lavo las manos …

9 No tengo ni idea./¿Y cómo se hace eso?

10 No se puede entrar, lo siento.

Lo bueno, si breve, dos veces bueno.

37 ¡Vaya moto!

Anamari ¡Mira! ¡Qué moto! ¡Y qué chico más guapo!

Juan Luis Mujer, qué dices .... A tus años .... Mira, mira cómo se salta los semáforos. Va por la calle como si la calle fuera suya.

Anamari ¡Cuidado, Juan Luis! ¡Por la derecha! ¡Ese taxi!

¡Pum! El coche choca contra el taxi. Por suerte no pasa nada grave. Los conductores salen de sus vehículos.

Juan Luis ¿Es que no sabe usted conducir? ¡Increíble, increíble ...!

Taxista El que no sabe conducir será usted. ¿Es que no conoce el Código? Yo venía por la derecha, ¿no? ¿No venía yo por la derecha?

Los conductores empiezan a discutir. A los pocos minutos se presenta un policía municipal.

Juan Luis Si este señor no hubiera ido tan rápido, no habría pasado nada.

Taxista ¿Rápido? Es que yo venía por la derecha. Si este señor conociera el Código ...

Juan Luis Si él hubiera frenado un poco, yo habría tenido tiempo para pasar.

Anamari Vamos, Juan Luis, reconócelo, que si tú no hubieses estado mirando aquella moto, no habría ocurrido nada. Mira, mira cómo ha quedado el faro.

Juan Luis ¿Yo la moto? ¿Qué demonios me importan a mí las motos? Si tú no me hubieras distraído con la dichosa moto, yo no habría ...

Anamari Vamos, ahora resulta que la culpa la tengo yo.

Policía Bueno, bueno, eso es asunto de ustedes. Su carné de conducir, por favor.

Juan Luis Pues no lo tengo aquí, lo siento. Se me ha olvidado.

Policía Vaya, pues eso ... ¿Y no tiene otro documento de identidad?

Juan Luis No, lo lamento.

Policía Pero, señor, algún documento tiene usted que llevar. Bueno, vamos a ver, ¿cómo se llama usted?

Juan Luis Rubio Moreno.

Policía ¿Rubio Moreno? ¿No le he puesto yo a usted una multa antes?

Juan Luis ¿A mí? ¿Una multa a mí?

Juan Luis tiene la cabeza a pájaros.

38 El perro y el retrato

En el barrio de Santa Cruz de Sevilla vivía no hace muchos años un joven pintor que había conseguido cierto renombre como retratista.

Un día llegó a su estudio una señora con muchos humos para encargarle un retrato.

Al joven pintor le hizo mucha ilusión el encargo. Tardó exactamente tres semanas en finalizar la obra.

El día que la señora fue a recoger el retrato iba acompañada de un pequinés viejito que casi no veía nada. Cuando el retratista levantó la tela que cubría la pintura, la señora no pudo ocultar su desilusión. El cuadro no le gustó nada.

– Me ha puesto usted años de más – le dijo al pintor muy desilusionada –. ¿No ve que mi perrito no me ha reconocido? ¡Mire, no se ha movido de su sitio! Si no mejora usted el retrato no puedo aceptarlo.

Efectivamente: el perro miraba el cuadro con indiferencia. ¡Cómo iba a reconocer a su dueña un perro tan viejo y tan miope! – pensó el pintor.

No quiso cambiar nada. Durante varios días estuvo pensando qué hacer. Al cabo de dos semanas llamó otra vez a la señora.

Ella se presentó de nuevo en el estudio, acompañada de su fiel pequinés. Nada más entrar en la habitación, el perro comenzó a ladrar y echó a correr hacia el retrato moviendo la cola alegremente. Con la lengua se puso a lamer los pies del retrato de su ama.

○ No puede negar que esta vez sí que la ha reconocido – dijo satisfecho el pintor.

La señora no tuvo más remedio que pagar el cuadro y llevárselo.

Unos días más tarde el pintor estaba contando lo ocurrido a un grupo de amigos.

△ ¿Cómo es posible? ¿Cómo lo conseguiste?
○ Muy sencillo. Lo único que hice fue …

Se ha puesto de punta en blanco.

39 Y todos seríamos felices ...

Me gustaría que todos los niños fueran libres, que jugaran todos y que no se pelearan.

Que todos los hombres trabajaran juntos, que no se emborracharan.

Que los niños no mataran a los pajaritos, que los dejaran volar.

Que todo el mundo barriera su calle a diario, muy temprano, que nadie dejara la basura en la calle.

Que hubiera un zoológico que a todos los niños los dejara entrar, que hubiera muchos animales, que hubiera tortugas, víboras, elefantes, osos, leones mansos y otros animales raros.

Que todos los niños fueran a la escuela, que jugaran niñas y niños juntos. Que los niños no hicieran travesuras en la escuela ...

Y todos seríamos felices.

Manuel González Altamirano, 10 años
Escuela Insurgentes - Huamantla, Tlaxcala

Antes de acabar nadie se debe alabar.
Y colorín, colorado, este libro se ha acabado.

ESO SÍ II – Grammatik

Ni están todos los que son
ni son todos los que están.

Términos gramaticales – Grammatische Fachausdrücke

Adjektiv	*Eigenschaftswort*	adjetivo	(*amarillo* gelb, *trabajador* fleißig)
Adverb	*Umstandswort*	adverbio	(*ahora* jetzt, *de repente* plötzlich)
Akkusativ	*Wenfall*	acusativo	(¿Tienes *un diccionario?* Hast du ein Wörterbuch?)
Akzent		acento	(*aquí* hier, *Málaga*).
Artikel	*Geschlechtswort*	artículo	(*el* bolso die Tasche, *una* revista eine Zeitschrift)
Dativ	*Wemfall*	dativo	(El hijo lleva el periódico *a su madre*. Der Sohn bringt seiner Mutter die Zeitung.)
Deklination	*Beugung des Substantivs, Adjektivs, Pronomens, Zahlworts*	declinación	
Demonstrativpronomen	*hinweisendes Fürwort*	pronombre demostrativo	(*este* dieser hier, *ese* dieser da, *aquel* jener)
Diminutiv	*Verkleinerungsform*	diminutivo	(la *abuelita* Oma, un *momentito* einen kleinen Moment)
Diphthong	*Doppellaut (zwei Vokale, die zusammen nur eine Silbe bilden)*	diptongo	(*ai*re Luft, *hoy* heute, *au*tobús Autobus)
feminin	*weiblich*	femenino	
Finalsatz	*Umstandssatz der Absicht oder des Zwecks*	oración final	(¿Tienes dinero *para comprar el periódico?* Hast du Geld, um die Zeitung zu kaufen?)
Futur I	*unvollendete Zukunft*	futuro imperfecto	(Pronto *iré* a Sevilla. Ich werde bald nach Sevilla fahren.)
Futur II	*vollendete Zukunft*	futuro perfecto	(El domingo *habré terminado* ese trabajo. Am Sonntag werde ich diese Arbeit beendet haben.)
Genitiv	*Wesfall*	genitivo	(la bicicleta *de Pedro* Pedros Fahrrad)
Gerundium	*Verlaufsform*	gerundio	(Está *desayunando*. Er frühstückt gerade.)
	Grundzahl	número cardinal	(1, 2, 3, 4, . . .)
	Hilfsverb (dient zur Bildung zusammengesetzter Zeiten)	verbo auxiliar	(*Hemos* aprendido mucho. Wir haben viel gelernt.).
Historische Vergangenheit	*s. Indefinido*		

Imperativ	*Befehlsform*	imperativo	(*¡Contesta*, por favor! Antworte bitte!)
Imperfekt	*Vergangenheitsform*	imperfecto	(Cuando yo *era* pequeño . . . Als ich klein war . . .)
Indefinido	*historische Vergangenheit*	indefinido	(¿A qué hora *llegaste* ayer? Um wieviel Uhr kamst du gestern an?)
Indikativ	*Wirklichkeitsform*	indicativo	
Infinitiv	*Grundform des Verbs*	infinitivo	(*cantar* singen)
Intonation	*Satzmelodie*	entonación	
Kausalsatz	*Umstandssatz des Grundes*	oración causal	(No voy *porque no tengo tiempo*. Ich gehe nicht hin, weil ich keine Zeit habe.)
Komparation	*Vergleich*	comparación	(*tan alto como*... so groß wie...)
Komparativ	*Vergleichsform, Höherstufe*	comparativo	(Luisa es *más/menos alta que* Pilar. Luisa ist größer/ weniger groß als Pilar.)
Komparativsatz	*Umstandssatz des Vergleichs*	oración comparativa	(Conduce *como si la calle fuera suya*. Er fährt so, als ob die Straße ihm gehörte.)
Konditional	*Bedingungsform*	condicional	(¿*Podría* prestarme su horario? Könnten Sie mir Ihren Fahrplan leihen?)
Konditionalsatz	*Umstandssatz der Bedingung*	oración condicional	(*Si él hubiera frenado un poco*, yo habría podido pasar. Wenn er etwas gebremst hätte, hätte ich vorbeifahren können.)
Konjugation	*Beugung des Zeitworts*	conjugación	
konjugieren	*ein Verb beugen*	conjugar	
Konjunktion	*Bindewort*	conjunción	(*porque* weil)
Konjunktiv	*Möglichkeitsform*	subjuntivo	(¿Quieres que *llame* al médico? Soll ich den Arzt (an)rufen?)
Konsonant	*Mitlaut*	consonante	(b, n, s . . .)
Konzessivsatz	*Umstandssatz der Einräumung*	oración concesiva	(Son independientes *aunque viven en grupos pequeños*. Sie sind unabhängig, obwohl sie in kleinen Gruppen leben.)
maskulin	*männlich*	masculino	
Negation	*Verneinungswort*	negación	(*nada* nichts, *no* nein)
Neutrum	*sächliches Geschlecht*	neutro	(*lo primero* das erste, *lo bueno* das Gute)
Nominativ	*Werfall*	nominativo	(*El agua* está fría. Das Wasser ist kalt.)
	Ordnungszahl	número ordinal	(*primero* erster, *segundo* zweiter...)
Partizip Perfekt	*Mittelwort der Vergangenheit*	participio perfecto	(*estado* gewesen, *abierto* geöffnet)

Passiv	*Leideform*	voz pasiva	(El Quijote *fue escrito* por Cervantes. Don Quichotte wurde von Cervantes geschrieben.)
Perfekt	*vollendete Gegenwart*	perfecto	(*Hemos pasado* un mes en Santiago. Wir haben einen Monat in Santiago verbracht.)
Personalpronomen	*persönliches Fürwort*	pronombre personal	(*él* er, *ella* sie, *usted* Sie)
Plural	*Mehrzahl*	plural	
positiv	*Grundstufe des Adjektivs*	positivo	(*malo* schlecht, *alegre* froh)
Possessivpronomen	*besitzanzeigendes Fürwort*	pronombre posesivo	(*tu* dein, *vuestro* euer)
Präposition	*Verhältniswort*	preposición	(*para* für, *con* mit)
Präsens	*Gegenwart*	presente	(*Tiene* trabajo. Sie hat Arbeit.)
Präteritum	*s. Imperfekt*		
Pronomen	*Fürwort*	pronombre	
reflexives Verb	*rückbezügliches Zeitwort*	verbo reflexivo	(*acostarse* sich ins Bett legen, *despertarse* aufwachen)
Reflexivpronomen	*rückbezügliches Fürwort*	pronombre reflexivo	(No *se* ha lavado ni *se* ha afeitado. Er hat sich weder gewaschen noch rasiert.)
Relativpronomen	*bezügliches Fürwort*	pronombre relativo	(Cuéntame *lo que* ha pasado. Erzähl mir, was geschehen ist.)
Relativsatz	*durch ein Relativpronomen eingeleiteter Gliedsatz*	oración de relativo	(¿Son esos los amigos *de los que has hablado?* Sind das die Freunde, von denen du gesprochen hast?)
Silbe	*Sprecheinheit (ein oder mehrere Laute, die zusammen gesprochen werden)*	sílaba	(*Es-pa-ña* Spanien, *a-cos-tar-se* sich ins Bett legen)
Singular	*Einzahl*	singular	
Stamm	*Grundform des Verbs (ohne die Endung -ar, -er oder -ir)*	raíz	
Subjekt	*Satzgegenstand*	sujeto	(*El niño* juega. Das Kind spielt.)
Substantiv	*Hauptwort*	sustantivo	(la *casa* das Haus)
Superlativ	*Höchststufe, Meiststufe*	superlativo	(*muy elegante, elegantísimo* sehr elegant, *la* corbata *más elegante* die eleganteste Krawatte)
Temporalsatz	*Umstandssatz der Zeit*	oración temporal	(Escríbenos *cuando llegues a Hamburgo*. Schreib uns, sobald du in Hamburg bist.)
unbestimmtes Pronomen	*unbestimmtes Fürwort*	pronombre indefinido	(*alguien* jemand)
unpersönliches Verb	*Zeitwort ohne persönliches Subjekt*	verbo impersonal	(*Llueve* o *nieva*. Es regnet oder es schneit.)
Verb	*Zeitwort, Tätigkeitswort*	verbo	(*trabajar* arbeiten, *entender* verstehen)
Vokal	*Selbstlaut*	vocal	(a, e, i, o, u).

El artículo (Artikel) §§ 1 – 8

1 Bestimmter und unbestimmter Artikel

	Singular		**Plural**	
	maskulin	*feminin*		
Bestimmte Form	**el** bolso	**la** revista	**los** bolsos	**las** revistas
	die Tasche	die Zeitschrift	die Taschen	die Zeitschriften
Unbestimmte Form	**un** bolso	**una** revista	**unos*** bolsos	**unas** revistas
	eine Tasche	eine Zeitschrift	einige Taschen	einige Zeitschriften

* **Unos, unas** = einige, ein paar: **unos** amigos einige Freunde; **unos** 14 millones de habitantes ca. 14 Millionen Einwohner (§ 22). Ausnahme: Substantive, die nur im Plural gebraucht werden (§ 13).

2 lo bueno

lo bueno	a **lo** mejor	a **lo** lejos	**lo** que
das Gute	möglicherweise	in der Ferne	das, was

- Nur in Verbindung mit Adjektiven, Adverbien, Pronomen (und Ordnungszahlen: **lo** primero das erste) wird **lo** im Spanischen verwendet.

3 uno

A la derecha hay dos coches, **uno** grande y **uno** pequeño.	Rechts stehen zwei Autos, ein großes und ein kleines.
– ¿Tienes muchos amigos?	– Hast du viele Freunde?
– No, sólo tengo **uno.**	– Nein, ich habe nur einen.

- Steht der unbestimmte Artikel vor einem Adjektiv (ohne Substantiv) oder allein, so wird im Sing. maskulin **uno** gebraucht (s. auch § 22).

4 al, del

Voy **al** cine.	Ich gehe ins Kino.
Juan va **del** teatro **al** hotel.	Juan geht vom Theater zum Hotel.

- a + el = **al**
- de + el = **del**

5 Gebrauch des bestimmten Artikels

A Vor Titeln und Anreden

El señor Moreno Rubio es programador.	Herr Moreno Rubio ist Programmierer.
Su pasaporte, señorita.	Ihr Paß, Fräulein.
El doctor no está.	Der Doktor ist nicht da.
Buenos días, doctor.	Guten Morgen, Herr Doktor.
Don Quijote tenía un caballo que se llamaba Rocinante.	Don Quichotte hatte ein Pferd namens Rocinante.
Don Julián es el dueño de la librería.	Julián ist der Besitzer der Buchhandlung.

- Vor «señor», «señora», «señorita» und vor Titeln steht im Spanischen – im Gegensatz zum Deutschen – immer der bestimmte Artikel.
- Ausnahmen: bei der Anrede und vor «don», «doña».

B Vor Länder- und Städtenamen

España limita con Francia, Andorra y Portugal. Madrid es la capital de España.	Spanien grenzt an Frankreich, Andorra und Portugal. Madrid ist die Hauptstadt Spaniens.
(**El**) Perú está en América del Sur. (**La**) Argentina limita con (**el**) Uruguay.	Peru liegt in Südamerika. Argentinien grenzt an Uruguay.
La Habana es la capital de Cuba y **La** Paz es la capital de Bolivia.	Havanna ist die Hauptstadt Kubas und La Paz ist die Hauptstadt von Bolivien.
La España democrática.	Das demokratische Spanien.
El Madrid de los años 40.	Das Madrid der 40er Jahre.

- Die meisten Länder- und Städtenamen werden ohne Artikel gebraucht.
- Bei einigen Ländernamen kann der bestimmte Artikel stehen.
- Einige Städtenamen werden immer mit Artikel gebraucht (z. B. **La** Habana Havanna, **La** Haya Den Haag, **El** Cairo Kairo).
- Steht ein Adjektiv bei einem Länder- oder Städtenamen, so wird immer der bestimmte Artikel gebraucht.

6 Besondere Fälle mit bestimmtem Artikel

A	**El** sábado vamos a Toledo. (Hoy es martes.)	Am Samstag fahren wir nach Toledo. (Heute ist Dienstag.)
B	Me gustan mucho **las** gambas.	Ich esse sehr gerne Krabben.
C	Termino a **las** seis.	Ich höre um sechs Uhr auf.
D	Ignacio tiene **los** ojos verdes.	Ignacio hat grüne Augen.
E	Pedro juega **al** fútbol. – ¿Jugamos **al** ajedrez? Ruth toca muy bien **la** guitarra.	Pedro spielt Fußball. – Spielen wir Schach? Ruth spielt sehr gut Gitarre.
F	**El** Real Madrid es un equipo muy famoso.	Real Madrid ist eine sehr berühmte Mannschaft.
G	**El** 15 % de los habitantes son blancos.	15 % der Einwohner sind Weiße.
H	Se oye **el** castellano por todas partes. (Aquí se habla español.)	Überall hört man Spanisch. (Hier wird Spanisch gesprochen.)
I	**El** año pasado nevó poco. **La** semana próxima no tenemos clase.	Voriges Jahr hat es wenig geschneit. Nächste Woche haben wir keinen Unterricht.

- Der bestimmte Artikel steht im Spanischen bei
  - **A** Wochentagen (außer nach dem Verb «ser»)
  - **B** Substantiven in allgemeiner Bedeutung
  - **C** Uhrzeiten
  - **D** Körperteilen (nach dem Verb «tener»)
  - **E** Sport, Spiel, Instrumenten
  - **F** Namen von Sportmannschaften
  - **G** Prozentangaben (fast immer)
  - **H** Namen von Sprachen (meistens)
  - **I** bestimmten Zeitangaben

7 Feste Verbindungen mit Artikel

escuchar **la** radio	Radio hören	dar **las** gracias	danken
hacerse **el** tonto	sich dumm stellen	dar **los** buenos días	guten Tag sagen
pagar **al** contado	bar bezahlen	a **la** derecha/izquierda	rechts/links

- In einigen festen Verbindungen steht im Spanischen – im Gegensatz zum Deutschen – der bestimmte Artikel.

8 Besondere Fälle ohne Artikel

Este año enero ha sido muy frío. ¿Tú también tomas las vacaciones en julio?	Dieses Jahr ist der Januar sehr kalt gewesen. Nimmst du auch Urlaub im Juli?
– ¿Cómo vas? ¿En coche? – No, es más cómodo en tren. (– ¿Vamos en el coche de tu hermano?)	– Wie fährst du hin? Mit dem Auto? – Nein, mit dem Zug ist es bequemer. (– Fahren wir mit dem Auto deines Bruders?)
Déme otra hamburguesa, por favor. ¿No hay otro tren? Paco llegó hace media hora y ya se ha bebido medio litro de vino.	Geben Sie mir bitte noch eine Frikadelle. Gibt es keinen anderen Zug? Paco kam vor einer halben Stunde und hat schon einen halben Liter Wein getrunken.
Parte de los empleados está de vacaciones.	Ein Teil der Angestellten ist im Urlaub.

- Der bestimmte Artikel steht in der Regel nicht vor Monatsnamen und hinter «en» mit nicht näher bestimmten Verkehrsmitteln.
- Der unbestimmte Artikel steht nie vor «otro» und «medio».
- Vor «parte» fehlt der unbestimmte Artikel oft.

Substantiv (El sustantivo) §§ 9 – 16

9 Singular

A el bolso – la carta

maskulin		*feminin*	
el bols**o**	die Tasche	la cart**a**	der Brief
el chocolat**e**	die Schokolade	la puert**a**	die Tür
el hombr**e**	der Mann/Mensch	la llav**e**	der Schlüssel
el coch**e**	das Auto	la call**e**	die Straße
el hote**l**	das Hotel	la ciuda**d**	die Stadt

- Im Spanischen sind alle Substantive entweder maskulin oder feminin.
- Maskulin sind in der Regel die, die auf **-o** enden.
- Substantive mit der Endung **-a** sind in der Regel feminin.
- Es gibt keine Regel für Substantive, die auf **-e** oder auf Konsonant enden.

B Einige Ausnahmen

la radio	das Radio	el día	der Tag	el programa	das Programm
la mano	die Hand	el clima	das Klima	el sistema	das System
la foto	das Foto	el mapa	die Landkarte	el problema	das Problem
la moto	das Motorrad			el telegrama	das Telegramm

- La radio, el día, el programa ... sind Ausnahmen.
- Bis vor einigen Jahren hat man zahlreiche Berufsbezeichnungen, die auf **-o** enden, für beide Geschlechter verwendet. Heute benutzt man oft médic**o**, médic**a** Arzt, Ärztin, mecánic**o**, mecánic**a** Mechaniker/in, arquitect**o**, arquitect**a** Architekt/in ...
- Berufsbezeichnungen, die auf **-ista** enden, gelten für beide Geschlechter:
  el/la art**ista** Künstler/in, el/la ofici**nista** Büroangestellte/r; ebenfalls: el/la tur**ista** Tourist/in ...

C Besonderheiten

Conozco **el** Rin, pero no **el** Danubio.	Ich kenne den Rhein, aber nicht die Donau.
¿Has comprado **el** «ABC» o **el** «Ya»? (*aber:* «**La** Nación» se publica en Buenos Aires.)	Hast du «ABC» oder «Ya» gekauft? («La Nación» erscheint in Buenos Aires.)
Tengo tres pinos y **un** álamo en el jardín.	Ich habe drei Pinien und eine Pappel im Garten.
La España del norte es poco conocida. ¿Conoces bien **el** Madrid de los Austrias? **Los** Estados Unidos. **Los** Países Bajos.	Nordspanien ist wenig bekannt. Kennst du das Madrid der Habsburger gut? Die Vereinigten Staaten. Die Niederlande.
El siete es el número de la suerte.	Die Sieben ist die Glückszahl.
La «ñ» y **la** «ll» son consonantes en español.	«Ñ» und «ll» sind im Spanischen Konsonanten.
Tengo **un** hambre terrible. **El** agua está demasiado fría para bañarse. **Las** aguas jurisdiccionales de México.	Ich habe einen fürchterlichen Hunger. Das Wasser ist zu kalt, um zu schwimmen. Die Hoheitsgewässer Mexikos.

- Flüsse sind im Spanischen maskulin.
- Die meisten Zeitungsnamen sind maskulin.
- Bäume sind maskulin.
- Länder- und Städtenamen auf **-a** sind feminin.
  Die meisten anderen sind maskulin.
- Buchstaben sind feminin.
- Alle weiblichen Substantive, die mit betontem «a» oder «ha» beginnen, verlangen im Singular den Artikel «el» bzw. «un».

10 Gleiches Substantiv, unterschiedliche Bedeutung

la/el capital	Hauptstadt/Kapital	**la/el** guía	Reiseführer (Buch), Fremdenführerin/Fremdenführer
la/el frente	Stirn/Front	**la/el** orden	Befehl/Ordnung
la/el cura	Kur, Behandlung/Priester	**la/el** amante	die/der Geliebte
la/el guardia	Wache/Wächter, Polizist	**la/el** oyente	Hörerin/Hörer
la/el policía	Polizei, Polizistin/Polizist		

- Je nach dem Geschlecht haben einige Substantive trotz gleicher Endung eine unterschiedliche Bedeutung.

11 Plural

A los bolsos – las cartas

maskulin		*feminin*	
los bolsos	die Taschen	las cartas	die Briefe
los hombres	die Männer	las llaves	die Schlüssel
los coches	die Autos	las calles	die Straßen
los hoteles	die Hotels	las ciudades	die Städte

- Der Plural der Substantive wird in der Regel durch Anhängen von **-s** gebildet.
- Substantive, die auf Konsonant enden, bilden den Plural auf **-es.**
  (el autobús Autobus los auto**buses**, el camión Lastwagen los cami**ones**, la pensión Pension las pensi**ones** haben im Plural keinen Akzent mehr – s. auch § 212).

B Familiennamen

Los Ibáñez no están en casa.	Familie Ibáñez ist nicht zu Hause.

- Familiennamen haben im Spanischen keine Pluralendung.

C Substantive auf -es

Los jueves tengo clase de español.	Donnerstags habe ich Spanischunterricht.

- Substantive, die nach unbetontem Vokal auf -**s** enden, sind im Singular und Plural gleich.

12 Unterschiedliche Bedeutung im Singular und im Plural

el hermano	Bruder	los hermanos	Geschwister (Brüder)
el padre	Vater	los padres	Eltern (Väter)
el papá	Papa	los papás	Eltern (Väter)
el hijo	Sohn	los hijos	Kinder (Söhne)
el abuelo	Großvater	los abuelos	Großeltern (Großväter)
el tío	Onkel	los tíos	Onkel und Tante (Onkel)
el señor	Herr	los señores	Herr und Frau (Herren)
el novio	fester Freund	los novios	Brautpaar (feste Freunde)
el rey	König	los reyes	Königspaar

- Der männliche Plural hat in einigen Fällen eine zusätzliche Bedeutung.

13 Substantive mit nur Pluralform

las gafas	Brille	los alrededores	Umgebung
las afueras	Außenbezirk	las vacaciones	Urlaub, Ferien

- Manche Substantive haben nur Pluralform.

14 Genitiv (El genitivo)

A La bicicleta de Pedro

la bicicleta **de** Pedro	Pedros Fahrrad
el coche **de la** señora Blanco	Frau Blancos Wagen
el pasaporte **del** señor Mack	der Paß von Herrn Mack
las fotos **de las** chicas	die Fotos der Mädchen
los libros **de los** chicos	die Bücher der Jungen

- Besitz und Zugehörigkeit werden immer mit **de** ausgedrückt (de + el = **del**).

B El centro del país

el permiso **de** conducir	Führerschein
un pueblecito **de** la costa	ein kleines Dorf an der Küste
el tren **de** Barcelona	der Zug aus Barcelona
una foto **de** Maradona	ein Foto von Maradona
en el centro **del** país	im Landesinneren

- Zusammengesetzte Substantive gibt es im Spanischen selten: el coche-cama Schlafwagen (Plural = los coches-cama). Man verwendet statt dessen sehr oft die Präposition **de**.

15 Maß, Menge, Anzahl

dos kilos **de** patatas	zwei Kilo Kartoffeln
un cuarto **de** kilo	ein halbes Pfund
una botella **de** vino	eine Flasche Wein
miles **de** años	Tausende von Jahren
un paquete **de** cigarrillos	eine Schachtel Zigaretten
cuatro millones **de** habitantes	vier Millionen Einwohner

- Nach Substantiven, die Maß, Menge, Anzahl bezeichnen, steht die Präposition **de**.
  (Weitere Fälle mit der Präposition «de»: s. § 203–204.)
  (Akkusativ mit der Präposition «a»: s. § 202.)

16 Verkleinerungsformen (Los diminutivos)

Querida abuel**ita:**	Liebe Oma:
Un moment**ito**, por favor.	Einen kleinen Moment, bitte.
un poqu**ito** de suerte	ein bißchen Glück
Carmen**cita**. Carl**itos**.	(Kleine) Carmen. (Kleiner) Carlos.

- Die Endung **-ito** ist die häufigste Verkleinerungsform im Spanischen. (Weitere Formen: **-ico**, **-cico**, **-illo**, **-cillo**...) Die Verkleinerungsformen drücken häufig Anhänglichkeit oder Sympathie aus.

Adjektiv (El adjetivo) §§ 17 - 21

17 Singular

A blanco, blanca

maskulin		*feminin*	
un autobús amarill**o**	ein gelber Autobus	una camisa amarill**a**	ein gelbes Hemd
un hombre simpátic**o**	ein freundlicher Mann	una chica simpátic**a**	ein freundliches Mädchen

- Adjektive richten sich immer nach dem Substantiv.
- Der männlichen Endung **-o** entspricht die weibliche Endung **-a**.

B Nationalitätsadjektive
Adjektive auf -án, -ón, -ín, -or

maskulin		*feminin*	
un amigo español	ein spanischer Freund	una novia español**a**	eine spanische Freundin
un músico catalán	ein katalanischer Musiker	una pintora catalan**a**	eine katalanische Malerin
un turista inglés	ein englischer Tourist	una turista ingles**a**	eine englische Touristin
un chico trabajador	ein fleißiger Junge	una chica trabajador**a**	ein fleißiges Mädchen
un hombre holgazán	ein fauler Mann	una persona holgazan**a**	eine faule Person

- Die weibliche Form der Nationalitäts- und Städteadjektive hat fast immer die Endung **-a** (Akzent entfällt dann!).
- Adjektive auf **-án**, **-ón**, **-ín**, **-or** bilden die weibliche Form auf **-a** (Akzent entfällt!).

C Besonderheiten

maskulin		*feminin*	
un coche grande	ein großes Auto	una casa grande	ein großes Haus
un libro interesante	ein interessantes Buch	un novela interesante	ein interessanter Roman
un jersey azul	ein blauer Pullover	una falda azul	ein blauer Rock
un caso individual	ein Einzelfall	una habitación individual	ein Einzelzimmer

- Die weibliche und männliche Form der Adjektive auf **-e** ist identisch.
- Alle übrigen Adjektive, die auf Konsonant enden, sind in der weiblichen und männlichen Form gleich. (Die Endung **-ista** ändert sich nie: naciona**lista** nationalistisch ...)

D claro, oscuro

¿Por qué necesitas dos trajes azul oscuro?	Warum brauchst du zwei dunkelblaue Anzüge?
Aquel vestido rosa me gusta mucho.	Das rosa Kleid dort gefällt mir sehr gut.
Tengo papel de escribir (de color) naranja.	Ich habe orangefarbenes Schreibpapier.

- Bestimmte Adjektive, die eine Farbe bezeichnen, werden nicht dekliniert:
  Im Zusammenhang mit **claro** hell und oscuro dunkel.
  Ursprüngliche Substantive: **naranja, rosa, violeta, lila.**

18 Plural

maskulin	*feminin*
los chicos simpáticos	las chicas simpáticas
Los señores son españo**les**.	Las señoras son españolas.
los coches grandes	las casas grandes
los jerseys azu**les**	las faldas azu**les**

- Adjektive bilden den Plural wie die Substantive:
  Adjektive, die auf Vokal enden, haben die Pluralendung **-s**.
  Adjektive, die auf Konsonant enden, haben die Pluralendung **-es**.

19 Stellung des Adjektivs

A el coche negro

El coche negro es de un profesor francés.	Das schwarze Auto gehört einem französischen Lehrer.

- Das Adjektiv steht im allgemeinen hinter dem Substantiv.

B un pequeño banco

una **pequeña** sucursal del banco	eine kleine Bankfiliale
Allí estaba el **joven** atracador.	Dort war der kleine (Bank-)Räuber.
Sacó una **pequeña** pistola.	Er zog eine kleine Pistole heraus.
Se comió una **enorme** hamburguesa.	Er aß eine riesengroße Frikadelle.

- Einige Adjektive stehen manchmal vor dem Substantiv (z. B. wenn sie besonders betont oder im übertragenen Sinne verwendet werden).

C buen(o), mal(o)

una **buena** amiga	eine gute Freundin
Hace **buen/mal** tiempo.	Es ist schönes/schlechtes Wetter.
He tenido un **mal** día. (He tenido un día **malo.**)	Ich habe einen schlechten Tag gehabt.

- **Bueno** und **malo** stehen häufig vor dem Substantiv und verlieren dann (im Singular) die Endung **-o.**

D gran(de), san(to)

Esto es un **gran** problema.	Das ist ein großes Problem.
gran parte de la población	ein großer Teil der Bevölkerung
la fiesta de **san** Pedro y **san** Pablo	das Fest der Heiligen Peter und Paul
la fiesta de Todos los **Santos**	Allerheiligen
Mañana es mi **santo.**	Morgen ist mein Namenstag.

- Wenn das Adjektiv **grande** vor dem Substantiv steht, verliert es im Singular (maskulin und feminin) die Silbe **-de.**
- **Santo** verliert vor männlichen Namen (im Singular) die Endung **-to** (Ausnahmen: **santo** Tomás, **santo** Domingo).

E Unterschiedliche Bedeutung

¡**Pobre** señora!	Arme Frau! *(bedauernswert)*
Es una señora muy **pobre.**	Sie ist eine sehr arme Frau. *(ohne Geld)*

- Einige Adjektive haben unterschiedliche Bedeutungen je nachdem, ob sie vor oder hinter dem Substantiv stehen.

20 Steigerung (Comparativo y Superlativo)

A Regelmäßige Formen

	Positiv	*Komparativ*	*Superlativ*	
Mask. Sing.	alto	más alto	el más alto	el edifico más moderno
	hoch	höher	der höchste	das modernste Gebäude
Fem. Sing.	alta	más alta	la más alta	la casa más conocida
				das bekannteste Haus
Mask. Plural	altos	más altos	los más altos	los árboles más viejos
				die ältesten Bäume
Fem. Plural	altas	más altas	las más altas	las montañas más conocidas
				die bekanntesten Berge

- Komparativ (Vergleichsform) wird gebildet aus **más + Adjektiv.**
- Superlativ (Höchststufe) wird gebildet aus **el (la, lo, las, los) más + Adjektiv.**

Busco algo **más barato.**	Ich suche etwas Billigeres.
Es **más cómodo** ir en taxi.	Es ist bequemer, mit dem Taxi zu fahren.
una nación mucho **más poderosa**	ein viel mächtigeres Land
El viaje fue cada día **más difícil.**	Die Reise wurde jeden Tag schwieriger.

►

una de **las** estaciones **más modernas**	einer der modernsten Bahnhöfe
Kos es una de **las** islas **más interesantes.**	Kos ist eine der interessantesten Inseln.
La agricultura es **lo más importante.**	Die Landwirtschaft ist das Wichtigste.

B elegantísimo – muy interesante

Muchísimas gracias.	Besten Dank.
Tengo **muchísimas** ganas de verte.	Ich möchte dich sehr gerne sehen.
En 1910 estalló una **violentísima** revolución.	1910 brach eine gewaltige Revolution aus.
Este barrio es **elegantísimo.**	Dieses Viertel ist sehr elegant.
Este mes he trabajado **muchísimo.**	Diesen Monat habe ich sehr viel gearbeitet.
Es usted **muy amable.**	Sie sind sehr liebenswürdig.
Fue una exposición **muy interesante.**	Es war eine sehr interessante Ausstellung.

- Den höchsten Grad einer Eigenschaft kann man auch mit der Endung **-ísimo** oder mit **muy + Adjektiv** ausdrücken.
- Adjektive auf **-go, -co, -guo, -ble** weisen im Zusammenhang mit der Endung **-ísimo** eine orthographische Veränderung auf: rico reich **riquísimo**, antiguo alt **antiquísimo**, amable freundlich **amabilísimo**, amargo bitter **amarguísimo** (s. auch § 216).

C bueno – malo – pequeño – grande

bueno	gut, lieb	mejor, más bueno	besser, lieber	el/la mejor, el más bueno	der/die beste, liebste
malo	schlecht, böse	peor, más malo	schlechter, böser	el/la peor, el más malo	der/die schlechteste, böseste
pequeño	klein	menor, más pequeño	kleiner, jünger	el/la menor, el más pequeño	der/die kleinste, jüngste
grande	groß	mayor, más grande	größer, älter	el/la mayor, el más grande	der/die größte, älteste

- Diese vier Adjektive haben sowohl regelmäßige als auch unregelmäßige Komparativ- und Superlativformen.
- Menor und mayor bezeichnen auch das Alter: una pareja **mayor** ein älteres Ehepaar, una señora **mayor** eine ältere Dame.

una de mis **mejores** amigas	eine meiner besten Freundinnen
El papel y el lápiz son uno de **los mejores** inventos que existen.	Papier und Bleistift sind eine der besten Erfindungen, die es gibt.
La circulación es ahora un poco **mejor.**	Der Verkehr ist jetzt etwas besser.
una merluza **buenísima**	ein sehr guter Seehecht
Esta tela es **peor** que la inglesa.	Dieser Stoff ist schlechter als der englische.
Luis es **el menor** de los hermanos.	Luis ist der jüngste der Geschwister.
la mayor parte de los mexicanos	der größte Teil der Mexikaner
– ¿Tú eres más alto que tu hermano?	– Bist du größer als dein Bruder?
– Sí, pero él es **mayor** que yo.	– Ja, aber er ist älter als ich.

D ¡Qué postal tan bonita!

¡Qué cielo tan azul!	Was für ein blauer Himmel!
¡Qué idea más rara!	Was für eine seltsame Idee!
¡Qué vida tan dura!	Was für ein hartes Leben!

- Bei Ausrufen wird oft **qué ... tan/más ...** verwendet.

21 Vergleich

Juan trabaja **más que** Roberto. Es verdad, pero Roberto gana **menos que** Juan.	Juan arbeitet mehr als Roberto. Es stimmt, aber Roberto verdient weniger als Juan.
Necesito **más de** mil pesetas. No necesito **más que** mil pesetas.	Ich brauche mehr als 1000 Peseten. Ich brauche nur 1000 Peseten.
Él no es **tan** inteligente **como** yo creía. Yo no he leído **tanto como** Cristina. Nadie tiene **tantos** amigos **como** tú. Argentina no tiene **tanta** población **como** México.	Er ist nicht so intelligent wie ich dachte. Ich habe nicht so viel gelesen wie Cristina. Niemand hat so viele Freunde wie du. Argentinien ist nicht so bevölkert wie Mexiko.
Es mejor **de lo que** tú dijiste.	Es ist besser als du sagtest.

- „mehr/weniger als" = **más/menos que.**
- Vor Zahlen heißt „mehr/weniger als" **más/menos de.**
  Beachte: „nur" vor Zahlen = **no más que.**
- Vor Sätzen: **más/mejor de lo que.**
- „so … wie" = **tan … como.**
  „so viel … wie" = **tanto como.**
  „so viel(e) … wie" = **tanto (tanta, tantos, tantas) … como.**

Ramón trabaja en **la misma** firma que Juan.	Ramón arbeitet bei derselben Firma wie Juan.
Todo está **igual que** el año pasado. Podré ayudarles **igual que** a ti.	Alles ist genauso wie voriges Jahr. Ich werde ihnen genauso wie dir helfen können.

- **el mismo, la misma, lo mismo que …** der, die, dasselbe wie …
- **igual que …** genau/so wie …

Los Numerales (Zahlwörter) §§ 22 – 26

22 Números cardinales (Grundzahlen)

0	cero	18	dieciocho	100	cien (ciento)
1	uno (un), una	19	diecinueve	101	ciento uno (un, una)
2	dos	20	veinte	150	ciento cincuenta
3	tres	21	veintiuno (veintiún, veintiuna)	200	doscientos (-as)
4	cuatro	22	veintidós	300	trescientos (-as)
5	cinco	23	veintitrés	400	cuatrocientos (-as)
6	seis	24	veinticuatro	500	quinientos (-as)
7	siete	25	veinticinco	600	seiscientos (-as)
8	ocho	26	veintiséis	700	setecientos (-as)
9	nueve	30	treinta	800	ochocientos (-as)
10	diez	31	treinta y uno (un, una)	900	novecientos (-as)
11	once	32	treinta y dos	1000	mil
12	doce	40	cuarenta	1150	mil ciento cincuenta
13	trece	50	cincuenta	2000	dos mil
14	catorce	60	sesenta	100.000	cien mil
15	quince	70	setenta	1.000.000	un millón
16	dieciséis	80	ochenta	2.000.000	dos millones
17	diecisiete	90	noventa	1.000.000.000	mil millones

►

- **uno** = **un** vor männlichen Substantiven: **un** libro, **veintiún** libros (**veintiuna** pesetas).
- **unos** cincuenta discos etwa 50 Schallplatten, **unas** siete amigas ungefähr 7 Freundinnen, **unas** 100 pesetas ca. 100 Peseten, **una** media hora etwa eine halbe Stunde (s. auch § 1).
- **ciento** = **cien** vor «mil», «millones» und vor jedem Substantiv: **cien** marcos/pesetas; **cien** millones de mexicanos hundert Millionen Mexikaner.
  Die alleinstehende Zahl 100 heißt meistens **cien** (aber auch **ciento** ist möglich).
  ¿Cuántos discos tienes? (Tengo) **cien**, más o menos. Wie viele Schallplatten hast Du? (Ich habe) ungefähr hundert.
- Die Hunderter zwischen 200 und 900 sind veränderlich, je nachdem, ob das dazugehörende Substantiv männlich oder weiblich ist: **doscientas** estudiantes 200 Studentinnen, **novecientos** cincuenta marcos 950 Mark.
- Zwischen dem Wort **millón** und dem dazugehörenden Substantiv steht immer **de** (s. § 15): doce millones **de** habitantes zwölf Millionen Einwohner.
- **Un billón** eine Billion.
  (Beachte: «quince días» = „14 Tage“: Tengo 15 días de vacaciones. Ich habe zwei Wochen Urlaub.)

23 La hora (Uhrzeit)

– ¿**A qué hora** empezáis hoy?	Um wieviel Uhr fangt ihr heute an?
– Empezamos **a las nueve** (de la mañana).	Wir fangen um neun Uhr (morgens) an.
Mañana trabajaré **hasta las 11** de la noche.	Morgen werde ich bis elf Uhr nachts arbeiten.
¿Qué hora es?	Wie spät ist es?
Es la una. – Son las dos.	Es ist ein Uhr. – Es ist zwei Uhr.
Son las seis y media.	Es ist halb sieben.
Es la una y cuarto. Es la una menos cuarto.	Es ist Viertel nach eins. Es ist Viertel vor eins.
Son las ocho y diez.	Es ist zehn (Minuten) nach acht.
Son las ocho menos diez.	Es ist zehn vor acht.
Son las cinco y veinticinco.	Es ist fünf vor halb sechs.
Son las doce en punto.	Es ist genau zwölf Uhr.
Ya son las diez y pico.	Es ist schon nach zehn.
Nos vemos a eso de las dos.	Wir sehen uns gegen zwei Uhr.

24 Fecha y año (Datum und Jahreszahl)

A

¿Qué fecha/día es hoy?	Welches Datum haben wir heute?
Es el dos de noviembre.	(Wir haben) den zweiten November.
Es el uno/el primero de noviembre.	(Wir haben) den ersten November.
Es el quince de enero de 1992 (15-1-1992)	(Wir haben) den 15. Januar 1992.

- Das Datum wird im Spanischen mit Grundzahlen ausgedrückt.
  Für den ersten Tag des Monats wird auch – vor allem in Lateinamerika – die Ordnungszahl **primero** verwendet.
  (Beachten Sie den Gebrauch von «**de**» vor dem Monat und vor der Jahreszahl.)

B

¿A cuántos estamos hoy?	Den wievielten haben wir heute?
Estamos a siete de julio.	Heute haben wir den 7. Juli.

- Wird das Datum mit «**estar**» ausgedrückt, so steht vor der Zahl kein Artikel.

C

1991 = mil novecientos noventa y uno	1991
En el siglo XVI/XX (dieciséis/veinte).	Im 16./20. Jahrhundert.

- Für die Angabe des Jahrhunderts werden Grundzahlen verwendet.

D

Málaga, 10 (diez) de octubre de 1992.	Málaga, den 10. Oktober 1992.
Lima, 15 (quince) de enero de 1993.	Lima, den 15. Januar 1993.

- Auch für das Datum im Brief benutzt man Grundzahlen.
  (Für die Angaben des Alters im Spanischen s. § 123.)

25 Números ordinales (Ordnungszahlen)

1°	primero (primer), primera	6°	sexto, -a	11°	undécimo, -a
2°	segundo, -a	7°	séptimo, -a	12°	duodécimo, -a
3°	tercero, (tercer), tercera	8°	octavo, -a	13°	decimotercer(o), -a
4°	cuarto, -a	9°	noveno, -a	14°	decimocuarto, -a
5°	quinto, -a	10°	décimo, -a	15°	decimoquinto, -a

Luis vive en el **primer** piso y yo vivo en el **tercero**, izquierda.	Luis wohnt in der ersten Etage und ich in der dritten Etage links.
Es el **tercer** coche que tengo.	Das ist mein dritter Wagen.
Es la **tercera** vez que llama.	Er ruft schon zum dritten Mal an.
Juan Carlos I **(primero)** es nieto de Alfonso XIII (trece).	Juan Carlos I. ist der Enkelsohn Alfons XIII.

- **Primero** und **tercero** werden vor einem männlichen Substantiv zu **primer, tercer**.
- Ab XI. werden, vor allem in der Umgangssprache, Grundzahlen statt Ordnungszahlen verwendet.

26 Números fraccionarios – Porcentajes (Bruchzahlen, Prozentzahlen)

½	medio, la mitad	¼	un cuarto, la cuarta parte
⅓	un tercio, la tercera parte	¾	tres cuartos, tres cuartas partes

(Un) cuarto (de) kilo de queso, por favor.	Ein Pfund Käse bitte.
Sólo he leído una cuarta parte del libro.	Ich habe nur ein Viertel des Buches gelesen.
Mi hija tiene dos años y medio.	Meine Tochter ist zweieinhalb Jahre alt.
He esperado (una) hora y media.	Ich habe anderthalb Stunden gewartet.
Nos ha pedido un/el 15 % de descuento.	Er hat uns um 15 % Ermäßigung gebeten.

- Bruchzahlen werden sehr häufig mit **parte** umschrieben.
- **y medio** steht immer nach dem Substantiv (ganze Zahlen werden vorangestellt).
- Vor **por ciento** kann sowohl **el** als auch **un** stehen.

El verbo (Verb) §§ 27 – 126

Je nach der Endung (-**ar**, -**er**, -**ir**) werden die spanischen Verben in drei Gruppen eingeteilt.

El presente de indicativo (Indikativ Präsens)

		27 **trabajar** arbeiten	28 **beber** trinken	29 **escribir** schreiben
Sing.	1 yo	trabaj**o**	beb**o**	escrib**o**
	2 tú	trabaj**as**	beb**es**	escrib**es**
	3 él, ella, usted	trabaj**a**	beb**e**	escrib**e**
Plural	1 nosotros, nosotras	trabaj**amos**	beb**emos**	escrib**imos**
	2 vosotros, vosotras	trabaj**áis**	beb**éis**	escrib**ís**
	3 ellos, ellas, ustedes	trabaj**an**	beb**en**	escrib**en**

- Die Punkte unter bestimmten Vokalen weisen auf die Betonung hin.
- Das Personalpronomen wird im Spanischen kaum gebraucht (s. § 163).

El presente de subjuntivo (Konjunktiv Präsens)

	30	31	32
Sing. 1 yo	trabaje	beba	escriba
2 tú	trabajes	bebas	escribas
3 él, ella, usted	trabaje	beba	escriba
Plural 1 nosotros, nosotras	trabajemos	bebamos	escribamos
2 vosotros, vosotras	trabajéis	bebáis	escribáis
3 ellos, ellas, ustedes	trabajen	beban	escriban

- Gebrauch des Konjunktivs: s. §§ 98–102.

Verbos con diptongo e → ie (Verben mit Diphthong e → ie): Presente

33 **cerrar** schließen		34 **perder** verlieren		35 **sentir** fühlen, bedauern	
Indikativ	*Konjunktiv*	*Indikativ*	*Konjunktiv*	*Indikativ*	*Konjunktiv*
cierro	cierre	pierdo	pierda	siento	sienta
cierras	cierres	pierdes	pierdas	sientes	sientas
cierra	cierre	pierde	pierda	siente	sienta
cerramos	cerremos	perdemos	perdamos	sentimos	sintamos
cerráis	cerréis	perdéis	perdáis	sentís	sintáis
cierran	cierren	pierden	pierdan	sienten	sientan

- Der Vokal **e** wird zu **ie** im Singular und in der 3. Person Plural (stammbetonte Formen).
- Verben wie **sentir** weisen in der 1. und 2. Person Plural des Konjunktiv Präsens eine weitere Unregelmäßigkeit auf: **e → i**. (Diese Unregelmäßigkeit erfolgt auch im Gerundium, § 87; im Indefinido, § 62; im Konjunktiv Imperfekt, § 56.)
- Einige weitere Verben dieser Gruppe:
  despertarse aufwachen, empezar beginnen, pensar denken, sentarse sich setzen;
  entender verstehen, querer wollen, tener haben (aber: tengo ich habe, § 153);
  preferir vorziehen, venir herkommen (aber: vengo ich komme, § 155).

Verbos con diptongo o → ue (Verben mit Diphthong o → ue): Presente

36 **encontrar** finden		37 **mover** bewegen		38 **dormir** schlafen	
Indikativ	*Konjunktiv*	*Indikativ*	*Konjunktiv*	*Indikativ*	*Konjunktiv*
encuentro	encuentre	muevo	mueva	duermo	duerma
encuentras	encuentres	mueves	muevas	duermes	duermas
encuentra	encuentre	mueve	mueva	duerme	duerma
encontramos	encontremos	movemos	movamos	dormimos	durmamos
encontráis	encontréis	movéis	mováis	dormís	durmáis
encuentran	encuentren	mueven	muevan	duermen	duerman

- Der Vokal **o** wird zu **ue** im Singular und in der 3. Person Plural (stammbetonte Formen).
- **Dormir(se)** (ein)schlafen und **morir** sterben weisen in der 1. und 2. Person Plural des Konjunktiv Präsens eine weitere Unregelmäßigkeit auf: **o → u**. (Diese Unregelmäßigkeit erfolgt auch im Gerundium, § 87; im Indefinido, § 64; im Konjunktiv Imperfekt, § 56).
- Einige weitere Verben dieser Gruppe:
  acordarse sich erinnern, acostarse sich ins Bett legen, contar (er)zählen, almorzar zu Mittag essen;
  doler weh tun, llover: llueve es regnet, poder können, dürfen.

39 Verbo con diptongo u → ue (Verb mit Diphthong u → ue): Presente

Nur **jugar** spielen

Indikativ: juego, juegas, juega, jugamos, jugáis, juegan
Konjunktiv: juegue, juegues, juegue, juguemos, juguéis, jueguen (s. auch § 142).

40 Verbos que cambian la vocal: e → i (Verben mit Vokaländerung e → i): Presente

pedir bitten, bestellen

Indikativ:	pido	pides	pide	pedimos	pedís	piden
Konjunktiv:	pida	pidas	pida	pidamos	pidáis	pidan

- Der Vokal **e** wird zu **i** im Singular und in der 3. Person Plural des Indikativ Präsens. (Diese Änderung erfolgt auch im Konjunktiv Präsens – alle Personen –; im Gerundium, § 87; im Indefinido, § 63; im Konjunktiv Imperfekt, § 56; im Imperativ, § 91).
- Einige weitere Verben dieser Gruppe: conseguir erreichen (consigo, consigues ...), despedirse, sich verabschieden, elegir wählen (elijo, eliges ...), repetir wiederholen, reírse lachen, seguir folgen (sigo, sigues ...), servir (be)dienen, vestirse sich anziehen.
- S. auch Liste der unregelmäßigen Verben, §§ 127–157.

El perfecto de indicativo (Indikativ Perfekt)

41 hablar | **42 comer** | **43 vivir**

he hablado	ich habe gesprochen	he comido	ich habe gegessen	he vivido	ich habe gelebt
has hablado	*usw.*	has comido	*usw.*	has vivido	*usw.*
ha hablado		ha comido		ha vivido	
hemos hablado		hemos comido		hemos vivido	
habéis hablado		habéis comido		habéis vivido	
han hablado		han comido		han vivido	

¿**Habéis estado** alguna vez en Asturias?	Seid ihr irgendwann einmal in Asturien gewesen?
¿Cuántas lenguas **has estudiado**?	Wieviele Sprachen hast du gelernt?
Hemos pasado dos meses en Santander.	Wir haben zwei Monate in Santander verbracht.
He estado dos veces en Alemania.	Ich bin zweimal in Deutschland gewesen.
La agencia **ha publicado** un anuncio en el periódico.	Die Agentur hat eine Anzeige in der Zeitung veröffentlicht.
Karin **ha ido** a la agencia de viajes.	Karin ist ins Reisebüro gegangen.

- Das Perfekt bildet man mit einer Präsensform von «haber» (§ 138) und dem Partizip Perfekt des Hauptverbs.
- Das Partizip Perfekt wird bei den regelmäßigen Verben mit den Endungen **-ado** (Verben auf **-ar**) oder **-ido** (Verben auf **-er**, **-ir**) gebildet.
- Das Perfekt wird vor allem für Handlungen in der Vergangenheit gebraucht, die aber in Verbindung zur Gegenwart stehen.

44 Einige unregelmäßige Partizipien

abrir	**abierto**	escribir	**escrito**	poner	**puesto**	ver	**visto**
decir	**dicho**	hacer	**hecho**	romper	**roto**	volver	**vuelto**

45 acabar de + Infinitiv

Acabo de llegar de Francia.	Ich bin gerade aus Frankreich gekommen.
La era de la electrónica **acaba de empezar.**	Das Zeitalter der Elektronik hat gerade angefangen.
Acabábamos de hacerlo.	Wir hatten es gerade getan.

- Die deutsche Wendung „gerade etwas getan haben" wird im Spanischen sehr häufig mit Präsens von **acabar + de + Infinitiv** wiedergegeben.

El perfecto de subjuntivo (Konjunktiv Perfekt)

46 **hablar**	47 **comer**	48 **vivir**
haya hablado	haya comido	haya vivido
hayas hablado	hayas comido	hayas vivido
haya hablado	haya comido	haya vivido
hayamos hablado	hayamos comido	hayamos vivido
hayáis hablado	hayáis comido	hayáis vivido
hayan hablado	hayan comido	hayan vivido

- Konjunktiv Perfekt bildet man mit Konjunktiv Präsens von «haber» (§ 138) + Partizip Perfekt.
- Für den Gebrauch dieser Zeit s. §§ 98–101.

El pretérito imperfecto de indicativo (Indikativ Imperfekt)

49 **hablar**		50 **comer**		51 **vivir**	
habl**aba**	ich sprach	com**ía**	ich aß	viv**ía**	ich lebte
habl**abas**	*usw.*	com**ías**	*usw.*	viv**ías**	*usw.*
habl**aba**		com**ía**		viv**ía**	
habl**ábamos**		com**íamos**		viv**íamos**	
habl**abais**		com**íais**		viv**íais**	
habl**aban**		com**ían**		viv**ían**	

- Die Punkte weisen auf die Betonung hin.
- Unregelmäßig ist das Imperfekt der Verben «ir» (iba, § 141), «ser» (era, § 152), «ver» (veía, § 156).

52 Gebrauch des Imperfekts

A	El chico **era** pequeñito. Allí **estaba** el chico. **Estaba** comiéndose una hamburguesa. ¿Cómo **era** entonces tu ciudad?	Der Junge war sehr klein. Da war der Junge. Er aß gerade eine Frikadelle. Wie sah deine Stadt damals aus?
B	Antes **íbamos** con frecuencia al teatro. **Pasábamos** el día entero en la playa y allí **comíamos** casi siempre.	Früher gingen wir oft ins Theater. Wir verbrachten den ganzen Tag am Strand, und dort aßen wir fast immer.
C	Juan **estaba** leyendo cuando entré. Llegó el telegrama justo cuando **queríamos** salir.	Juan las gerade, als ich hineinging. Das Telegramm kam gerade, als wir weggehen wollten.
D	Pilar **quería** ser azafata. En el mercado **había** mucha gente. Mi tío **tenía** una droguería en Madrid.	Pilar wollte Stewardeß werden. Auf dem Markt waren viele Leute. Mein Onkel hatte eine Drogerie in Madrid.

- Das Imperfekt wird vor allem gebraucht:
  A Für die Beschreibung eines Zustandes in der Vergangenheit (Beginn und Ende dieses Zustandes werden weder ausdrücklich noch implizit erwähnt).
  B Für wiederholte Handlungen in der Vergangenheit (ohne ein ausdrücklich bestimmtes Ende).
  C Um etwas zu erzählen, was vor sich ging, als etwas anderes eintrat (s. auch § 61B).
  D Auch für Handlungen oder Vorgänge, für die kein näher bestimmter Zeitpunkt angegeben wird. (Beachte: auch die Sätze «**quiso** ser azafata», «mi tío **tuvo** una droguería» sind möglich, sie bedeuten dann aber, daß dieser Wunsch bzw. dieser Zustand zu einem bestimmten Zeitpunkt nicht mehr vorhanden waren: „sie wollte – z. B. bis zu ihrem 20. Lebensjahr – Stewardeß werden“...)

El pretérito imperfecto de subjuntivo (Konjunktiv Imperfekt)

53 hablar		54 comer		55 vivir	
habl**ara**	habl**ase**	com**iera**	com**iese**	viv**iera**	viv**iese**
habl**aras**	habl**ases**	com**ieras**	com**ieses**	viv**ieras**	viv**ieses**
habl**ara**	habl**ase**	com**iera**	com**iese**	viv**iera**	viv**iese**
habl**áramos**	habl**ásemos**	com**iéramos**	com**iésemos**	viv**iéramos**	viv**iésemos**
habl**arais**	habl**aseis**	com**ierais**	com**ieseis**	viv**ierais**	viv**ieseis**
habl**aran**	habl**asen**	com**ieran**	com**iesen**	viv**ieran**	viv**iesen**

- Konjunktiv Imperfekt hat im Spanischen zwei Formen. Die erste endet auf **-ara, -iera**. Die zweite (weniger gebräuchlich) endet auf **-ase, -iese**.
- Für den Gebrauch dieser Zeit s. §§ 98–102.

56 Unregelmäßiger Konjunktiv Imperfekt bei einigen wichtigen Verben

caber	cupiera/cupiese ...	poner	pusiera/pusiese ...
construir	construyera/construyese ...	producir	produjera/produjese ...
dar	diera/diese ...	querer	quisiera/quisiese ...
decir	dijera/dijese ...	saber	supiera/supiese ...
dormir	durmiera/durmiese ...	sentir	sintiera/sintiese ...
ir	fuera/fuese ...	ser	fuera/fuese ...
oír	oyera/oyese ...	tener	tuviera/tuviese ...
poder	pudiera/pudiese ...	traer	trajera/trajese ...

- Siehe auch die Liste der unregelmäßigen Verben, §§ 127–157.

El indefinido (Historische Vergangenheit) §§ 57 - 65

57 **hablar**		58 **comer**		59 **vivir**	
hablé	ich sprach	comí	ich aß	viví	ich lebte
habl**aste**	*usw.*	com**iste**	*usw.*	viv**iste**	*usw.*
habló		comió		vivió	
habl**amos**		com**imos**		viv**imos**	
habl**asteis**		com**isteis**		viv**isteis**	
habl**aron**		com**ieron**		viv**ieron**	

- Die Punkte weisen auf die Betonung hin.

60 Unregelmäßiger «Indefinido»

decir	dije	hacer	hice	ser	fui	poner	puse
estar	estuve	ir	fui	poder	pude	tener	tuve

- Bei zahlreichen häufig gebrauchten Verben ist der Indefinido unregelmäßig (s. §§ 60, 62–64).

61 Gebrauch des «Indefinido»

A	Aquella noche **empezó** una horrible tempestad.	In jener Nacht begann ein fürchterliches Unwetter.
	Después de seis meses **tuvo** que volver a Italia.	Nach sechs Monaten mußte sie nach Italien zurückkehren.
	Julián **volvió** de Berlín la semana pasada.	Julián kam letzte Woche aus Berlin zurück.
	Aquí **nací** y aquí **vivieron** y **murieron** mis padres.	Hier bin ich geboren und hier lebten und starben meine Eltern.
B	Miguel estaba preparando la comida cuando **llegó** su amigo Luis y le **preguntó** si podían ir juntos al cine.	Miguel machte gerade das Essen, als sein Freund Luis kam und ihn fragte, ob sie zusammen ins Kino gehen könnten.
C	Antes de irse a América Antonio **estuvo** aquí muchas veces.	Bevor er nach Amerika ging, war Antonio oft hier.
	Durante varios siglos los cristianos **lucharon** contra los árabes.	Einige Jahrhunderte lang kämpften die Christen gegen die Araber.

- Der Indefinido wird hauptsächlich gebraucht:
  A Für einmalige Handlungen in der Vergangenheit, die zu einem bestimmten Zeitpunkt oder innerhalb einer genau bestimmten Zeitspanne stattgefunden haben.
  B Für eine Handlung, die plötzlich eintritt und eine andere Handlung oder Tätigkeit unterbricht (s. auch § 52 C).
  C Für wiederholte Handlungen in der Vergangenheit, die inzwischen abgeschlossen sind. (Dies betrifft nicht nur Tatbestände mit Zeitangabe – «ayer», «el domingo pasado» … –, sondern auch Äußerungen des Sprechenden ohne ausdrückliche Zeitangabe.)

Verben auf -ir mit Vokaländerung im Indefinido

62 **preferir**	63 **pedir**	64 **dormir**
preferí	pedí	dormí
preferiste	pediste	dormiste
prefirió	pidió	durmió
preferimos	pedimos	dormimos
preferisteis	pedisteis	dormisteis
prefirieron	pidieron	durmieron

- Bei der 3. Person Singular und Plural dieser Verben wird *e* zu *i*, *o* zu *u* (§§ 35 und 38).
- Nur **morir** wird wie **dormir** konjugiert.

65 ¿Imperfecto o Indefinido? (Imperfekt oder Indefinido?)

Como **era** tan pequeñito, la cámara no **pudo** filmarlo.	Da er so klein war, konnte ihn die Kamera nicht aufnehmen.
En 1935 Gardel **murió** en un accidente, pero ya entonces **era** una leyenda.	1935 starb Gardel bei einem Unfall, aber schon damals war er eine Legende.
El pintor **levantó** la tela que **cubría** la pintura.	Der Maler hob das Tuch, das das Gemälde bedeckte.
Cuando Colón **nació**, se **pensaba** que la tierra **era** plana.	Als Kolumbus zur Welt kam, glaubte man, die Erde sei flach.
Pero Colón **comprendió** pronto que la tierra **era** redonda.	Aber Kolumbus merkte bald, daß die Erde rund war.

- Die oben stehenden Sätze verdeutlichen die in den §§ 52 und 61 enthaltenen Regeln.

El futuro (Futur) §§ 66 – 73

El futuro imperfecto (Futur I)

66 **hablar**		67 **comer**		68 **vivir**	
hablar**é**	ich werde sprechen	comer**é**	ich werde essen	vivir**é**	ich werde leben
hablar**ás**	*usw.*	comer**ás**	*usw.*	vivir**ás**	*usw.*
hablar**á**		comer**á**		vivir**á**	
hablar**emos**		comer**emos**		vivir**emos**	
hablar**éis**		comer**éis**		vivir**éis**	
hablar**án**		comer**án**		vivir**án**	

Esta noche **empezará** a llover muy fuerte.	Diese Nacht wird es anfangen, stark zu regnen.
Seguirá lloviendo/**Hará** buen tiempo durante quince días.	Es wird vierzehn Tage lang weiter regnen/schönes Wetter sein.
Un amigo le **pedirá** dinero.	Ein Freund wird Sie um Geld bitten.
Tendrán que esperar un poco, ya les **avisaremos**.	Sie werden eine Weile warten müssen, wir werden Ihnen Bescheid sagen.

- Siehe auch Liste der unregelmäßigen Verben, §§ 127–157.

El futuro perfecto (Futur II)

69 hablar	70 comer	71 vivir
habré hablado	habré comido	habré vivido
habrás hablado	habrás comido	habrás vivido
habrá hablado	habrá comido	habrá vivido
habremos hablado	habremos comido	habremos vivido
habréis hablado	habréis comido	habréis vivido
habrán hablado	habrán comido	habrán vivido

- Futur II bildet man mit Futur I von *haber* + Partizip Perfekt.
- Futur II wird für Handlungen gebraucht, die abgeschlossen sind, wenn eine andere eintritt.

Dentro de tres meses nos **habrás olvidado.**	In drei Monaten wirst du uns vergessen haben.
Mañana hacia las seis **habré terminado** este trabajo.	Morgen gegen sechs werde ich diese Arbeit beendet haben.

72 Serán las siete

Serán las siete y pico. Tendrá unos cuarenta años. Será quizá un viejo secreto indio.	Es wird kurz nach sieben sein. Er wird so um die 40 Jahre alt sein. Vielleicht ist es ein altes indianisches Geheimnis.
Las ciudades tendrán sus ventajas, pero ... Esa agenda no es mía, no sé de quién será.	Die Städte mögen ihre Vorteile haben, aber ... Dieser Terminkalender gehört mir nicht. Ich weiß nicht, von wem er ist.
No es posible. Habrás entendido mal.	Das ist nicht möglich. Du hast es sicherlich falsch verstanden.

- Futur (I und II) kann auch eine Vermutung ausdrücken. (Im Deutschen verwendet man dafür auch Präsens oder Perfekt.)

73 ir a + Infinitiv

voy a leer	ich werde lesen	vamos a leer	wir werden lesen
vas a leer	*usw.*	vais a leer	*usw.*
va a leer		van a leer	

Te **voy a hacer** una radiografía.	Ich werde dich röntgen.
Vamos a pasar un año en México.	Wir werden ein Jahr in Mexiko verbringen.
Creo que **va a llover**.	Ich glaube, es wird regnen.
Vamos a dejar de hablar de ese tema.	Laß(t) uns aufhören, über dieses Thema zu sprechen.

- Eine Handlung, die in der nahen Zukunft stattfinden soll, drückt man im Spanischen häufig aus durch eine Präsensform von **ir + a + Infinitiv**.

El pluscuamperfecto (Plusquamperfekt) §§ 74 - 79

El pluscuamperfecto de indicativo (Indikativ Plusquamperfekt)

74 **hablar**	75 **comer**	76 **vivir**
había hablado	había comido	había vivido
habías hablado	habías comido	habías vivido
había hablado	había comido	había vivido
habíamos hablado	habíamos comido	habíamos vivido
habíais hablado	habíais comido	habíais vivido
habían hablado	habían comido	habían vivido

- Man bildet das Plusquamperfekt mit dem Imperfekt von *haber* + Partizip Perfekt.

Muchos pueblos de América **habían alcanzado** un alto grado de desarrollo.	Viele Völker Amerikas hatten einen hohen Entwicklungsstand erreicht.
Dijo que **había hecho** un descubrimiento importante.	Er sagte, er habe eine wichtige Entdeckung gemacht.
No **habíamos dormido** más que cuatro horas cuando nos despertaron otra vez.	Wir hatten nur vier Stunden geschlafen, als man uns wieder weckte.

El pluscuamperfecto de subjuntivo (Konjunktiv Plusquamperfekt)

77 **hablar**	78 **comer**	79 **vivir**
hubiera hablado	hubiera comido	hubiera vivido
hubieras hablado	hubieras comido	hubieras vivido
hubiera hablado	hubiera comido	hubiera vivido
hubiéramos hablado	hubiéramos comido	hubiéramos vivido
hubierais hablado	hubierais comido	hubierais vivido
hubieran hablado	hubieran comido	hubieran vivido

- Man bildet Konjunktiv Plusquamperfekt mit Konj. Imperfekt von *haber* + Partizip Perfekt.
- Auch bei dieser Zeit sind die Formen **hubiese hablado** ... weniger gebräuchlich (s. §§ 53–55).

- Für den Gebrauch dieser Zeit s. §§ 98–102.

El condicional (Konditional) §§ 80 - 85

El condicional simple (Konditional I)

80 **hablar**	81 **comer**	82 **vivir**
hablar**ía**	comer**ía**	vivir**ía**
hablar**ías**	comer**ías**	vivir**ías**
hablar**ía**	comer**ía**	vivir**ía**
hablar**íamos**	comer**íamos**	vivir**íamos**
hablar**íais**	comer**íais**	vivir**íais**
hablar**ían**	comer**ían**	vivir**ían**

- Konditional I wird vor allem gebraucht für
  Handlungen, die in der Gegenwart oder in der Zukunft stattfinden könnten;
  für höfliche Wunsch- und Meinungsäußerungen.
- Konditional in Bedingungssätzen: s. § 102.
- Siehe auch Liste der unregelmäßigen Verben, §§ 127–157.

Desearía reservar un apartamento.	Ich möchte ein Appartement reservieren.
Me **gustaría** hacer un viaje.	Ich würde gern eine Reise machen.
No **cambiaríamos** esto por nada del mundo.	Wir würden das gegen nichts auf der Welt eintauschen.
Con una monarquía **vendrían** más turistas.	Gäbe es eine Monarchie, kämen mehr Touristen.
Las coronaciones **serían** cada seis años y la sucesión no **sería** hereditaria.	Die Krönungen wären alle sechs Jahre und die Nachfolge wäre nicht erblich.
¿**Podría** traernos otra botella de agua?	Könnten Sie uns noch eine Flasche Wasser bringen?

El condicional perfecto (Konditional II)

83 **hablar**	84 **comer**	85 **vivir**
habría hablado	habría comido	habría vivido
habrías hablado	habrías comido	habrías vivido
habría hablado	habría comido	habría vivido
habríamos hablado	habríamos comido	habríamos vivido
habríais hablado	habríais comido	habríais vivido
habrían hablado	habrían comido	habrían vivido

- Man bildet Konditional II mit Konditional I von haber + Partizip Perfekt.
- Konditional II wird vor allem für Handlungen verwendet, die in der Vergangenheit hätten stattfinden können.

¿Qué noticia **habría destacado** tu periódico?	Welche Nachricht hätte deine Zeitung hervorgehoben?
Habríamos/Hubiéramos ido a Berlín, pero no hemos tenido tiempo.	Wir wären nach Berlin gefahren, haben aber keine Zeit gehabt.

- Oft wird bei dieser Zeit **hubiera** anstatt **habría** verwendet.
- Für den Gebrauch in Bedingungssätzen s. § 102.

El gerundio (Gerundium) §§ 86 – 88

86 Estoy esperando

Una muchacha **está rellenando** un impreso.	Ein Mädchen füllt gerade ein Formular aus.
Todavía **estoy esperando** su respuesta.	Ich warte noch auf ihre Antwort.
Cuando salí **estaba lloviendo**.	Als ich hinausging, regnete es.
Mientras ella **estaba escribiendo** la carta …	Während sie den Brief schrieb …

- Das Gerundium wird mit den Endungen **-ando** (Verben auf **-ar**) oder **-iendo** (Verben auf **-er, -ir**) gebildet.
- «estar» + Gerundium (Verlaufsform) wird gebraucht für Handlungen, die gerade stattfinden:
  estoy desayunando ich frühstücke gerade, **estaba desayunando** cuando … ich frühstückte gerade, als …

87 Unregelmäßiges Gerundium der Verben auf -ir

Mit Vokaländerung (§ 40): | Mit Diphthong (§§ 35, 38):

pedir	**pidiendo**	seguir	**siguiendo**	sentir	**sintiendo**
conseguir	**consiguiendo**	servir	**sirviendo**	venir	**viniendo**
elegir	**eligiendo**	despedirse	**despidiéndose**	divertirse	**divirtiéndose**
freír	**friendo**	reírse	**riéndose**	dormir	**durmiendo**
repetir	**repitiendo**	vestirse	**vistiéndose**	morirse	**muriéndose**

88 Weitere Anwendungen des Gerundiums

A	El señor le contesta sonriendo.	Der Herr antwortet ihr und lächelt dabei.
	He andado de cabeza preparando el examen.	Ich habe bis über beide Ohren in Arbeit gesteckt, um mein Examen vorzubereiten.
	Se ganaba la vida cantando en los cafés.	Er verdiente seinen Lebensunterhalt, indem er in den Cafés sang.
	Esperando sus noticias ...	In Erwartung Ihrer Nachricht ...
B	La muchacha sigue escribiendo.	Das Mädchen schreibt weiter.
	El papel y el lápiz siguen siendo unos inventos geniales.	Papier und Bleistift sind weiterhin phantastische Entdeckungen.
	Seguirá lloviendo durante diez días.	Es wird zehn Tage lang weiterregnen.
	El castellano va ganando terreno.	Spanisch gewinnt an Boden.
C	¿Llevan ustedes mucho rato esperando?	Warten Sie schon lange?
	Llevamos un mes trabajando 10 horas diarias.	Seit einem Monat arbeiten wir 10 Stunden täglich.
	Estando tú aquí, no tengo miedo.	Wenn du hier bist, habe ich keine Angst.

A Das Gerundium drückt gleichzeitige Handlungen aus.
B Oft wird das Gerundium zusammen mit **seguir, ir, continuar** verwendet.
C **Llevar + Zeitangabe + Gerundium** bezeichnet eine dauernde Handlung.
D Das Gerundium kann im Spanischen auch ein eigenes – nachgestelltes – Subjekt haben.

El imperativo (Imperativ) §§ 89 – 93

89 usted, ustedes

	contestar	cerrar	comer	volver	escribir	dormir	pedir
Sing.	conteste	cierre	coma	vuelva	escriba	duerma	pida
Plural	contest**en**	cierr**en**	com**an**	vuelv**an**	escrib**an**	duerm**an**	pid**an**

Reserve su plaza hoy mismo.	Reservieren Sie noch heute ihren Platz.
No vuelvan hasta la semana que viene.	Kommen Sie vor nächster Woche nicht wieder.
Pida hora a la enfermera.	Bitten Sie die Schwester um einen Termin.
Tome esta hoja y **siga** las instrucciones.	Nehmen Sie dieses Blatt und befolgen Sie die Anweisungen.

- In der Höflichkeitsform unterscheiden sich der bejahte und der verneinte Imperativ nicht. (Diese Formen sind mit der 3. Person Singular und Plural des Konjunktiv Präsens identisch.)

90 Stellung des Pronomens

Tráigame una cerveza, por favor.	Bringen Sie mir bitte ein Bier.
¡**Dígame** ...! No, se ha equivocado de número.	Ja bitte ...! Nein, Sie haben sich verwählt.
Entiéndame.	Verstehen Sie mich!
Siéntese y **cuéntemelo**, ¿quiere?	Setzen Sie sich und erzählen Sie es mir, wenn Sie wollen.
No se preocupe.	Machen Sie sich keine Sorgen.
¿Una multa? No, **no me la ponga**, por favor.	Ein Strafzettel? Nein, geben Sie mir doch bitte keinen.
No lo arreglen ustedes mismos, **avísennos.**	Reparieren Sie es nicht selbst, geben Sie uns Bescheid.

- Siehe auch §§ 166, 169, 171, 174.
- Steht ein Personal- oder Reflexivpronomen bei der bejahten Befehlsform, so wird es an den Imperativ angehängt.
- Bei den verneinten Befehlsformen steht das Pronomen vor dem Verb und hinter der Negation.

91 tú, vosotros (bejahte Form)

Sing.	contesta	cierra	come	vuelve	escribe	duerme	pide
Plural	contesta**d***	cerra**d**	come**d**	volve**d**	escribi**d**	dormi**d**	pedi**d**

Cruza la plaza y **tuerce** luego a la izquierda.	Gehe über den Platz und bieg dann links ab.
Sigue todo derecho.	Gehe geradeaus.
Cerrad la puerta, que hace mucho frío.	Schließt die Tür, es ist sehr kalt.
Tened cuidado al cruzar la calle.	Paßt auf, wenn ihr über die Straße geht.
Pedid permiso al director.	Bittet den Direktor um Erlaubnis.

* In der Umgangssprache wird manchmal (in Spanien) statt der Imperativform der 2. Person Plural die Infinitivform gebraucht: **Llamar** el martes. Ruft am Dienstag an. **Cerrar** la puerta, por favor. Macht bitte die Tür zu.
(Genau wie die Personalform «vosotros» wird in Lateinamerika in der Regel die Befehlsform der 2. Person Plural vermieden; statt dessen benutzt man im allgemeinen die «ustedes»-Form auch für Personen, die man duzt: **Vengan** a casa, niños. Kommt nach Haus, Kinder.)

92 tú, vosotros (verneinte Formen)

Sing.	no contestes	no cierres	no comas	no vuelvas	no escribas	no duermas	no pidas
Plural	no contestéis	no cerréis	no comáis	no volváis	no escribáis	no durmáis	no pidáis

Te esperamos aquí, **no tardes** mucho.	Wir warten hier auf dich, mach nicht so lange.
No muevas a los heridos, avisa a una ambulancia.	Bewege die Verletzten nicht, ruf einen Krankenwagen.
No olvidéis los libros.	Vergeßt die Bücher nicht.
No volváis demasiado tarde.	Kommt nicht zu spät zurück.

- Diese Befehlsformen sind mit dem Konjunktiv Präsens identisch.

93 Stellung des Pronomens

Acércame el salero, ¿quieres?	Bist du so nett und gibst mir den Salzstreuer?
La ventana no. **No la cierres** todavía.	Das Fenster nicht. Mach es noch nicht zu.
No me interrumpas.	Unterbrich mich nicht.
No es urgente, **dejadlo** para mañana.	Es eilt nicht, laßt es für morgen.
No os durmáis, ahora viene lo más interesante.	Schlaft nicht ein, jetzt kommt das Interessanteste.
Dime, ¿qué haces aquí?	Sag mir, was machst du hier?
No me pongas la multa.	Gib mir keinen Strafzettel.
No os vayáis tan pronto.	Geht nicht so früh.
No le contéis a Juan lo que ha pasado.	Erzählt Juan nicht, was passiert ist.

- Wenn ein Personal- oder Reflexivpronomen beim Imperativ steht, wird es in der bejahten Form an das Verb angehängt: **Dime** lo que pasó. Sag mir, was geschehen ist.
  In der verneinten Form aber steht das Pronomen vor dem Verb und hinter der Negation:
  No **me lo cuentes.** Erzähl es mir nicht. (Siehe auch § 171.)
- Zahlreiche Imperativformen von häufig gebrauchten Verben sind sowohl in der «tú»-Form als auch in der «usted/ustedes»-Form unregelmäßig, z. B. *decir, hacer, oír, poner, salir, tener, ir(se), venir* ... (s. Liste der unregelmäßigen Verben, §§ 127–157).

La voz pasiva (Passiv) §§ 94 – 96

94 Se dice (Man sagt) (Pasiva refleja)

Se oye el castellano por todas partes.	Man hört überall Spanisch.
Se ven parejas y grupos, pero no **se ve** una comunidad viva.	Man sieht Pärchen und Gruppen, man sieht aber keine lebendige Gemeinschaft.
Aquí **se hablan** todas las lenguas.	Hier werden alle Sprachen gesprochen.
Se puede decir que ...	Man kann sagen, daß ...
Lo que sí **se sabe** es que ...	Das, was man weiß, ist ...
Se ha desarrollado mucho la industria.	Die Industrie hat sich sehr entwickelt.
Se oye a los niños.	Man hört die Kinder.
Uno se acostumbra a todo.	Man gewöhnt sich an alles.
Cuando **uno viaja** por California ...	Wenn man durch Kalifornien reist ...
Si **uno llega** a casa y no tiene nada que hacer ...	Wenn man nach Hause kommt und nichts zu tun hat ...

- Den deutschen Ausdrücken „man spricht", „man sagt"/... entspricht oft im Spanischen die reflexive Form des Verbs.
- Im Gegensatz zum Deutschen steht das Verb im Plural, wenn es sich um mehrere Sachen handelt. (Handelt es sich um Personen, so steht das Verb immer im Singular. Akkusativ mit «a»: s. § 202.)
- **Uno** + 3. Person Sing. wird vor allem bei reflexiven Verben gebraucht.

95 Dicen que ... (Man sagt, daß ...)

Dicen que ha dimitido el presidente.	Man sagt, der Präsident sei zurückgetreten.
Llaman a la puerta.	Es klopft/klingelt.

- Auch die 3. Person Plural kann dem deutschen „man" oder „es" entsprechen.

96 Pasiva (Passiv)

ser amado	geliebt werden	seré amado	ich werde geliebt werden
soy amado	ich werde geliebt	he sido amado	ich bin geliebt worden
era amado	ich wurde geliebt	había sido amado	ich war geliebt worden
fui amado	ich wurde geliebt	habré sido amado	ich werde geliebt worden sein

Muchos objetos de vidrio pueden **ser** fácilmente **reciclados.**	Viele Gegenstände aus Glas können leicht recyclet werden.
Gardel **fue descubierto** muy pronto por el público.	Gardel wurde sehr bald vom Publikum entdeckt.
Todos ellos **fueron dominados** por los españoles.	Sie alle wurden von den Spaniern besiegt.
Tenochtitlán **había sido construida** sobre el agua.	Tenochtitlan war auf das Wasser gebaut worden.
Muchos ordenadores pueden **ser conectados** con la red telefónica.	Viele Computer können mit dem Telefonnetz verbunden werden.

- Das Passiv wird im Spanischen mit der jeweiligen Zeit von **ser + Partizip Perfekt** gebildet. Das Partizip verändert sich jeweils nach Geschlecht und Zahl des Subjekts.
  Das Passiv wird im Spanischen viel seltener gebraucht als im Deutschen.

Estilo indirecto

97 Estilo indirecto (Indirekte Rede)

El niño dice que él no ha sido.	Der Junge sagt, er sei es nicht gewesen.
El jefe dice que aquello es intolerable.	Der Chef sagt, daß dies unerträglich sei.
(Pregunto) que dónde vive usted.	(Ich frage), wo Sie wohnen.
Han dicho que el tren trae 25 minutos de retraso.	Man hat gesagt, daß der Zug 25 Minuten Verspätung hat.
Dirá que ha estado en casa todo el día, pero no es verdad.	Er wird sagen, er sei den ganzen Tag zu Hause gewesen, es ist aber nicht wahr.
¿Por qué decía Luisa siempre que estaba muy cansada?	Warum sagte Luisa immer, sie wäre sehr müde?
Dijo que habían hecho un importante descubrimiento.	Er sagte, daß man eine wichtige Entdeckung gemacht habe.
Cuenta que estuvo en Perú y que había muchos turistas allí.	Sie erzählt, sie sei in Peru gewesen und daß dort viele Touristen waren.
Mi médico me dijo que tomara dos pastillas.	Mein Arzt sagte mir, ich sollte zwei Tabletten nehmen.
Me aconsejó que comiera cosas ligeras.	Er riet mir, leichte Kost zu mir zu nehmen.
Dijo que me escribiría/iba a escribir enseguida.	Sie sagte, sie würde mir sofort schreiben.
Víctor me dijo que iría conmigo.	Víctor sagte mir, er würde mit mir gehen.

- Im Gegensatz zum Deutschen wird im Spanischen der Konjunktiv nur verwendet, wenn das Hauptverb es verlangt. Dice que no quiere comer. Er sagt, er wolle nicht essen. – Dice que venga. Er sagt, er/sie soll kommen.
- Nach Präsens, Perfekt, Futur im Hauptsatz steht im Nebensatz (indirekte Rede) in der Regel Präsens oder Perfekt.
- Nach Imperfekt und Indefinido im Hauptsatz steht im Nebensatz in der Regel Imperfekt (oder Plusquamperfekt).
- Der logische Gebrauch der Zeiten spielt dabei eine wesentliche Rolle. Dies bedeutet, daß die obengenannten Regeln nicht die einzig gültigen für die indirekte Rede sind.
- Dice que sí. Dice que no. Er sagt ja. Er sagt nein.

98 Konjunktiv in Hauptsätzen

A	Ojalá **se conserve** así en el futuro.	Hoffentlich bleibt er auch in Zukunft so, wie er ist.
	Ojalá **fuera** Pedro tan trabajador como tú.	Wäre Pedro doch so fleißig wie du!
B	La merluza quizás **esté** un poco sosa. Quizás **se consiga** que todos seamos verdes. (Quizá hay que tener en cuenta que …)	Der Seehecht ist vielleicht ein bißchen fade. Vielleicht erreicht man, daß wir alle grün werden. (Vielleicht muß man in Betracht ziehen, daß …)
C	¡Que **aproveche**! ¡Que lo **pases** bien. (Te deseo que …) ¡**Viva** México! ¡Quién **tuviera** tiempo!	Guten Appetit! Viel Spaß! Es lebe Mexiko! Hätte man doch Zeit!
D	No **perdamos** tiempo. No **nos alarmemos**, no ha pasado nada.	Laßt uns keine Zeit verlieren. Laßt uns nicht in Panik ausbrechen, es ist nichts geschehen.

- Nach **ojalá** hoffentlich steht immer der Konjunktiv.
- Nach **quizá, quizás** vielleicht, **posiblemente** möglicherweise steht fast immer Konjunktiv, aber auch Indikativ ist möglich.
- Bei Sätzen, die mit *que* beginnen und einen Wunsch ausdrücken, steht immer der Konjunktiv.
- Der deutschen Wendung „laßt uns …“ kann im Spanischen der Konjunktiv Präsens entsprechen.

99 Konjunktiv in „daß“-Sätzen

A	Su familia no quiere que la **llame** ni que **salgamos** juntos. No permiten que yo la **visite** en su casa. ¿Podría usted decir que nos **traigan** toallas?	Ihre Familie will weder, daß ich sie anrufe, noch daß wir zusammen ausgehen. Sie erlauben nicht, daß ich sie zu Hause besuche. Könnten Sie bitte sagen, daß man uns Handtücher bringen möge?
	Deseo que el apartamento **dé** a la playa y que no **esté** cerca de la discoteca.	Ich möchte, daß das Appartement zum Strand hin liegt und daß es nicht in der Nähe der Diskothek ist.
	Les ruego me lo **confirmen**. Me gustaría que todos los niños **jugaran** y no **se pelearan**. El médico me aconsejó que **comiera** menos y que **durmiera** más.	Ich bitte Sie, es mir zu bestätigen. Ich möchte, daß alle Kinder spielen und sich nicht streiten. Der Arzt riet mir, weniger zu essen und mehr zu schlafen.
B	Perdone que le **moleste**. Es mejor que **te quedes** con nosotros. Es raro que **haya** tantas cabras aquí. Le agradeceré me **envíe** un folleto cuanto antes.	Entschuldigen Sie, daß ich Sie störe. Es ist besser, wenn du bei uns bleibst. Es ist komisch, daß es hier so viele Ziegen gibt. Ich wäre Ihnen dankbar, wenn Sie mir so bald wie möglich einen Prospekt schicken würden.
C	No es necesario que **disponga** de coche. Lo importante es que **tengan** sentido del humor.	Es ist nicht nötig, daß er/sie ein Auto hat. Das Wichtige ist, daß sie Sinn für Humor haben.
D	No creo que **tenga** fiebre. Es muy posible que su amigo no le **devuelva** el dinero. Es probable que mañana **tengamos** buen tiempo.	Ich glaube nicht, daß ich Fieber habe. Es ist gut möglich, daß Ihr Freund Ihnen das Geld nicht zurückgibt. Wahrscheinlich werden wir morgen gutes Wetter haben.

►

Der Konjunktiv in *que*-Sätzen wird gebraucht für
A Willensäußerungen (Wunsch, Bitte, Absicht, Empfehlung, Erlaubnis ...)
B Werturteile und Gefühlsäußerungen (Freude, Ärger, Hoffnung, Angst, Bedauern, Erstaunen ...)
C Notwendigkeit
D Unsicherheit oder Zweifel

100 Konjunktiv in anderen Nebensätzen

A	Tengo que llamar al embajador para que me **ayude**. ... para que yo te **diga** quién soy yo y dónde vivo.	Ich muß den Botschafter anrufen, damit er mir hilft. ... damit ich dir sage, wer ich bin und wo ich wohne.
B	Conduce como si la calle **fuera** suya. Bésame mucho, como si **fuera** esta noche la última vez.	Er fährt so, als ob die Straße ihm gehöre. Küß mich lange, als ob es diese Nacht das letzte Mal wäre.
C	Dímelo sin que lo **oiga** él. Compró la moto sin que le **hiciera** ninguna falta.	Sag es mir, ohne daß er es hört. Er kaufte das Motorrad, ohne daß er es im geringsten gebraucht hätte.
D	Antes de que te **cases**, mira lo que haces. Antes de que **nos hayamos levantado**, la cafetera nos ha preparado ya el café.	Bevor du heiratest, überleg, was du tust. Bevor wir aufgestanden sind, hat uns die Kaffeemaschine schon den Kaffee zubereitet.
E	Bueno, te lo doy con tal (de) que me **ayudes**. En caso de que no **haya** entradas, podemos ir a bailar.	Na gut, ich gebe es dir unter der Bedingung, daß du mir hilfst. Falls es keine Eintrittskarten gibt, können wir tanzen gehen.

- Der Konjunktiv wird immer verwendet in
  A Finalsätzen mit **para que**.
  B Komparativsätzen mit **como si**.
  C Modalsätzen mit **sin que**.
  D Temporalsätzen mit **antes (de) que** (s. auch §§ 101 A, 126 D).
  E Konditionalsätzen mit **con tal (de) que, en caso de que** (s. auch § 102).

101 Konjunktiv oder Indikativ

A	Cuando **tengamos** hijos, seré el hombre más feliz del mundo. Cuando yo te **vuelva** a ver ... Mientras no **hables** con él, no sabrás la verdad. Nos quedamos aquí hasta que **haya dejado** de llover, ¿de acuerdo?	Wenn wir erst einmal Kinder haben, werde ich der glücklichste Mensch der Welt sein. Wenn ich dich wiedersehe ... Solange du mit ihm nicht sprichst, wirst du die Wahrheit nicht kennen. Wir bleiben hier, bis es aufgehört hat zu regnen, einverstanden?
B	Todos se sienten argentinos, aunque **conserven** las costumbres de sus países o aunque **hayan nacido** en Beirut. (Son solidarios aunque viven en grupos muy reducidos.) No lo hará aunque **tenga** tiempo.	Sie fühlen sich alle als Argentinier, auch wenn sie die Sitten ihrer Länder beibehalten oder selbst wenn sie in Beirut geboren sind. (Sie sind solidarisch, obwohl sie in sehr kleinen Gruppen leben.) Sie wird es nicht tun, selbst wenn sie Zeit hat.

▶

C	Queremos conocer a personas que **tengan** tiempo.	Wir möchten Leute kennenlernen, die Zeit haben.
	No es una carrera que **tenga** muchas salidas.	Es ist kein Studium, das (anschließend) viele Möglichkeiten bietet.
	Me gustaría que hubiera un zoológico que a todos los niños los **dejara** entrar.	Ich wünschte, es gäbe einen Zoo, in den alle Kinder gehen könnten.
	(En Berlín hay un zoológico que deberías visitar alguna vez.)	(In Berlin gibt es einen Zoo, den du einmal besuchen solltest.)

- Der Konjunktiv steht in

A Temporalsätzen mit **cuando, mientras, hasta que, siempre que**, die sich auf die Zukunft beziehen.
B Konzessivsätzen mit **aunque**, die eine Möglichkeit (nicht eine Tatsache) ausdrücken.
C Relativsätzen, die einen Wunsch oder ein Bedürfnis ausdrücken.

102 Konjunktiv oder Indikativ in Bedingungssätzen

A	Si **tienes** ganas, podemos ir al cine.	Wenn du Lust hast, können wir ins Kino gehen.
	Si **hace** mucho calor, vamos a la playa.	Wenn es sehr warm ist, gehen wir an den Strand.

B	Si **estuviéramos** en París, **pagaría** usted el doble.	Wenn wir in Paris wären, würden Sie das Doppelte zahlen.
	Si **fuera** un Picasso, **costaría** cinco millones.	Wenn es ein Picasso wäre, würde er fünf Millionen kosten.
	Si **hablara** usted más claro, le **entenderíamos** mejor.	Wenn Sie deutlicher sprächen, würden wir Sie besser verstehen.
	Si no **hubieses estado** mirando la moto, no **habría pasado** nada.	Wenn du nicht auf das Motorrad geguckt hättest, wäre nichts passiert.
	Si **hubiera frenado** un poco, yo **habría tenido** tiempo para pasar.	Wenn er etwas gebremst hätte, hätte ich noch Zeit gehabt, vorbeizufahren.

A Ist die Erfüllung der Bedingung möglich, so steht
im Nebensatz: Indikativ Präsens;
im Hauptsatz: Indikativ Präsens oder Futur I (oder Konditional).
B Ist die Bedingung unerfüllbar oder wurde sie nicht erfüllt, so steht
im Nebensatz: Konjunktiv Imperfekt bzw. Plusquamperfekt;
im Hauptsatz: Konditional I bzw. Konditional II.

Hay

103 Hay (es gibt)

¿**Hay** un banco por aquí cerca?	Ist hier in der Nähe eine Bank?
Eso también lo **hay** en Alemania, ¿no?	Das gibt es auch in Deutschland, nicht wahr?
Hay gente que piensa que …	Es gibt Menschen, die denken, daß …
No **hay** quien los eche de casa.	Man kann sie nicht vor die Tür setzen.
¿Cómo sabías que dentro de aquella piedra **había** un caballo?	Woher wußtest du, daß in diesem Stein ein Pferd war?
No **hubo** ningún accidente el fin de semana.	Es gab am Wochenende keinen Unfall.
Habrá una tempestad.	Es wird ein Unwetter geben.
No **habría** necesidad de aprender a pilotear.	Es wäre nicht nötig, das Fliegen zu lernen.
Es raro que **haya** tantas cabras aquí.	Es ist komisch, daß es hier so viele Ziegen gibt.

▶

- **hay** ist unveränderlich. Es steht in der Regel
  - beim Substantiv ohne Artikel (aquí no **hay** hoteles ...)
  - beim Substantiv mit unbestimmtem Artikel (en la habitación **hay** una mesa ...)
  - vor Zahlen (**hay** dos hoteles ...)
  - vor unbestimmten Pronomen (no **hay** nadie en casa ...)
- **hay** wird in allen Zeiten (Indikativ und Konjunktiv) gebraucht. (S. auch § 140.)
- Einige häufige Wendungen mit **hay**: ¿Qué **hay**? Was ist (los)? Was gibt es Neues? En Madrid **hay** de todo. In Madrid gibt es für jeden etwas.
  No **hay** de qué. Keine Ursache. **Hay** gustos para todo. Sobre gustos no **hay** nada escrito. Über Geschmack läßt sich streiten.

Gebrauch von «ser» und «estar» §§ 104 - 108

104 ser

Soy hija única y vivo con mis padres.	Ich bin Einzelkind und lebe mit meinen Eltern.
Han sido unas vacaciones estupendas.	Es sind phantastische Ferien gewesen.
Aquellas tierras no **eran** parte de la India.	Jenes Land war nicht Teil Indiens.
¿**Es** de hoy el periódico?	Ist die Zeitung von heute?
Hoy **es** martes, 22 de diciembre.	Heute ist Dienstag, der 22. Dezember.
Mi hermano **es** mecánico.	Mein Bruder ist Mechaniker.
La mayoría de los españoles **son** católicos.	Die Mehrzahl der Spanier ist katholisch.
García Márquez **es** colombiano.	García Márquez ist Kolumbianer.
– ¿**Es** usted alemana? – No, **soy** austríaca, **soy** de Viena.	– Sind Sie Deutsche? – Nein, ich bin Österreicherin, ich bin aus Wien.

(Konjugation von **ser**: § 152)
- **Ser** wird verwendet
  - vor Substantiven oder substantivisch gebrauchten Wörtern
  - für die Angabe von Uhrzeit, Tag, Beruf, Verwandtschaft, Religion, Herkunft usw.
- Einige häufige Wendungen mit **ser**: **Es** que tengo muy poco tiempo. Im Grunde genommen habe ich sehr wenig Zeit. (Es ist eigentlich so, ...) – Si ya **es** muy tarde. Aber es ist doch schon sehr spät. – No **es** nada del otro mundo. Es ist nichts Überwältigendes. – Otra vez **será**. (Dann eben) ein andermal. – ¡Qué patosa **es** la gente! Wie ungeschickt die Menschen doch sind!

105 estar

El libro de Neruda **está** en la estantería.	Das Buch von Neruda ist im Regal.
– ¿Dónde **has estado**? – **He estado** de vacaciones.	– Wo bist du gewesen? – Ich bin im Urlaub gewesen.
Estuvimos allí dos semanas.	Wir waren zwei Wochen dort.
¿Es aquí donde **está** el dinero?	Ist das hier, wo das Geld ist?
Sobre la mesa **estaba** la pistola de plástico.	Auf dem Tisch lag die Plastikpistole.
– ¿Dónde **está** tu hotel? ¿Lejos? – No, **está** muy cerca.	– Wo ist dein Hotel? Weit weg? Nein, es ist ganz in der Nähe.
– ¿Cómo **están** ustedes? – Yo **estoy** bien, pero mi hermano **está** hoy enfermo.	– Wie geht es Ihnen? – Mir geht es gut, aber mein Bruder ist heute krank.

(Konjugation von **estar**: § 137; **estar** + Gerundium: § 86)
- **estar** = sein, liegen, stehen
- **estar** = sich befinden, sich fühlen
- **estar** wird außerdem verwendet
  - beim bestimmten Artikel
  - vor dem Possessiv- oder Demonstrativpronomen
- Einige häufige Wendungen mit **estar**: **Está** bien. Ist in Ordnung. Es ist recht so. ¡Qué gris **está** el cielo hoy! Wie grau der Himmel heute ist! ¿Qué tal **estáis**? Wie geht es euch?

106 «ser» oder «estar» vor Adjektiven

A	Mi maleta no **es** negra, **es** marrón.	Mein Koffer ist nicht schwarz, er ist braun. *(Farbe)*
	No **soy** una persona muy ordenada.	Ich bin kein besonders ordentlicher Mensch. *(typische Eigenschaft)*
	La novia de Carlos **es** morena y delgada.	Carlos Freundin ist dunkelhaarig und schlank. *(Aussehen)*
	Como **era** tan pequeñito, la cámara no pudo filmarlo.	Da er so klein war, konnte die Kamera ihn nicht aufnehmen. *(Statur)*
B	**Estoy** locamente enamorado de ella.	Ich bin irrsinnig in sie verliebt. *(augenblicklicher Zustand)*
	Estamos muy contentos.	Wir sind sehr zufrieden. *(Etwas hat uns glücklich gemacht.)*
	El piso **estaba** vacío.	Die Wohnung stand leer. *(z.B. nach einem Umzug.)*
	Están orgullosos de su lengua. (**Es** muy orgulloso.)	Sie sind stolz auf ihre Sprache. *(aber: Er ist sehr stolz.)*
	El disco **está** rojo.	Die Ampel ist rot. *(rot geworden)*

- Ob man vor einem Adjektiv **ser** oder **estar** verwendet, hängt nicht nur von den Tatbeständen ab, sondern auch von der persönlichen Absicht des Sprechenden (s. § 107).
  A **ser** + Adjektiv wird daher eher verwendet für dauerhafte oder charakteristische Eigenschaften
  B **estar** + Adjektiv wird eher verwendet für
  – vorübergehende, leicht veränderliche Eigenschaften
  – Zustände als Ergebnis einer Veränderung

107 Bedeutungsänderung je nach dem Gebrauch von «ser» oder «estar»

A	Mi hermano **es** muy joven. Hoy he visto a tu padre. ¡Qué joven **está**!	Mein Bruder ist sehr jung. Heute habe ich deinen Vater gesehen. Wie jung er doch aussieht!
B	Andrés **es** muy simpático. ¡Qué simpática **estaba** la secretaria!	Andrés ist sehr nett. Wie freundlich die Sekretärin war!
C	Esa película de Buñuel **es** muy triste. Juan **está** hoy tristísimo.	Dieser Film von Buñuel ist sehr traurig. Juan ist heute sehr traurig.
D	Estas uvas **son** muy dulces. El café **está** demasiado dulce.	Diese Weintrauben sind sehr süß. Der Kaffee ist zu süß.
E	No **soy** una persona nerviosa, pero con tanta gente **estoy** muy nervioso.	Ich bin kein nervöser Typ, aber bei so vielen Menschen bin ich sehr nervös.
F	**Estoy** listo con ese trabajo. ¡Qué listo **eres**, chico!	Ich bin fertig mit dieser Arbeit. Junge, bist du klug!

- Je nach dem Gebrauch von **ser** oder **estar** vor demselben Adjektiv hat der Satz eine andere Bedeutung:
  A **ser** = er ist jung an Jahren
  estar = er ist nicht mehr jung, sieht aber so aus
  B **ser** = Andrés ist immer so (Charakter)
  estar = sie machte diesen Eindruck
  C **ser** = der Film schildert ausschließlich Trauriges
  estar = etwas hat ihn heute traurig gestimmt
  D **ser** = diese Art Weintrauben ist von Natur aus süß
  estar = Veränderung durch die Zuckermenge

E **ser** = ich bin nicht nervös (Charakter)
estar = Ergebnis einer besonderen Situation
F **ser** = du bist klug/schlau/intelligent (typische Eigenschaft)
estar = ich habe diese Arbeit beendet (Ergebnis)

- Auch bei zahlreichen anderen Adjektiven ist das der Fall: **estar/ser** seguro sicher sein; **estar/ser** viejo alt sein; **estar/ser** alto groß sein.
  Bei «contento», «satisfecho» zufrieden wird immer **estar** verwendet.
  Sogar bei den Adjektiven bzw. Substantiven «soltero» ledig, «viudo» verwitwet, Witwer wird je nach Sicht des Sprechenden **ser** oder **estar** verwendet. (Beim Adjektiv «casado» verheiratet verwendet man hingegen fast ausschließlich **estar**.)

108 «estar» vor Partizipien

Las pilas **están** ya bastante gastadas.	Die Batterien sind schon ziemlich verbraucht. *(Man hat sie lange benutzt.)*
La riqueza **está** muy mal repartida.	Der Reichtum ist sehr schlecht verteilt. *(Ergebnis einer Entwicklung.)*
Estamos obligados a hacerlo.	Wir sind verpflichtet, das zu tun. *(Ergebnis einer Verpflichtung.)*
El inspector **estaba** muy sorprendido.	Der Inspektor war sehr erstaunt. *(Er rechnete nicht damit.)*
Yo **estaba** encantado.	Ich war begeistert. *(Etwas/Jemand hat mir sehr gefallen.)*
Este asiento **está** ocupado.	Dieser Platz ist besetzt. *(Jemand hat ihn belegt.)*

Este libro **es** muy aburrido.	Dieses Buch ist sehr langweilig. *(typisch für dieses Buch)*
Mi hija **es** muy decidida.	Meine Tochter ist sehr energisch. *(Charakter)*

- Wird ein Partizip als Adjektiv gebraucht, so steht es meistens mit dem Verb **estar**, vor allem, wenn es um das Ergebnis einer Handlung geht.
- Vergleichen Sie die verschiedenen Bedeutungen von **ser** und **estar** vor gleichen oder ähnlichen Adjektiven.

Gebrauch einiger wichtiger Verben §§ 109 – 125

109 acordarse de, recordar (sich erinnern an)

¿**Te acuerdas** de Paco?	Erinnerst du dich an Paco?
Todos **nos acordamos** mucho de ti.	Wir alle denken viel an dich.
No **recuerdo** la fecha exacta.	Ich erinnere mich nicht an das genaue Datum.

110 agradecer algo a alguien (jemandem für etwas danken)

Les **agradezco** mucho su ayuda.	Ich danke Ihnen vielmals für Ihre Hilfe.
Ellos no me lo **han agradecido**.	Sie haben es mir nicht gedankt.

(Konjugation von agradecer: § 127)

111 cambiar (wechseln, ändern, sich ändern), cambiar de (umsteigen, umziehen, sich umziehen)

Roberto **ha cambiado** mucho últimamente.	Roberto hat sich in letzter Zeit sehr geändert.
¿Me **cambia** este billete de cien marcos?	Wechseln Sie mir diesen 100-Mark-Schein?
En Barcelona tiene usted que **cambiar de** tren.	In Barcelona müssen Sie umsteigen.
Cámbiate de ropa, por favor.	Ziehe dich bitte um.

112 deber (sollen), debe de (es dürfte/könnte)

Creo que **debes** darle las gracias.	Ich meine, du solltest dich bei ihm bedanken.
¿Qué se **debería** hacer?	Was sollte man tun?
Debe de ser un error.	Es dürfte ein Irrtum sein. (Ich meine/bin überzeugt ...)

113 decidir, decidirse a (beschließen, entscheiden, sich entscheiden)

Esta vez **nos decidimos** a cambiar. (= Decidimos cambiar.)	Dieses Mal haben wir beschlossen zu wechseln.

114 dejar (lassen, erlauben), dejar de (aufhören zu)

Su hermano no me **dejó** hablar con ella.	Ihr Bruder ließ mich nicht mit ihr sprechen.
Procure **dejar de** fumar.	Versuchen Sie, mit dem Rauchen aufzuhören.

115 gustar – doler

Me **gustan** mucho mi trabajo y la ciudad.	Meine Arbeit und die Stadt gefallen mir sehr.
¿Te **ha gustado** el viaje?	Hat dir die Reise gefallen?
A mí me **gustaría** ir a Puerto Rico.	Ich würde gerne nach Puerto Rico fahren.
A mí me **parece** que le **gustas**.	Ich glaube, daß du ihm gefällst.
Creo que también yo le **gusto** a ella.	Ich glaube, daß auch ich ihr gefalle.
Me **duele** el estómago.	Ich habe Magenschmerzen.

- **gustar** = (gut) gefallen, mögen, gern haben, schmecken
- **doler** = weh tun
- Ähnlich wie diese Verben werden auch z. B. **parecer, pasar** gebraucht: ¿Qué te parece? Was meinst du dazu? Wie gefällt es dir? ¿Qué le pasa? Was ist mit ihr/ihm/Ihnen los? (S. auch §§ 168–169.)

116 hacer (machen)

Hace calor. Hace frío.	Es ist warm. Es ist kalt.
Hace diez grados bajo cero.	Es sind zehn Grad unter Null.
Hizo un tiempo maravilloso.	Es war wunderschönes Wetter.
Hará mucho calor durante diez días.	Die nächsten zehn Tage wird es sehr heiß werden.

►

Trabajo desde hace un año aquí en Bogotá.	Ich arbeite seit einem Jahr hier in Bogota.
Hace unos días la llamé por teléfono.	Vor einigen Tagen habe ich sie angerufen.
hace un par de días	vor ein paar Tagen
En Sevilla vivía no **hace** muchos años un pintor …	In Sevilla lebte vor nicht langer Zeit ein Maler …
Borges era ciego **desde hacía** 31 años.	Borges war seit 31 Jahren blind.

(Konjugation und weitere Bedeutungen von **hacer**: § 139)

- **Hacer** wird auch folgendermaßen gebraucht:
  für Wendungen im Zusammenhang mit dem Wetter
  hace + Zeitangabe = „vor"; **desde hace** + Zeitraum = „seit"

117 llevar … tiempo (sein; verbracht haben)

¿Cuánto tiempo **llevas** en México? (= ¿Desde cuándo estás en México?)	Wie lange bist du schon in Mexiko?
Llevo ya dos años aquí. (= Estoy desde hace …)	Ich bin schon seit zwei Jahren hier.
Lleva tres días lloviendo.	Es regnet schon seit drei Tagen.
El maestro **lleva** 30 años en esta escuela.	Der Lehrer ist seit 30 Jahren in dieser Schule.

- Um etwas auszudrücken, was in der Vergangenheit anfing und noch andauert, benutzt man oft das Verb **llevar** + Zeitangaben.

118 olvidar, olvidarse de (vergessen)

¿Otra vez **te has olvidado** de las llaves? (= ¿Otra vez **has olvidado** las llaves?)	Hast du schon wieder die Schlüssel vergessen?

119 pedir algo a alguien (jemanden um etwas bitten; bestellen)

He pedido dinero a un amigo.	Ich habe einen Freund um Geld gebeten.
Pidieron los billetes de avión para el domingo.	Sie bestellten die Flugtickets für den Sonntag.
Voy a **pedir** otro cuchillo al camarero.	Ich werde den Kellner um ein anderes Messer bitten.

120 poder (dürfen; können; mögen)

No podremos llegar antes del día 7.	Wir werden vor dem 7. nicht kommen können.
¿**Puedo** marcharme ya?	Darf/kann ich schon gehen?
Puede que tenga razón Merche.	Merche mag recht haben.

- **saber** = können (Fähigkeit): No **sé** ni una palabra de griego. Ich kann kein Wort Griechisch. ¿No **sabe** usted conducir? Können Sie nicht Auto fahren? Mi hija **sabe** nadar muy bien. Meine Tochter kann sehr gut schwimmen.
  (Konjugation von **saber**: s. § 149; Konjugation von **poder**: s. § 145.)

121 querer (wollen; mögen)

¿**Quieres** venir conmigo al teatro?	Willst/Möchtest du mit mir ins Theater gehen?
No **queremos** saber nada de eso.	Wir möchten/wollen nichts davon wissen.
Como usted **quiera**.	Wie/Ganz wie Sie möchten/wollen.

(Konjugation von querer: § 147)

- **Quisiera/Quiero/Deseo:** ich möchte.

122 „sollen“ bei Fragen

¿Dónde **pongo** este cuadro?	Wo soll ich dieses Bild aufhängen/hinstellen?
¿Os **hago** un café?	Soll ich euch einen Kaffee kochen?
¿Te **traigo** algo de España?	Soll ich dir etwas aus Spanien mitbringen?

- Für die deutschen Wendungen „soll ich schreiben ...?“, „sollen wir kaufen ...?“ steht im Spanischen nur «¿Escribo ...?», «¿Compramos ...?»

123 tener ... años/sueño/frío (... Jahre alt sein/müde sein/frieren)

¿Cuántos años **tenéis**?	Wie alt seid ihr?
Yo **tengo** 15 años, mi amigo **tiene** 17.	Ich bin 15 Jahre alt, mein Freund ist 17.
Tengo frío. **Tengo** calor.	Mir ist kalt. Mir ist warm.
¿**Tienes** mucho sueño?	Bist du sehr müde?
Tenemos que trabajar mucho.	Wir müssen viel arbeiten.
¿Hasta cuándo **tienes que** terminar ese trabajo?	Bis wann sollst du diese Arbeit beenden?

(Konjugation und weitere Bedeutungen von **tener**: § 153.)
- **tener** ... años = ... Jahre alt sein
- **tengo** frío/calor = mir ist kalt/warm
- **tener** sueño/cansancio = müde sein
- **tener que** + Infinitiv = müssen (Zwang), sollen (Pflicht)

124 volver a hacer algo (etwas wieder tun)

Volvió a decirlo.	Sie sagte es wieder.
No **volveré a** comprar una cosa así.	So etwas werde ich nie wieder kaufen.
Hoy no **vuelvo a** salir de casa.	Heute gehe ich nicht mehr aus dem Haus.

125 „werden“

convertirse en (allmählich werden)	Benidorm se **ha convertido en** una colmena.	Benidorm ist zu einem Bienenstock geworden.
hacerse (neutrale Bedeutung)	¿Es verdad que tu hermano **se ha hecho** médico?	Stimmt es, daß dein Bruder Arzt geworden ist?
llegar a ser (zum Schluß werden)	**Llegará a ser** profesor, estoy seguro.	Er wird einmal Professor werden, dessen bin ich sicher.
ponerse (vorübergehend werden)	Se lo dije y ella **se puso** muy triste.	Ich sagte es ihr, und sie wurde sehr traurig.
quedarse (endgültig werden)	Borges **se quedó** ciego.	Borges wurde blind.
volverse (plötzlich werden)	Yo creo que **se ha vuelto** loco, ¿qué piensas tú?	Ich glaube, er ist verrückt geworden, was meinst du?

126 Frases secundarias en infinitivo (Verkürzte Nebensätze im Infinitiv)

A	Muchos hombres, **al llegar** a casa, están acostumbrados a no hacer nada.	Viele Männer sind daran gewöhnt, nichts zu tun, wenn sie nach Hause kommen.
B	Tome tres pastillas **antes de acostarse**.	Nehmen Sie vor dem Schlafengehen drei Tabletten.
	Después de mirar y remirar durante un buen rato ...	Nachdem er ... wieder und wieder betrachtet hatte ...
	Tenochtitlán creció **hasta unirse** con Tlaltelolco.	Tenochtitlan breitete sich aus, bis es mit Tlaltelolco zusammenwuchs.
C	Eso te ocurre **por tomar** bebidas tan frías.	Das kommt daher, daß du so kalte Sachen trinkst.
D	**De haber estado** en casa habría ido con vosotros.	Wenn ich zu Hause gewesen wäre, wäre ich mit euch gegangen.
E	**Con decirle** que necesitas dinero no vas a conseguir nada.	Auch wenn du ihm sagst, daß du Geld brauchst, wirst du nichts erreichen.
F	**Al entrar Antonio** en la oficina ...	Als Antonio ins Büro trat ...
	De haber estado tú en casa ...	Wenn du zu Hause gewesen wärest ...

A **al** + Infinitiv = **cuando llegan** ... *(temporale Bedeutung)*
B **antes de, después de, hasta** + Infinitiv = **antes que se acueste, después que miró, hasta que se unió ...** *(temporale Bedeutung)*
C **por** + Infinitiv = **porque has tomado ...** *(kausale Bedeutung)*
D **de** + Infinitiv = **si hubiera estado ...** *(konditionale Bedeutung)*
E **con** + Infinitiv = **aunque le digas ...** *(konzessive Bedeutung)*
F Infinitivsätze können im Spanischen ein eigenes – nachgestelltes – Subjekt haben.

Verbos irregulares (Liste der unregelmäßigen Verben) §§ 127 – 157

Die hier nicht aufgeführten Verbzeiten sind regelmäßig.
Bei den Verben **abrir** öffnen, **cubrir** (zu)decken, **descubrir** entdecken, **escribir** schreiben, **romper** kaputtmachen ist nur das Partizip Perfekt unregelmäßig: **abierto, cubierto, descubierto, escrito, roto.**

127 agradecer* (danken)

Presente ind.	*Presente subj.*	*Indefinido*	*Imperfecto ind.*	*Participio*	*Imperativo*	*Gerundio*
agradezco	**agradezca**	agradecí	agradecía	agradecido	agradece	agradeciendo
agradeces	**agradezcas**	agradeciste	agradecías		no **agradezcas**	
agradece	**agradezca**	agradeció	agradecía		agradeced	
agradecemos	**agradezcamos**	*usw.*	*usw.*		no **agradezcáis**	
agradecéis	**agradezcáis**				(no) **agradezca**	
agradecen	**agradezcan**				(no) **agradezcan**	

* so auch **aparecer** erscheinen, **crecer** wachsen, **desaparecer** verschwinden, **parecer** scheinen (**nacer**: nazco, nazca ... geboren werden) und andere Verben mit der Endung **-ecer** (s. auch § 110).

128 andar (gehen)

Presente ind.	*Presente subj.*	*Indefinido*	*Imperfecto ind.*	*Participio*	*Imperativo*	*Gerundio*
ando	ande	**anduve**	andaba	andado	anda } *(tú)*	andando
andas	andes	**anduviste**	andabas		no andes } *(tú)*	
anda	ande	**anduvo**	andaba		andad } *(vosotros)*	
usw.	*usw.*	**anduvimos**	*usw.*		no andéis } *(vosotros)*	
		anduvisteis			(no) ande *(usted)*	
		anduvieron			(no) anden *(ustedes)*	

Konjunktiv Imperfekt: **anduviera/anduviese, anduvieras/anduvieses** *usw.*
andar con cuidado aufpassen

129 caer, caerse (fallen)

Presente ind.	*Presente subj.*	*Indefinido*	*Imperfecto ind.*	*Participio*	*Imperativo*	*Gerundio*
(me) caigo	caiga	caí	caía	caído	cae	**cayendo**
(te) caes	caigas	caíste	caías		no **caigas**	
(se) cae	caiga	**cayó**	caía		caed	
(nos) caemos	*usw.*	caímos	*usw.*		(no) **caigáis**	
(os) caéis		caísteis			(no) **caiga**	
(se) caen		**cayeron**			(no) **caigan**	

Konjunktiv Imperfekt: **cayera/cayese, cayeras/cayeses** *usw.*
caer enfermo krank werden – **caerse** dormido (vor Müdigkeit) einschlafen
Se me **cayó** el vaso. Ich habe das Glas fallen lassen.

130 coger* (nehmen, greifen)

Presente ind.	*Presente subj.*	*Indefinido*	*Imperfecto ind.*	*Participio*	*Imperativo*	*Gerundio*
cojo	**coja**	cogí	cogía	cogido	coge	cogiendo
coges	**cojas**	cogiste	cogías		no **cojas**	
coge	**coja**	cogió	cogía		coged	
cogemos	**cojamos**	*usw.*	*usw.*		no **cojáis**	
cogéis	**cojáis**				(no) **coja**	
cogen	**cojan**				(no) **cojan**	

* so auch **recoger** aufnehmen, abholen
(Orthographische Veränderungen: s. § 216.)

131 conducir* (führen, fahren)

Presente ind.	*Presente subj.*	*Indefinido*	*Imperfecto ind.*	*Participio*	*Imperativo*	*Gerundio*
conduzco	**conduzca**	**conduje**	conducía	conducido	conduce	conduciendo
conduces	**conduzcas**	**condujiste**	conducías		no **conduzcas**	
conduce	**conduzca**	**condujo**	conducía		conducid	
conducimos	**conduzcamos**	**condujimos**	*usw.*		no **conduzcáis**	
conducís	**conduzcáis**	**condujisteis**			(no) **conduzca**	
conducen	**conduzcan**	**condujeron**			(no) **conduzcan**	

Konjunktiv Imperfekt: **condujera/condujese, condujeras/condujeses** *usw.*
* so auch **producir** herstellen, **reducir** verringern, reduzieren, **traducir** übersetzen und andere Verben mit der Endung **-ucir**.

132 conocer* (kennen, kennenlernen)

Presente ind.	*Presente subj.*	*Indefinido*	*Imperfecto ind.*	*Participio*	*Imperativo*	*Gerundio*
conozco	**conozca**	conocí	conocía	conocido	conoce	conociendo
conoces	**conozcas**	conociste	conocías		no **conozcas**	
conoce	**conozca**	conoció	conocía		conoced	
conocemos	**conozcamos**	*usw.*	*usw.*		no **conozcáis**	
conocéis	**conozcáis**				(no) **conozca**	
conocen	**conozcan**				(no) **conozcan**	

* so auch **reconocer** (an)erkennen und andere Verben mit der Endung **-ocer.**
Hace unos meses **conocí** a una chica en una fiesta. Vor ein paar Monaten lernte ich auf einer Party ein Mädchen kennen. – ¿**Conoces** a la novia de Fernando? Kennst du Fernandos Freundin? – Claro que la **conozco.** Natürlich kenne ich sie. – Hay mucho que **conocer.** Es gibt viel kennenzulernen.

133 construir* (bauen)

Presente ind.	*Presente subj.*	*Indefinido*	*Imperfecto ind.*	*Participio*	*Imperativo*	*Gerundio*
construyo	**construya**	construí	construía	construido	**construye**	**construyendo**
construyes	**construyas**	construiste	construías		no **construyas**	
construye	**construya**	**construyó**	construía		construid	
construimos	**construyamos**	construimos	*usw.*		no **construyáis**	
construís	**construyáis**	construisteis			(no) **construya**	
construyen	**construyan**	**construyeron**			(no) **construyan**	

* so auch **constituir** bilden, ausmachen, **huir** flüchten, **influir** beeinflussen und andere Verben mit der Endung **-uir.**
(Orthographische Veränderungen: s. § 216.)

134 dar (geben)

Presente ind.	*Presente subj.*	*Indefinido*	*Imperfecto ind.*	*Participio*	*Imperativo*	*Gerundio*
doy	**dé**	**di**	daba	dado	da	dando
das	des	**diste**	dabas		no des	
da	**dé**	**dio**	daba		dad	
damos	demos	**dimos**	*usw.*		no deis	
dais	deis	**disteis**			(no) **dé**	
dan	den	**dieron**			(no) den	

Konjunktiv Imperfekt: **diera/diese, dieras/dieses** *usw.*
dar clase unterrichten – ¿**Damos** una vuelta/un paseo? Machen wir eine Runde/einen Spaziergang? – **Da** igual. Es ist gleich. – **Déme** dos entradas, por favor. Geben Sie mir bitte zwei Eintrittskarten. – ¿Qué impresión te **da**? Was für einen Eindruck hast du?

135 decir (sagen)

Presente ind.	*Presente subj.*	*Indefinido*	*Imperfecto ind.*	*Participio*	*Imperativo*	*Gerundio*
digo	**diga**	**dije**	decía	**dicho**	**di**	**diciendo**
dices	**digas**	**dijiste**	decías		no **digas**	
dice	**diga**	**dijo**	decía		decid	
decimos	**digamos**	**dijimos**	*usw.*		no **digáis**	
decís	**digáis**	**dijisteis**			(no) **diga**	
dicen	**digan**	**dijeron**			(no) **digan**	

Futur: **diré, dirás** *usw.*
Konditional: **diría, dirías** *usw.*
Konjunktiv Imperfekt: **dijera/dijese, dijeras/dijeses** *usw.*
¿Cómo **dice(s)**? Wie bitte? – ¿Te **dice** algo ese cuadro? Sagt dir dieses Bild etwas? – Me **ha dicho** que se alegra mucho. Sie hat mir gesagt, sie freue sich sehr. – **¡Dígame!** Hallo! (am Telefon) – **¡Diga!** Ja, bitte?

136 dormir, dormirse* (schlafen, einschlafen)

Presente ind.	*Presente subj.*	*Indefinido*	*Imperfecto ind.*	*Participio*	*Imperativo*	*Gerundio*
(me) **duermo**	**duerma**	dormí	dormía	dormido	**duerme**	**durmiendo**
(te) **duermes**	**duermas**	dormiste	dormías		no **duermas**	
(se) **duerme**	**duerma**	**durmió**	dormía		dormid	
(nos) dormimos	**durmamos**	dormimos	*usw.*		no **durmáis**	
(os) dormís	**durmáis**	dormisteis			(no) **duerma**	
(se) **duermen**	**duerman**	**durmieron**			(no) **duerman**	

Konjunktiv Imperfekt: **durmiera/durmiese, durmieras/durmieses** *usw.*
* so auch **morir(se)** sterben (außer dem Partizip Perfekt: **muerto**).
Siehe auch §§ 38, 56, 87.

137 estar (sein, sich befinden, liegen)

Presente ind.	*Presente subj.*	*Indefinido*	*Imperfecto ind.*	*Participio*	*Imperativo*	*Gerundio*
estoy	**esté**	**estuve**	estaba	estado	**está**	estando
estás	**estés**	**estuviste**	estabas		no **estés**	
está	**esté**	**estuvo**	estaba		estad	
estamos	estemos	**estuvimos**	*usw.*		no **estéis**	
estáis	estéis	**estuvisteis**			(no) **esté**	
están	**estén**	**estuvieron**			(no) **estén**	

Konjunktiv Imperfekt: **estuviera/estuviese, estuvieras/estuvieses** *usw.*
¿**Estás** bien? ¿Ya **estás** en casa? Geht es dir gut? Bist du schon zu Hause? – ¿Cómo **está** usted? Wie geht es Ihnen? – **Está** casada. Sie ist verheiratet. – Claro que **está** cansado. Natürlich ist er müde. ¿A cuántos **estamos**? Den wievielten haben wir heute? – **Está** a 10 kms. de aquí. Es liegt 10 km von hier entfernt.
Siehe auch §§ 24B, 86, 105–108.

138 haber (haben – nur Hilfsverb)

Presente ind.	*Presente subj.*	*Indefinido*	*Imperfecto ind.*	*Participio*	*Imperativo*	*Gerundio*
he	**haya**	**hube**	había	habido		habiendo
has	**hayas**	**hubiste**	habías			
ha	**haya**	**hubo**	había			
hemos	**hayamos**	**hubimos**	*usw.*			
habéis	**hayáis**	**hubisteis**				
han	**hayan**	**hubieron**				

Futur: **habré, habrás** *usw.*
Konditional: **habría, habrías** *usw.*
Konjunktiv Imperfekt: **hubiera/hubiese, hubieras/hubieses** *usw.*
Haber de müssen wird fast ausschließlich in literarischen Texten verwendet: **Ha de** encerrarse en su hogar. Er muß sich zu Hause einschließen. – **He de** hacer frente a un proceso de divorcio. Ich muß mich dem Scheidungsprozeß stellen.
Siehe auch §§ 41–43, 46–48, 69–71, 74–79, 83–85. **Hay, hay que:** § 140.

139 hacer (machen)

Presente ind.	*Presente subj.*	*Indefinido*	*Imperfecto ind.*	*Participio*	*Imperativo*	*Gerundio*
hago	**haga**	**hice**	hacía	**hecho**	**haz**	haciendo
haces	**hagas**	**hiciste**	hacías		no **hagas**	
hace	**haga**	**hizo**	hacía		haced	
hacemos	**hagamos**	**hicimos**	*usw.*		no **hagáis**	
hacéis	**hagáis**	**hicisteis**			(no) **haga**	
hacen	**hagan**	**hicieron**			(no) **hagan**	

Futur: **haré, harás, hará** *usw.*
Konditional: **haría, harías, haría** *usw.*
Konjunktiv Imperfekt: **hiciera/hiciese, hicieras/hicieses** *usw.*
hacer amistad con Freundschaft schließen mit – **hacer** cola Schlange stehen – **hacer** escala zwischenlanden – **hacer** el nido das Nest bauen – **hacer** punto stricken
Hace de librero. Er arbeitet (jetzt) als Buchhändler. – **Hacen** falta libros nuevos. Man braucht neue Bücher. – **Haga** el favor de ... Tun Sie mir den Gefallen und ... – Me **hace** mucha ilusión. Ich freue mich sehr darauf. – No sé qué **hacer.** Ich weiß nicht, was ich tun soll.
Siehe auch § 116.

140 hay (es gibt)

Presente ind.	*Presente subj.*	*Indefinido*	*Imperfecto ind.*	*Participio*	*Imperativo*	*Gerundio*
hay	**haya**	**hubo**	había	habido		habiendo

Futur: **habrá.** Konditional: **habría.** Konjunktiv Imperfekt: **hubiera/hubiese.**
Diese unpersönliche Form von haber wird nicht konjugiert, trotzdem wird sie in allen Zeiten verwendet: ¿Qué **hay** para cenar? Was gibt es zum Abendessen? – Aquí **hay** siempre mucha gente. Hier sind immer viele Menschen. – No **hay** de qué. Keine Ursache. – **Habrá** muchos problemas. Es wird viele Probleme geben. – Ayer **hubo** una huelga. Gestern gab es einen Streik. – Si **hubiera** un zoológico ... Wenn es einen Zoo gäbe ... – Cuando **haya** paz. Wenn es Frieden gibt.
hay que = man muß: **Hay que** esperar. Man muß warten. – **Hay que** trabajar mucho. Man muß viel arbeiten. – **Hay que** cambiar de tren. Man muß umsteigen.

141 ir (gehen, reisen, fahren) – irse (weggehen)

Presente ind.	*Presente subj.*	*Indefinido*	*Imperfecto ind.*	*Participio*	*Imperativo*	*Gerundio*
voy	**vaya**	**fui**	**iba**	ido	**ve**	**yendo**
vas	**vayas**	**fuiste**	**ibas**		no **vayas**	
va	**vaya**	**fue**	**iba**		id	
vamos	**vayamos**	**fuimos**	**íbamos**		no **vayáis**	
vais	**vayáis**	**fuisteis**	**ibais**		(no) **vaya**	
van	**vayan**	**fueron**	**iban**		(no) **vayan**	

Konjunktiv Imperfekt: **fuera/fuese, fueras/fueses** *usw.*
ir en autobús/bicicleta/coche/moto/metro/tranvía mit dem Bus/Fahrrad/Auto/Motorrad/der U-Bahn/der Straßenbahn fahren – **ir en** avión fliegen – **ir a** pie zu Fuß gehen
Voy a casa. Ich gehe nach Hause. – **Voy** a casa de los Sánchez. Ich gehe zu den Sánchez. – ¿Cómo **vas**? Wie fährst du (hin)? – María compra el periódico antes de **ir** a casa. Maria kauft die Zeitung, bevor sie nach Hause geht. – **¡Vamos!** Laßt uns gehen! – (No,) qué **va.** Ach, was! – Si todo **va** bien. Wenn alles gut geht.
Tengo que **irme.** Ich muß weg(gehen). – ¿Cuándo **os vais**? Wann geht/fahrt ihr weg?
Siehe auch § 73.

142 jugar (spielen)

Presente ind.	*Presente subj.*	*Indefinido*	*Imperfecto ind.*	*Participio*	*Imperativo*	*Gerundio*
juego	**juegue**	**jugué**	jugaba	jugado	**juega**	jugando
juegas	**juegues**	jugaste	jugabas		no **juegues**	
juega	**juegue**	jugó	jugaba		jugad	
jugamos	**juguemos**	jugamos	*usw.*		no **juguéis**	
jugáis	**juguéis**	jugasteis			(no) **juegue**	
juegan	**jueguen**	jugaron			(no) **jueguen**	

jugar al fútbol/a las damas Fußball/Dame spielen. (Aber: ein Instrument spielen **tocar** un instrumento.)
Siehe auch § 39.

143 morir(se)* (sterben)

Presente ind.	*Presente subj.*	*Indefinido*	*Imperfecto ind.*	*Participio*	*Imperativo*	*Gerundio*
(me) **muero**	**muera**	morí	moría	**muerto**	**muere**	**muriendo**
(te) **mueres**	**mueras**	moriste	morías		no **mueras**	
(se) **muere**	**muera**	**murió**	moría		morid	
(nos) morimos	**muramos**	morimos	*usw.*		no **muráis**	
(os) morís	**muráis**	moristeis			(no) **muera**	
(se) **mueren**	**mueran**	**murieron**			(no) **mueran**	

Konjunktiv Imperfekt: **muriera/muriese, muriesas/murieses** *usw.*
* so auch **dormir(se)** einschlafen. (Siehe auch §§ 38, 56.)

144 oír (hören)

Presente ind.	*Presente subj.*	*Indefinido*	*Imperfecto ind.*	*Participio*	*Imperativo*	*Gerundio*
oigo	**oiga**	oí	oía	oído	**oye**	**oyendo**
oyes	**oigas**	oíste	oías		no **oigas**	
oye	**oiga**	**oyó**	oía		oíd	
oímos	**oigamos**	oímos	*usw.*		no **oigáis**	
oís	**oigáis**	oísteis			(no) **oiga**	
oyen	**oigan**	**oyeron**			(no) **oigan**	

¡Oye! Hör mal! Hör zu! Hallo! (zu Freunden) – **¡Oiga!** Hallo! (zu Personen, die man nicht duzt) Hören Sie (zu)!
Orthographische Veränderungen: s. § 216.

145 poder (können, dürfen)

Presente ind.	*Presente subj.*	*Indefinido*	*Imperfecto ind.*	*Participio*	*Imperativo*	*Gerundio*
puedo	**pueda**	**pude**	podía	podido		**pudiendo**
puedes	**puedas**	**pudiste**	podías			
puede	**pueda**	**pudo**	podía			
podemos	podamos	**pudimos**	*usw.*			
podéis	podáis	**pudisteis**				
pueden	**puedan**	**pudieron**				

Futur: **podré, podrás** *usw.*
Konditional: **podría, podrías** *usw.*
Konjunktiv Imperfekt: **pudiera/pudiese, pudieras/pudieses** *usw.*
¿En qué **puedo** servirle? Was kann ich für Sie tun? – Me **puede** llamar a mi despacho. Sie können mich in meinem Büro anrufen. – Estoy contento de **haber podido** ayudarte. Ich bin froh, daß ich dir habe helfen können.
Siehe auch §§ 36, 56, 60.

146 poner* (stellen, legen, setzen)

Presente ind.	*Presente subj.*	*Indefinido*	*Imperfecto ind.*	*Participio*	*Imperativo*	*Gerundio*
pongo	**ponga**	**puse**	ponía	**puesto**	**pon**	poniendo
pones	**pongas**	**pusiste**	ponías		no **pongas**	
pone	**ponga**	**puso**	ponía		poned	
ponemos	**pongamos**	**pusimos**	*usw.*		no **pongáis**	
ponéis	**pongáis**	**pusisteis**			(no) **ponga**	
ponen	**pongan**	**pusieron**			(no) **pongan**	

* so auch **proponer** vorschlagen, **suponer** vermuten.
Futur: **pondré, pondrás** *usw.*
Konditional: **pondría, pondrías** *usw.*
Konjunktiv Imperfekt: **pusiera/pusiese, pusieras/pusieses** *usw.*
poner la mesa den Tisch decken – **poner** orden aufräumen – **poner** un hotel ein Hotel aufmachen – **poner** una multa einen Strafzettel geben – **ponerse** triste traurig werden – **ponerse** a trabajar anfangen zu arbeiten
Aquí **pone** que ... Hier steht, daß ... – Colón **puso** su pie en Puerto Rico en 1493. Kolumbus setzte seinen Fuß 1493 auf Puerto Rico. – ¿Dónde **pongo** este cuadro? Wo soll ich dieses Bild aufhängen/hinstellen? – España **se ha puesto** a la cabeza de Europa. Spanien hat sich an die Spitze Europas gestellt. – Me **ha puesto** usted años de más. Sie haben mich älter gemacht als ich bin. – No **te pongas** así, hombre. Sei nicht so, Mensch! – Paco **se ha puesto** muy guapo. Paco ist sehr hübsch geworden. – **Ponen** una película de Almodóvar. Es läuft ein Film von Almodóvar. – **Póngame** un kilo, por favor. Geben Sie mir bitte ein Kilo.

147 querer (wollen, wünschen, lieben)

Presente ind.	*Presente subj.*	*Indefinido*	*Imperfecto ind.*	*Participio*	*Imperativo*	*Gerundio*
quiero	**quiera**	**quise**	quería	querido	**quiere**	queriendo
quieres	**quieras**	**quisiste**	querías		no **quieras**	
quiere	**quiera**	**quiso**	quería		quered	
queremos	queramos	**quisimos**	*usw.*		no **queráis**	
queréis	queráis	**quisisteis**			(no) **quiera**	
quieren	**quieran**	**quisieron**			(no) **quieran**	

Futur: **querré, querrás** *usw.*
Konditional: **querría, querrías** *usw.*
Konjunktiv Imperfekt: **quisiera/quisiese, quisieras/quisieses** *usw.*
quererse einander lieben – **quisiera** ich möchte
¿**Quiere** una sandía? Möchten Sie eine Wassermelone? – **Quiero** una que esté madura. Ich möchte, daß sie reif ist. (Sie soll ...) – **Queridos** padres! Liebe Eltern! – **Queridos** Diana y Gerardo: Liebe Diana, lieber Gerardo!
Siehe auch §§ 34, 121.

148 reír(se)* (lachen)

Presente ind.	*Presente subj.*	*Indefinido*	*Imperfecto ind.*	*Participio*	*Imperativo*	*Gerundio*
(me) **río**	**ría**	reí	reía	reído	**ríe**(te)	**riendo**
(te) **ríes**	**rías**	reíste	reías		no (te) **rías**	
(se) **ríe**	**ría**	**rió**	reía		reíd	
(nos) reímos	**riamos**	reímos	*usw.*		no (os) riáis	
(os) reís	**riáis**	reísteis			(no se) **ría**	
(se) **ríen**	**rían**	**rieron**			(no se) **rían**	

Konjuktiv Imperfekt: **riera/riese, rieras/rieses** *usw.*
* so auch **sonreír(se)** lächeln.

149 saber (wissen; können)

Presente ind.	*Presente subj.*	*Indefinido*	*Imperfecto ind.*	*Participio*	*Imperativo*	*Gerundio*
sé	**sepa**	**supe**	sabía	sabido	sabe	sabiendo
sabes	**sepas**	**supiste**	sabías		no **sepas**	
sabe	**sepa**	**supo**	sabía		sabed	
sabemos	**sepamos**	**supimos**	*usw.*		no **sepáis**	
sabéis	**sepáis**	**supisteis**			(no) **sepa**	
saben	**sepan**	**supieron**			(no) **sepan**	

Futur: **sabré, sabrás** *usw.*
Konditional: **sabría, sabrías** *usw.*
Konjunktiv Imperfekt: **supiera/supiese, supieras/supieses** *usw.*
saber cocinar/nadar kochen/schwimmen können – (**saber** hat im Spanischen auch die Bedeutung „schmecken“)
Lo **sabrás** mañana. Morgen wirst du es erfahren. – No lo **sabía**, pero lo **supe** ayer. Ich wußte es nicht, aber gestern habe ich es erfahren. – No (lo) **sé**. Ich weiß (es) nicht. – Yo qué **sé**. Was weiß ich! Keine Ahnung.
Siehe auch § 120.

150 salir (gehen, ausgehen; abfahren)

Presente ind.	*Presente subj.*	*Indefinido*	*Imperfecto ind.*	*Participio*	*Imperativo*	*Gerundio*
salgo	**salga**	salí	salía	salido	**sal**	saliendo
sales	**salgas**	saliste	salías		no **salgas**	
sale	**salga**	salió	salía		salid	
salimos	**salgamos**	*usw.*	*usw.*		no **salgaís**	
salís	**salgáis**				(no) **salga**	
salen	**salgan**				(no) **salgan**	

Futur: **saldré, saldrás** *usw.*
Konditional: **saldría, saldrías** *usw.*
salir barato preiswert sein
Salgo de casa temprano. Ich gehe früh aus dem Haus. – El conductor **sale** del coche. Der Fahrer steigt (aus dem Auto) aus. – El tren **sale** a las cinco. Der Zug fährt um 5 Uhr ab.

151 seguir* (folgen; fortsetzen; weiterfahren)

Presente ind.	*Presente subj.*	*Indefinido*	*Imperfecto ind.*	*Participio*	*Imperativo*	*Gerundio*
sigo	**siga**	**seguí**	seguía	seguido	**sigue**	**siguiendo**
sigues	**sigas**	**seguiste**	seguías		no **sigas**	
sigue	**siga**	**siguió**	seguía		seguid	
seguimos	**sigamos**	**seguimos**	*usw.*		no **sigáis**	
seguís	**sigáis**	**seguisteis**			(no) **siga**	
siguen	**sigan**	**siguieron**			(no) **sigan**	

* so auch **conseguir** erreichen **perseguir** verfolgen
seguir + Gerundium: s. § 88 B.

152 ser (sein)

Presente ind.	*Presente subj.*	*Indefinido*	*Imperfecto ind.*	*Participio*	*Imperativo*	*Gerundio*
soy	**sea**	**fui**	**era**	sido	**sé**	siendo
eres	**seas**	**fuiste**	**eras**		no **seas**	
es	**sea**	**fue**	**era**		sed	
somos	**seamos**	**fuimos**	**éramos**		no **seáis**	
sois	**seáis**	**fuisteis**	**erais**		(no) **sea**	
son	**sean**	**fueron**	**eran**		(no) **sean**	

Konjunktiv Imperfekt: **fuera/fuese, fueras/fueses** *usw.*
¿Cuánto **es**? Wieviel macht das (bitte)? – **Son** 1000 pesetas. (Es sind) 1000 Peseten. – **Soy** yo. Ich bin es.
Siehe auch §§ 23, 56, 60.

153 tener* (haben, besitzen)

Presente ind.	*Presente subj.*	*Indefinido*	*Imperfecto ind.*	*Participio*	*Imperativo*	*Gerundio*
tengo	**tenga**	**tuve**	tenía	tenido	**ten**	teniendo
tienes	**tengas**	**tuviste**	tenías		no **tengas**	
tiene	**tenga**	**tuvo**	tenía		tened	
tenemos	**tengamos**	**tuvimos**	*usw.*		no **tengáis**	
tenéis	**tengáis**	**tuvisteis**			**(no) tenga**	
tienen	**tengan**	**tuvieron**			(no) **tengan**	

Futur: **tendré, tendrás** *usw.*
Konditional: **tendría, tendrías** *usw.*
Konjunktiv Imperfekt: **tuviera/tuviese, tuvieras/tuvieses** *usw.*
* so auch **contener** enthalten **detener** (fest)halten
tener cariño a alguien jdn liebhaben – **tener** cuidado aufpassen – **tener** ganas de … Lust haben zu … – **tener** lugar stattfinden – **tener** mala pata Pech haben – **tener** prisa es eilig haben – **tener** razón recht haben
No **tiene** nada que hacer. Er hat nichts zu tun. – No **tuvo** más remedio que … Er hatte keine andere Lösung als … – Vamos a **tener** un bonito día. Wir werden einen schönen Tag haben.

154 traer* (hervorbringen)

Presente ind.	*Presente subj.*	*Indefinido*	*Imperfecto ind.*	*Participio*	*Imperativo*	*Gerundio*
traigo	**traiga**	**traje**	traía	traído	trae	**trayendo**
traes	**traigas**	**trajiste**	traías		no **traigas**	
trae	**traiga**	**trajo**	traía		traed	
traemos	**traigamos**	**trajimos**	*usw.*		no **traigáis**	
traéis	**traigáis**	**trajisteis**			(no) **traiga**	
traen	**traigan**	**trajeron**			(no) **traigan**	

Konjunktiv Imperfekt: **trajera/trajese, trajeras/trajeses** *usw.*

* so auch **atraer** anziehen, **distraer** unterhalten, zerstreuen

¿Qué **trae**? Was bringen Sie? – **Traigo** ropa para lavar. Ich bringe Wäsche zum Waschen. – ¡**Tráigame** una cerveza, por favor! Bringen Sie mir bitte ein Bier!

155 venir (herkommen)

Presente ind.	*Presente subj.*	*Indefinido*	*Imperfecto ind.*	*Participio*	*Imperativo*	*Gerundio*
vengo	**venga**	**vine**	venía	venido	**ven**	**viniendo**
vienes	**vengas**	**viniste**	venías		no **vengas**	
viene	**venga**	**vino**	venía		venid	
venimos	**vengamos**	**vinimos**	*usw.*		no **vengáis**	
venís	**vengáis**	**vinisteis**			(no) **venga**	
vienen	**vengan**	**vinieron**			(no) **vengan**	

Futur: **vendré, vendrás** *usw.*
Konditional: **vendría, vendrías** *usw.*
Konjunktiv Imperfekt: **viniera/viniese, vinieras/vinieses** *usw.*
la semana que **viene** nächste Woche
¡**Venga!** Kommen Sie! Auf, los! – **Vengo** de allí precisamente. Ich komme gerade von dort. – ¿**Vienes** a casa un día? Kommst du uns mal besuchen?

156 ver (sehen)

Presente ind.	*Presente subj.*	*Indefinido*	*Imperfecto ind.*	*Participio*	*Imperativo*	*Gerundio*
veo	**vea**	vi	**veía**	**visto**	ve	viendo
ves	**veas**	viste	**veías**		no **veas**	
ve	**vea**	vio	**veía**		ved	
vemos	**veamos**	vimos	**veíamos**		no **veáis**	
veis	**veáis**	visteis	**veíais**		(no) **vea**	
ven	**vean**	vieron	**veían**		(no) **vean**	

verse sich treffen: Nos **vemos** mañana. Wir treffen/sehen uns morgen.
A **ver** si ... Mal sehen, ob ... – Fuimos a **ver** a mi profesor. Wir gingen meinen Lehrer besuchen. – Yo mismo lo **he visto.** Ich selbst habe es gesehen.

157 volver* (zurückkommen, wiederkommen)

Presente ind.	*Presente subj.*	*Indefinido*	*Imperfecto ind.*	*Participio*	*Imperativo*	*Gerundio*
vuelvo	**vuelva**	volví	volvía	**vuelto**	**vuelve**	volviendo
vuelves	**vuelvas**	volviste	volvías		no **vuelvas**	
vuelve	**vuelva**	volvió	volvía		volved	
volvemos	volvamos	volvimos	*usw.*		no volváis	
volvéis	volváis	volvisteis			(no) **vuelva**	
vuelven	**vuelvan**	volvieron			(no) **vuelvan**	

* so auch **devolver** zurückgeben
volver a + Infinitiv: s. § 124.
volverse atrás einen Rückzieher machen
Mario **volvió** ayer de Inglaterra. Mario kam gestern aus England zurück. – **Vuelvo** enseguida. Ich komme gleich zurück.

La negación (Verneinung) §§ 158 – 162

158 no (nein, nicht)

Pepe **no** está en casa.	Pepe ist nicht zu Hause.
No hemos comprado el coche.	Wir haben das Auto nicht gekauft.
No compre esa revista.	Kaufen Sie diese Zeitschrift nicht.

- **No** steht immer vor dem Verb (auch vor dem Hilfsverb oder vor dem Imperativ).
- Einige häufige Wendungen mit **no**:
  ¡Cómo **no**! Selbstverständlich. – Creo que **no**. Ich glaube nicht. – Desde luego que **no**. Mit Sicherheit nicht. – Eso sí que **no**. Das auf gar keinen Fall. – ¡**No** faltaba más! Aber natürlich! – **No** hombre, no. Ach, was!
- **no … hasta** = „erst“: **No** se casan **hasta** la semana que viene. Sie heiraten erst nächste Woche.

159 nada; nadie; nunca; ninguno, ninguna, ningún (nichts; niemand, niemals; kein, -e, -er)

No es **nada** grave.	Es ist nichts Schlimmes.
– ¿**No** quiere **nada** más? – **Nada** más, gracias.	– Wäre das alles? – Ja, das ist alles.
¡**Nada** de eso, qué va!	Ach was, nichts dergleichen!
Creo que **no** hay **nadie** en casa.	Ich glaube, es ist niemand zu Hause.
Cantaba mejor que **nadie**.	Er sang besser als jeder andere.
Aquí **no** pone **ningún** nombre.	Hier steht kein Name.
No tienen **ningunas** ganas de marcharse.	Sie haben nicht die geringste Lust wegzugehen.
Nadie sabía **nada** de **ningún** descubrimiento.	Kein Mensch wußte etwas von irgendeiner Entdeckung.
Él **no** dice **nunca nada**.	Er sagt nie etwas.

- **Nada** steht fast immer hinter dem Verb.
- **Nadie, nunca, ninguno** können vor oder hinter dem Verb stehen.
- Steht eine dieser Verneinungen hinter dem Verb, so muß die zusätzliche Negation **no** vor dem Verb stehen (s. auch §§ 178–180).
- Zwei oder mehrere Verneinungen sind im Spanischen möglich.
- Einige häufige Wendungen mit **nada**: De **nada**. Keine Ursache. – nada de nada gar nichts – ¡**Nada** de tarjetas de crédito! Kreditkarten kommen nicht in Frage! – **Nada** especial. Nichts Besonderes. – **Nada** más regresar … Kaum war/ist er zurückgenommen … – **nada** del otro mundo nichts Überwältigendes – sin decir **nada** ohne etwas/ein Wort zu sagen.

160 no … ni, ni … ni (weder … noch)

No sé **ni** una palabra de griego.	Ich kann kein Wort Griechisch.
«**Ni** coches **ni** televisión» – pensé entusiasmado.	„Weder Autos noch Fernsehen“ dachte ich (ganz) begeistert.

161 «No me lo diga.»

No me lo diga.	Sagen Sie es mir nicht.
No me acuerdo del nombre.	Ich erinnere mich nicht an den Namen.
Un plato roto **no** lo compra nadie.	Einen zerbrochenen Teller kauft kein Mensch.
No, ese libro **no** te lo puedo prestar.	Nein, dieses Buch kann ich dir nicht leihen.
La vida aquí es dura, pero **no** la cambiaría por ninguna otra.	Das Leben hier ist hart, aber ich würde es gegen kein anderes tauschen.

- **No** steht im Satz immer vor dem Personal- oder Reflexivpronomen (s. auch §§ 166, 169, 171).

162 «Si es muy tarde.»

¡Si hay muy poca gente!	Es sind aber wenige Leute da!
Si ya es la una y pico …	Es ist aber schon nach eins …
Si ayer llegó a casa muy tarde.	Er ist gestern ja auch sehr spät nach Hause gekommen.
¡Si ha llegado en dos paquetes!	Es ist aber in zwei Paketen angekommen.

- Sätze, in denen der Sprecher einen Widerspruch äußert, die aber keine Negation beinhalten, können im Spanischen mit dem Wort *«si»* eingeleitet werden.
- „doch“ nach einer verneinten Frage = *«sí»*: ¿No tienes ganas? – Sí. Hast du keine Lust? – Doch.

El pronombre (Pronomen) §§ 163 – 195

El pronombre personal §§ 163 – 171

163 Als Subjekt

Sing.	1	**yo**	ich
	2	**tú**	du
	3	**él**	er
		ella	sie
		usted	Sie
Plural	1	**nosotros**	wir
		nosotras	
	2	**vosotros**	ihr
		vosotras	
	3	**ellos**	sie
		ellas	
		ustedes	Sie

164 Nach einer Präposition

Sing.	1	a **mí**	mich, mir
	2	**ti**	dich, dir
	3	**él**	ihn, ihm
		ella	sie, ihr
		usted	Sie, Ihnen
Plural	1	**nosotros**	uns
		nosotras	
	2	**vosotros**	euch
		vosotras	
	3	**ellos**	ihnen, sie
		ellas	
		ustedes	Ihnen, Sie

▶

- Die Formen «yo», «tú» … (§ 163) werden als Subjekt gebraucht.
- Das Personalpronomen als Subjekt wird im Spanischen in der Regel nur dann gebraucht, wenn es betont werden soll: Nicole habla de un escultor que **ella** conoce. Nicole spricht von einem Bildhauer, den sie kennt.
- Bei **usted, ustedes** (Höflichkeitsform) steht das Verb in der 3. Person Singular oder Plural. Als Abkürzung wird **Vd., Vds.** oder **Ud., Uds.** verwendet. Auch für Personen, die man duzt, wird in Lateinamerika meistens **ustedes** anstatt **vosotros, vosotras** verwendet.
- Die Formen «a mí», «a ti» … (§ 164) stehen nach Präpositionen *(a, de, por, para …)*. Para **mí** es imposible beber tanto. Mir ist es unmöglich, so viel zu trinken. ¿Para **ti** también? Für dich auch?
- Eine Ausnahme sind die Präpositionen **entre** (im Sinne von „zusammen"), **menos, excepto, salvo** außer. Nach ihnen steht das Pronomen im Nominativ: **entre** tú y yo wir beide zusammen.
- Die 1. und 2. Person Singular weisen nach der Präposition **con** eine besondere Form auf: **conmigo, contigo**: Si quieres, yo iré **contigo**. Wenn Du willst, werde ich mit Dir gehen.
- **Ello** wird nicht als Nominativ, sondern nur im Zusammenhang mit einer Präposition verwendet: No hables de **ello**. Sprich nicht davon.

165 El pronombre personal en acusativo (Akkusativ des Personalpronomens)

me	¿**Me** oyes bien?	Hörst du mich gut?
te	No, **te** oigo muy mal.	Nein, ich höre dich sehr schlecht.
lo	¿El periódico? Yo ya **lo** he leído.	Die Zeitung? Ich habe sie schon gelesen.
lo, le	¿Dónde está tu marido? No **le/lo** veo.	Wo ist dein Mann? Ich sehe ihn nicht.
la	Mi cartera … Mejor **la** llevo, ¿no?	Meine Tasche … Ich nehme sie lieber mit, nicht wahr?
	Tu hermana no está. ¿**La** llamo por teléfono?	Deine Schwester ist nicht da. Soll ich sie anrufen?
nos	¿**Nos** llevas hasta Granada?	Nimmst du uns bis Granada mit?
os	Pues claro que **os** llevo.	Aber sicherlich nehme ich euch mit.
los	¿Dónde están los pasaportes? Yo no **los** tengo.	Wo sind die Pässe? Ich habe sie nicht.
los, les	Fernando y Luis trabajan mucho. **Los/Les** vi el domingo.	Fernando und Luis arbeiten viel. Ich habe sie am Sonntag gesehen.
las	¿Llevamos flores? – Mañana temprano **las** compro.	Nehmen wir Blumen mit? – Morgen früh kaufe ich sie.
	¿Has visto a las niñas? – No **las** he visto desde ayer.	Hast du die Mädchen gesehen? Ich habe sie seit gestern nicht gesehen.

- Für Personen heißt die männliche Form der 3. Person Singular oder Plural **le, les** (vor allem in Spanien) oder **lo, los** (in Lateinamerika).
- Bei der Anrede fügt man manchmal hinzu: **a usted, a vosotros … Lo/Le** llamo a usted en seguida. Ich rufe Sie gleich an. Yo **os** llevo **a vosotros** en mi coche. Ich nehme euch in meinem Auto mit.

166 Stellung des Personalpronomens im Akkusativ

A	¿El televisor? Puede poner**lo** en el cuarto de estar. (**Lo** puede poner en el cuarto de estar.)	Der Fernsehapparat? Sie können ihn ins Wohnzimmer stellen.
	Tenemos ganas de volver a ver**te**.	Wir möchten dich gerne wiedersehen.
	No sé si **lo** haré, estoy pensándo**lo.** (**Lo** estoy pensando.)	Ich weiß nicht, ob ich es tun werde, ich überlege es gerade.
B	¿Dónde están las tazas? No **las** veo.	Wo sind die Tassen? Ich sehe sie nicht. ►

C	¿Dónde están los platos? – **Los** he puesto en el armario. ¿Has visto la película argentina? – No, no **la** he visto.	Wo sind die Teller? – Ich habe sie in den Schrank gestellt. Hast du den argentinischen Film gesehen? – Nein, ich habe ihn nicht gesehen.
D	¡Cómpre**lo** mañana! (No **lo** compre.) No **lo** arreglen ustedes, avísen**nos**.	Kaufen Sie es morgen! (Kaufen Sie es nicht.) Reparieren Sie es nicht selbst, sagen Sie uns Bescheid.

- Das Personalpronomen im Akkusativ steht (s. auch § 171):
  A hinter dem Infinitiv oder dem Gerundium (in einem Wort – beachten Sie dabei den Akzent!) oder vor dem Hilfsverb.
  B vor dem konjugierten Verb (aber hinter der Negation).
  C vor dem Hilfsverb bei zusammengesetzten Zeiten.
  D hinter der bejahten Imperativform (in einem Wort – beachten Sie den Akzent!).

167 Zusätzliches Personalpronomen im Akkusativ

Las noticias ya **las** he oído en la radio. La culpa no **la** tengo yo. Esta situación deberíamos evitar**la** a toda costa. El futuro **lo** veo muy negro.	Die Nachrichten habe ich schon im Radio gehört. Die Schuld liegt nicht bei mir. Diese Situation müßten wir um jeden Preis vermeiden. Ich sehe für die Zukunft sehr schwarz.
Lo sabe **todo**. Quiero decir**lo todo**.	Sie weiß alles. Ich möchte alles sagen.

- Wenn das Akkusativobjekt (Person oder Sache) am Anfang des Satzes steht, so wird zusätzlich das Personalpronomen vor das Verb gestellt.
- Auch wenn **todo** Objekt ist, gebraucht man dazu den Artikel **lo**.

168 El pronombre personal en dativo (Dativ des Personalpronomens)

me	¿**Me** traes un periódico, por favor?	Bringst du mir bitte eine Zeitung mit?
te	**Te** doy cien marcos por tu reloj.	Ich gebe dir hundert Mark für deine Uhr.
le	**Le** cuenta lo que **le** ha pasado.	Er erzählt ihr, was ihm passiert ist.
nos	Julia **nos** ha mandado una carta.	Julia hat uns einen Brief geschickt.
os	**Os** doy luego mi número de teléfono.	Ich gebe euch später meine Telefonnummer.
les	Pedro **les** ha enviado un regalo.	Pedro hat ihnen ein Geschenk geschickt.

169 Stellung des Personalpronomens im Dativ

A	Podré ayudar**les** igual que a ti. (**Les** podré ayudar igual que a ti.) Juan está escribiéndo**le** una carta. (Juan **le** está escribiendo una carta.)	Ich werde ihnen genauso wie dir helfen können. Juan schreibt ihr gerade einen Brief.
B	**Le** presento a mi marido. ¿Qué **nos** recomienda?	Darf ich Ihnen meinen Mann vorstellen? Was empfehlen Sie uns?
C	¿No **te** ha escrito tu amigo? ¿Por qué no **nos** has traído los libros?	Hat dir dein Freund nicht geschrieben? Warum hast du uns die Bücher nicht gebracht?
D	**Pregúntele** otra vez, por si acaso. Di**me**, ¿qué haces ahí? Acérca**me** el salero, ¿quieres?	Fragen Sie ihn für alle Fälle noch einmal. Sag mal, was machst du da? Bist du so nett und reichst mir den Salzstreuer?

▶

- Das Personalpronomen im Dativ steht (s. auch § 171):
  A Hinter dem Infinitiv oder dem Gerundium (in einem Wort) oder vor dem Hilfsverb.
  B Vor dem konjugierten Verb (aber hinter der Negation).
  C Vor dem Hilfsverb bei zusammengesetzten Zeiten (aber hinter der Negation).
  D Hinter der bejahten Imperativform (in einem Wort).

170 Zusätzliches Personalpronomen im Dativ

Una señora **le** entrega al empleado un eurocheque.	Eine Frau gibt dem Angestellten einen Euroscheck.
El médico **les** ha dado una medicina a los niños.	Der Arzt hat den Kindern ein Medikament gegeben.
¿No **le** he puesto yo ya a usted una multa?	Habe ich Ihnen nicht schon einen Strafzettel gegeben?
A mí **me** apetece algo ligero.	Ich möchte etwas Leichtes.

- Vor allem bei der 3. Person wird häufig außer dem Dativobjekt *(al empleado, a los niños)* auch das Personalpronomen **(le, les)** verwendet. (Das spanische **le, les** entspricht dem deutschen Pronomen „ihm", „ihr", „ihnen", „Ihnen"!)
- Dativ (und Akkusativ) des Personalpronomens nach der Präposition **«a»** werden vor oder nach dem Verb nie allein verwendet.

171 Dativ und Akkusativ des Personalpronomens

me la, me las	¡Qué bonita casete! ¿**Me la** podría dejar un momento?	Welch eine schöne Cassette! Könnten Sie sie mir einen Augenblick leihen?
me lo, me los	Les ruego **me lo** confirmen.	Ich bitte Sie, es mir zu bestätigen.
te la, te las	Mañana **te las** devuelvo.	Morgen gebe ich sie dir zurück.
te lo, te los	No **te lo** puedo decir.	Ich darf es dir nicht sagen.
se la, se las	No, no, las llaves **se las** doy a Mari.	Nein, nein, die Schlüssel gebe ich Mari.
se lo, se los	La camarera **se lo** llevará enseguida.	Die Kellnerin wird es Ihnen gleich bringen.
nos la, nos las	**Nos la** ha dado el señor Rubio.	Herr Rubio hat sie uns gegeben.
nos lo, nos los	Esos libros **nos los** ha regalado Marta.	Diese Bücher hat uns Marta geschenkt.
os la, os las	Las plumas **os las** ha enviado el abuelo.	Die Füllfederhalter hat euch der Großvater geschickt.
os lo, os los	Mañana **os lo** contaré.	Morgen werde ich es euch erzählen.
	– Si has acabado el libro, ¿quieres devolvér**melo**?	– Wenn du das Buch zu Ende gelesen hast, gibst du es mir (dann) zurück?
	○ **Te lo** devolveré mañana.	○ Ich werde es dir morgen zurückgeben.
	– Bueno, dá**selo** a mi secretaria.	– Gut, dann gib es meiner Sekretärin.

- Wenn in einem Satz zwei Personalpronomen – im Dativ und im Akkusativ – zusammentreffen, steht der Dativ immer vor dem Akkusativ.
- **le, les** wird in diesem Fall durch **se** ersetzt.
- Stellung des Personalpronomens: s. auch §§ 166, 169.

El pronombre y el verbo reflexivos (Reflexivpronomen und reflexives Verb) §§ 172 – 174

172 lavarse – sich waschen

me lavo **te** lavas **se** lava (él, ella, usted)	ich wasche mich du wäschst dich er/sie wäscht sich/ Sie waschen sich	**nos** lavamos **os** laváis **se** lavan (ellos, ellas, ustedes)	wir waschen uns ihr wascht euch sie/Sie waschen sich

173 descansar (sich ausruhen) – quedarse (bleiben)

Nos bajamos en la próxima parada.	Wir steigen an der nächsten Haltestelle aus.
Se comió una tortilla de tres huevos.	Er aß ein Omelett (gemacht) aus drei Eiern.
Ayer **me examiné** por fin.	Gestern habe ich endlich meine Prüfung abgelegt.
Se fue a Sevilla con la tarjeta interrail.	Sie fuhr mit dem Interrail-Ticket nach Sevilla.
Me llamo José Luis Gómez.	Ich heiße José Luis Gómez.
Tuvo que pagar el cuadro y **llevárselo.**	Sie mußte das Bild bezahlen und mitnehmen.
Se pasan el día limpiando.	Sie verbringen den Tag damit zu putzen.
Es una emisión muy buena, nadie quiere **perdérsela.**	Es ist eine gute Sendung, niemand will sie verpassen.
Se quedará aquí en Madrid.	Sie wird hier in Madrid bleiben.
Preferí **venirme** a Europa.	Ich zog es vor, nach Europa zu kommen.
Descansa un poco, hijo mío.	Ruhe dich ein bißchen aus, mein Sohn.

- Manche Verben sind im Spanischen reflexiv, im Deutschen aber nicht – und umgekehrt.

174 Stellung des Reflexivpronomens

A	No puedo quedar**me** mucho tiempo aquí. (No **me** puedo quedar …)	Ich kann nicht lange hier bleiben.
	He tenido que presentar**me** otra vez. (**Me** he tenido que presentar …)	Ich habe mich noch einmal vorstellen müssen.
	No regrese hasta enterar**se** bien de quién ha escrito el Quijote.	Kommen Sie nicht zurück, ohne in Erfahrung gebracht zu haben, wer den Quichotte geschrieben hat.
	Se están construyendo nuevas líneas de tren. (Están construyéndose …)	Man baut neue Eisenbahnstrecken.
B	Kayum **se** acuesta pronto y **se** levanta a las cinco de la mañana.	Kayum geht früh schlafen und steht morgens um 5 Uhr auf.
	La señora **se** acerca a una ventanilla.	Die Frau geht an einen Schalter.
C	Los chicos ya **se** han despertado. Pero aún no **se** han levantado.	Die Jungen sind schon aufgewacht. Sie sind aber noch nicht aufgestanden.
D	¡Quéde**se** un poco más! ¡Siénte**se**! No **te** preocupes.	Bleiben Sie noch ein bißchen! Setzen Sie sich! Mach dir keine Sorgen.

- Das Reflexivpronomen steht (vgl. §§ 166 – 171):
  A Hinter dem Infinitiv oder dem Gerundium (in einem Wort – beachten Sie dabei den Akzent!) oder vor dem Hilfsverb.
  B Vor dem konjugierten Verb (oder hinter der Negation).
  C Vor dem Hilfsverb bei den zusammengesetzten Zeiten (aber hinter der Negation).
  D Hinter der bejahten Imperativform (in einem Wort – beachten Sie den Akzent!).
- „sich die Haare waschen/schneiden lassen" = **lavarse/cortarse** el pelo.

El pronombre demostrativo (Demonstrativpronomen) §§ 175 – 177

175 este

					Plural		
Sing.	*maskulin*	**este** coche	dieses Auto (hier)		**estos** coches	diese Autos (hier)
	feminin	**esta** casa	dieses Haus (hier)		**estas** casas	diese Häuser (hier
	neutral	**esto**	das hier			

Conozco muy bien a **este** niño.	Ich kenne dieses Kind sehr gut.
Esta es la ventanilla de información.	Das ist der Informationsschalter.
Estos pantalones son de lino.	Diese Hose (hier) ist aus Leinen.
Esto quiere decir que ...	Das heißt, daß ...

- **este** bezieht sich auf alles, was in der Nähe des Sprechenden liegt (vgl. **aquí,** § 200).
  Beachten Sie: Es handelt sich nicht um eine „physikalische“ Regel – Nähe, Entfernung –, denn unabhängig von der Realität können ein Gegenstand oder eine Handlung in der Vorstellung des Sprechenden weit entfernt oder sehr nahe liegen.
- Stehen die weibliche oder männliche Form des Demonstrativpronomens (**este, esta, ..., ese, esa ..., aquel, aquella ...**) ohne Substantiv, so können sie, um Unklarheiten zu vermeiden, einen Akzent tragen.
- **esto, eso, aquello** stehen immer allein.

176 ese

					Plural		
Sing.	*maskulin*	**ese** libro	dieses Buch da		**esos** libros	diese Bücher da
	feminin	**esa** revista	diese Zeitschrift da		**esas** revistas	diese Zeitschriften da
	neutral	**eso**	das da			

Se aprieta **ese** botón y ya está.	Man drückt auf diesen Knopf und fertig.
Los zapatos de **esa** marca son mejores.	Die Schuhe dieser Marke sind besser.
Eso no es todo.	Das ist nicht alles.
¡**Eso** sí! ¡**Eso** es!	Das ja! So ist es!

- **ese** bezieht sich auf alles,
  was zwar in der Nähe des Sprechenden, aber nicht greifbar ist,
  was sich in der Nähe des Angesprochenen befindet (vgl. **ahí**, § 200).

177 aquel

Aquel pastor que ve allí es el único que queda.	Der Hirte, den Sie dort sehen, ist der einzige, den es noch gibt.
Aquellos no son gigantes, sino molinos de viento.	Das dort drüben sind keine Riesen, sondern Windmühlen.
Se enfada mucho y dice que **aquello** es intolerable.	Er ärgert sich sehr und sagt, daß das unerträglich sei.

- **aquel** bezieht sich auf alles, was weder in der Nähe des Sprechenden noch des Angesprochenen liegt (vgl. **allí**, § 200).

178 algo (etwas) – nada (nichts)

Algo cambia poco a poco.	Allmählich ändert sich etwas.
No quiero **nada** más, gracias.	Ich möchte nichts mehr, danke schön.
El cuadro **no** le gustó **nada.**	Das Bild gefiel ihr gar nicht.

- Wenn **nada** hinter dem Verb steht, so muß die zusätzliche Negation **no** vor dem Verb stehen (s. auch § 158).

179 alguien (jemand) – nadie (niemand)

Creo que **no** hay **nadie** en casa.	Ich glaube, es ist niemand zu Hause.
– ¿Has visto a **alguien**? – No, **no** he visto a **nadie.**	– Hast du jemanden gesehen? – Nein, ich habe niemanden gesehen.
Un plato roto **no** lo quiere **nadie.**	Einen zerbrochenen Teller will niemand.

- **Alguien** und **nadie** verwendet man für Personen. Es sind unveränderliche Formen.
- Steht **nadie** hinter dem Verb, so muß die zusätzliche Negation **no** vor dem Verb stehen. (s. auch § 158).
- Ist **alguien** oder **nadie** Akkusativobjekt, so muß die Präposition **a** davor stehen (s. §§ 158, 202).

180 alguno, ninguno

alguno, alguna (de)	jemand (von)	**ninguno, ninguna (de)**	niemand (von)
alguno de ustedes	(irgend)einer von Ihnen	**ninguna de** esas cartas	keiner von diesen Briefen
algún libro	(irgend)ein Buch	**ningún** libro	kein Buch
algunos, algunas (de)	einige (von)		

– ¿Tienes **algún** libro en español? – No, **ninguno.**	– Hast du (irgend)ein spanisches Buch? – Nein, kein einziges.
¿Hay **alguna** cabina telefónica por aquí?	Gibt es hier in der Nähe eine Telefonzelle?
Somos latinoamericanos para **algunas** cosas y norteamericanos para otras.	In einigen Dingen sind wir Lateinamerikaner, in anderen Nordamerikaner.
Si tengo **algún** problema fuera de mi país …	Wenn ich irgendein Problem außerhalb meines Landes habe …
Tráiganos **algún** Rioja.	Bringen Sie uns irgendeinen Rioja(wein).

- **alguno, ninguno** verwendet man sowohl für Personen als auch für Sachen. Sie sind veränderlich (**ningunos/ningunas** wird aber sehr selten gebraucht).
- Steht **alguno** oder **ninguno** vor einem männlichen Substantiv im Singular, so verliert es die Endung **-o**: **algún** día irgendwann, an irgendeinem Tag, **ningún** problema kein Problem.
- Steht **ninguno/ningún/ninguna** hinter dem Verb, so muß die zusätzliche Negation **no** vor dem Verb stehen. (s. auch § 158).

181 no tengo dinero – ich habe kein Geld

No tenemos teléfono todavía.	Wir haben noch kein Telefon.
Paco no tiene coche.	Paco hat keinen Wagen.
No tengo dinero hoy.	Ich habe heute kein Geld.
Aquí no hay hoteles.	Hier sind keine Hotels.

- Der deutschen Negation „kein" entspricht im Spanischen oft das Wort **no.**

182 todo (alles) – todos, todas (alle)

todo	alles	**todo el** diccionario	das ganze Wörterbuch
todos, todas	alle	**toda la** gente	alle Leute
		todos los amigos	alle Freunde

Todos podemos equivocarnos.	Wir alle können uns irren.
Kos nos gustó a **todos** mucho.	Kos gefiel uns allen sehr.
Los hijos están **todo** el día en el colegio.	Die Kinder sind den ganzen Tag in der Schule.
Todo eso lo conseguiremos pronto.	Das alles werden wir bald erreichen.
Aquí vendemos de **todo**.	Hier verkaufen wir alles.

- Steht **todo, toda, todos, todas** vor einem Substantiv, so wird in der Regel der bestimmte Artikel dazwischen geschoben. (Ausnahmen: Verallgemeinerungen, feste Wendungen: a **todas** horas zu jeder Zeit, de **todos** modos jedenfalls, en **todas** partes überall ...).
- Ist **todo** (alleinstehend) Akkusativobjekt, so steht zusätzlich im Satz das Pronomen **lo** (s. auch § 167).

183 cada, cada uno (jeder)

Seis de **cada** diez hombres no hacen nada en la casa.	Sechs von zehn Männern tun nichts im Hause.
Podía ver su propio cuerpo **cada** vez que abría los ojos.	Jedesmal wenn sie die Augen öffnete, konnte sie ihren eigenen Körper sehen.
¿Qué representa **cada una de** estas figuras?	Was stellt jede dieser Zeichnungen dar?
Cada uno de los niños recibió un regalo.	Jedes Kind bekam ein Geschenk.

- **Cada** ändert sich nicht. Es bezieht sich auf die einzelnen Teile einer Gruppe (ohne Ausnahme).
- Bei **cada uno, cada una** ist «uno» veränderlich.
- Folgt auf **cada uno, cada una** ein Substantiv oder ein Pronomen, so muß man immer die Präposition **de** hinzufügen.

184 cualquier, cualquiera (irgendein, jeder)

cualquier libro un libro **cualquiera** }	irgendein Buch	**cualquiera**	irgend jemand
		cualquiera de ellos	jeder/irgendeiner von ihnen

Cualquier pretexto es bueno para no ir allí.	Jeder Vorwand ist gut, um nicht dorthin zu gehen.
Déme un libro **cualquiera**.	Geben Sie mir irgendein Buch.
Cualquiera puede ir a comprarlo.	Irgendjemand kann es kaufen.

- **Cualquiera** wird alleinstehend oder zusammen mit einem Substantiv verwendet.
- Vor einem Substantiv im Singular (maskulin oder feminin) wird es zu **cualquier**.

185 mismo

el profesor **mismo**	der Lehrer selbst	el **mismo** profesor	derselbe Lehrer, der Lehrer selbst

Él **mismo** me lo ha dicho.	Er selbst hat es mir gesagt.
Era la voz de la diosa **misma.**	Es war die Stimme der Göttin selbst.
Me lo ha prometido el **mismo** autor.	Der Autor selbst/Derselbe Autor hat es mir versprochen.
Nos ha contado diez veces la **misma** historia.	Er hat uns zehnmal dieselbe Geschichte erzählt.

El pronombre relativo (Relativpronomen) §§ 186 - 191

186 que (der, die, das)

La primera persona **que** entró fue un niño.	Die erste Person, die eintrat, war ein Kind.
Fuimos a Kos, **que** es una isla griega.	Wir fuhren nach Kos, welches eine griechische Insel ist.
Siga las instrucciones **que** aparecen en la pantalla.	Folgen Sie den Anweisungen, die auf dem Bildschirm erscheinen.
Hay mucha gente **que** no está de acuerdo.	Es gibt viele Leute, die nicht einverstanden sind.
El último libro de Octavio Paz **que** he leído me ha gustado muchísimo.	Das letzte Buch von Octavio Paz, das ich gelesen habe, hat mir sehr gefallen.

- **Que** ist unveränderlich und kann sich auf Personen oder Sachen beziehen.

187 lo que (das, was)

Lo que queremos es conocer a otras personas.	Das, was wir möchten, ist andere Leute kennenlernen.
De **lo que** se habla hoy es de los aparatos que llenan la casa.	Das, wovon heute gesprochen wird, sind die Geräte, die überall im Haushalt sind.
Lo que hace diferentes a los españoles no es **lo que** comen, sino **lo que** cuesta comer.	Das, was die Spanier (von anderen) unterscheidet, ist nicht was sie essen, sondern was das Essen kostet.

188 quien, quienes (der, die, das; wer)

Frida Kahlo, una gran pintora, **quien** nos dejó una obra extraordinaria.	Frida Kahlo, eine große Malerin, die uns ein außerordentliches (Lebens-)Werk hinterließ.
Hay muchas personas para **quienes** el fin de semana es sagrado.	Es gibt viele Menschen, für die das Wochenende heilig ist.
Hay **quien** ha de conformarse con vino y gaseosa.	Es gibt Menschen, die sich mit Wein und Limonade zufriedengeben müssen.
Quien no necesite dinero, que lo diga.	Wer kein Geld braucht, soll es sagen.

- **Quien, quienes** wird nur für Personen verwendet (vor allem nach einer Präposition).

189 el que, la que, los que, las que (der, die, das; welche, -r, -s)

Comenzó una época en **la que** fueron frecuentes las revoluciones.	Es begann eine Epoche, in der Revolutionen an der Tagesordnung waren.
Son muchos **los que** están orgullosos de hablar español.	Es sind viele Menschen stolz darauf, Spanisch zu sprechen.
Son miles de aves **las que** sobrevuelan el Coto de Doñana.	Es sind Tausende von Vögeln, die den Coto Doñana überfliegen.
¿Cómo se llama el chico con **el que** has bailado?	Wie heißt der Junge, mit dem du getanzt hast?

- **El que, la que, los que, las que** kann sich auf Personen oder Sachen beziehen (und wird sehr häufig, um Unklarheiten zu vermeiden, nach einer Präposition verwendet).

190 el cual, la cual, los cuales, las cuales (der, die, das; welche, -r, -s)

Ahí está la chica de **la cual** te hablé hace poco.	Das ist das Mädchen, von dem ich dir unlängst erzählt habe.
Había diez millones de vehículos, de **los cuales** novecientos mil eran motos.	Es gab zehn Millionen Fahrzeuge, von denen neunhunderttausend Motorräder waren.

- **El cual, la cual, los cuales, las cuales** kann sich auf Personen oder Sachen beziehen (und wird vor allem dann gebraucht, wenn Unklarheiten entstehen können).

191 cuyo, cuya, cuyos, cuyas (dessen, deren)

La cerveza, **cuyo** consumo ha aumentado en los últimos años …	Das Bier, dessen Verbrauch in den letzten Jahren gestiegen ist …
Las escritoras **cuyos** libros más se han vendido.	Die Schriftstellerinnen, deren Bücher am meisten verkauft worden sind.

- **Cuyo, cuya, cuyos, cuyas** richten sich im Spanischen (im Gegensatz zum Deutschen) nicht nach dem vorangehenden, sondern nach dem folgenden Substantiv.

El pronombre posesivo (Possessivpronomen) §§ 192 – 193

192 Unbetonte Formen

Sing.	1	**mi** marido	mein Mann
		mi mujer	meine Frau
	2	**tu** hotel	dein Hotel
		tu oficina	dein Büro
	5	**su** padre	sein/ihr/Ihr Vater
		su madre	seine/ihre/Ihre Mutter

Plural	1	**nuestro** coche	unser Auto
		nuestra ciudad	unsere Stadt
	2	**vuestro** abuelo	euer Großvater
		vuestra casa	euer Haus
	3	**su** bolígrafo	ihr/Ihr Kugelschreiber
		su maleta	ihr/Ihr Koffer

- Diese Formen des Possessivpronomens sind unbetont und stehen immer vor dem Substantiv.

- «**Su** maleta» kann folgende Bedeutungen haben: { „sein“ / „ihr“ (Sing. fem., Pl. mask. + fem.) / „Ihr“ (Sing. und Pl.) } „Koffer“.

193 Betonte Formen

Sing. 1	es **mío**	son **míos**	*Plural* 1	es **nuestro**	son **nuestros**
	mía	**mías**		**nuestra**	**nuestras**
2	**tuyo**	**tuyos**	2	**vuestro**	**vuestros**
	tuya	**tuyas**		**vuestra**	**vuestras**
3	**suyo**	**suyos**		**suyo**	**suyos**
	suya	**suyas**		**suya**	**suyas**

¿**Su** nombre de pila? ¿**Su** dirección? Y **tu** familia, **tus** hijos, **tu** marido, ¿ven mucho la televisión?	Ihr Vorname? Ihre Adresse? Und deine Familie, deine Kinder, dein Mann, sehen sie viel fern?
– Aquí hay una agenda. ¿Es **suya**? ○ ¿Es **tuya**, Ángel? △ No, la **mía** es roja. ○ No, no es **nuestra**.	– Hier ist ein Adreßbuch. Gehört es Ihnen? ○ Ist das deins, Ángel? △ Nein, meins ist rot. ○ Nein, es gehört uns nicht.
Mi impermeable está roto, déjame el **tuyo**.	Mein Regenmantel ist kaputt, leih mir deinen.
– ¿Va bien ese reloj? – No sé, el **mío** se ha parado.	– Geht diese Uhr richtig? – Ich weiß nicht, meine ist stehengeblieben.

- Das betonte Possessivpronomen steht allein oder nach dem Substantiv. Wenn es allein steht, wird es fast immer vom bestimmten Artikel begleitet.
- **Ser** + betontes Possessivpronomen = „gehören“.

El pronombre interrogativo – Las partículas interrogativas (Fragepronomen und andere Fragewörter) §§ 194 – 195

194 qué, quién, cuál …

Hola, ¿**qué** me cuentas de bueno?	Hallo, was gibt es Neues?
¿**Qué** tiempo hace?	Wie ist das Wetter?
¿**Quién** escribió el Quijote?	Wer schrieb den Quichotte?
¿De **quién** es ese libro de arte?	Wem gehört dieses Kunstbuch?
¿**Cuál** es la ciudad más importante?	Welche Stadt ist die wichtigste?
¿**Cuáles** y **cuántos** son los países donde se habla español?	In welchen und in wievielen Ländern spricht man Spanisch?
¿De **dónde** viene usted?	Woher kommen Sie?
¿**Adónde** podemos ir el fin de semana?	Wo können wir am Wochenende hinfahren?
¿**Por qué** dices eso? No te entiendo.	Warum sagst du das? Ich verstehe dich nicht.

- **qué** bezieht sich in der Regel auf Sachen (selten auf Personen) und ist unveränderlich.
- **quién, quiénes** bezieht sich ausschließlich auf Personen.
- **cuál, cuáles** bezeichnet eine Auswahl unter mehreren Personen oder Sachen.

195 no sé dónde ...

Voy a contarte **quién** soy yo.	Ich werde dir erzählen, wer ich bin.
Tú me dirás **quién** eres, en **qué** taller trabajas ...	Du wirst mir sagen, wer du bist, in welcher Werkstatt du arbeitest ...
Para que yo te diga **quién** soy y **dónde** vivo.	Damit ich dir sage, wer ich bin und wo ich lebe.
No sé **por qué** se ha ido ni **cuándo** volverá.	Ich weiß weder, warum er weggegangen ist, noch wann er zurückkommen wird.
¡**Qué** cuadro tan maravilloso!	Was für ein wunderschönes Gemälde!

- Alle Fragewörter haben – auch in indirekten Fragesätzen – einen Akzent. Dies betrifft ebenfalls die Ausrufewörter.
- Einige häufige Wendungen mit «qué» in Ausrufesätzen:
  ¡Qué bien! Wie schön! Prima! ¡Qué desgracia! Welch ein Unglück! ¡Qué envidia! Ich werde neidisch! Hast du es gut! ¡Qué horror! Wie fürchterlich! ¡Qué pena! Wie schade! ¡Qué rollo! Wie lästig! Wie langweilig! ¡Pero qué bien habla español! Sie sprechen aber gut Spanisch!

El adverbio (Adverb) §§ 196 - 201

196 precisamente, actualmente

Vengo **precisamente** de allí.	Genau von dort komme ich.
Actualmente se construyen muchas casas.	Im Augenblick werden viele Häuser gebaut.
El Talgo comenzó a funcionar **regularmente** en 1950.	Der Talgo begann 1950 regelmäßig zu verkehren.
El funcionario nos trató muy **amablemente**.	Der Beamte behandelte uns sehr freundlich.
Durante muchos años América dependió **política** y **culturalmente** de España.	Viele Jahre lang hing Amerika politisch und kulturell von Spanien ab.

- In vielen Fällen werden die Adverbien gebildet, indem man die Endung -mente an die weibliche Form des Adjektivs anhängt.
- Stehen mehrere solcher Adverbien hintereinander, so erhält lediglich das letzte Adverb die Endung **-mente**. Die übrigen tragen dann die weibliche Form des Adjektivs: **económica, política** y **culturalmente**.

197 de repente, con atención

Todos escucharon **con mucha atención.**	Alle hörten sehr aufmerksam zu.
De repente sentí un dolor fuerte.	Plötzlich spürte ich einen starken Schmerz.

- Manchmal entspricht einem deutschen Adverb ein präpositionaler Ausdruck im Spanischen.

198 Einige adverbiale Ausdrücke

ahora mismo	gleich, sofort	¿de verdad?	wirklich?	por lo demás	sonst
a lo mejor	vielleicht	juntos	zusammen	por supuesto	selbstverständlich
a veces, algunas veces	manchmal	más bien	eher	seguro que ...	sicher ...
claro que ...	natürlich ...	menos mal que ...	ein Glück, daß ...	siempre que ...	immer wenn ...
dentro de poco	bald	muchas veces	oft	sobre todo	besonders
desde luego	sicher	por ahora	im Augenblick		
		por aquí	hier in der Nähe		

199 muy – mucho

A	Esa calle es **muy** larga. Hans habla **muy** bien español.	Diese Straße ist sehr lang. Hans spricht sehr gut Spanisch.
B	Este cuadro me gusta **mucho.** Mi hermano se ha alegrado **mucho.**	Dieses Bild gefällt mir sehr. Mein Bruder hat sich sehr gefreut.
C	En verano hace **mucho** calor aquí. ¿Tienes **mucha** prisa?	Im Sommer ist es sehr heiß hier. Hast du es sehr eilig?
D	– ¿Estás satisfecho ahora? – Sí, **mucho.** (Sí, muy satisfecho.)	– Bist du jetzt zufrieden? – Ja, sehr. (Ja, sehr zufrieden.)

A „sehr" = **muy** vor Adjektiven und Adverbien (in der Grundform).
B „sehr" = **mucho** (unveränderlich) bei einem Verb.
C „sehr" = **mucho, mucha** (veränderlich) vor einem Substantiv.
D „sehr" = **mucho,** wenn das Adjektiv, auf das es sich bezieht, in der Antwort nicht wiederholt wird.

200 aquí, ahí, allí

Aquí sólo hay dos hoteles. **Ahí** vienen Anita y Fernando. Cerca de **allí** toma el metro.	Hier gibt es nur zwei Hotels. Da kommen Anita und Fernando. Dort in der Nähe steigt er in die U-Bahn.

- Das Lokaladverb **aquí** wird für all das benutzt, was sich in greifbarer Nähe des Sprechenden befindet (vgl. «este», § 175).
- **ahí** bezieht sich auf all das, was sich in der Nähe des Sprechenden befindet, aber nicht greifbar ist (vgl. «ese», § 176).
- **allí** wird für all das verwendet, was weit weg vom Sprechenden liegt (vgl. «aquel», § 177).

201 Komparativ und Superlativ

A Regelmäßige Formen

Hoy has llegado **más tarde.** Siempre llegas **tardísimo (muy tarde.)** La población aumenta **rapidísimamente**. Volveré **lo más pronto** posible.	Heute bist du später gekommen. Du kommst immer sehr spät. Die Bevölkerung wächst sehr schnell an. Ich werde so bald wie möglich zurückkommen.

- Komparativ und Superlativ des Adverbs werden wie beim Adjektiv gebildet (s. § 20A–B).
- „so spät/früh wie möglich" = **lo más tarde/pronto posible.**

B bien, mal, mucho, poco

Positiv		*Komparativ*		*Superlativ*	
bien	gut	mejor	besser	lo mejor	am besten
mal	schlecht	peor	schlechter	lo peor	am schlechtesten
mucho	viel	más	mehr	lo más	am meisten
poco	wenig	menos	weniger	lo menos	am wenigsten

Los dos hermanos tocan la guitarra. Andrés toca bien, pero Luis toca **mejor.** Algunas chicas juegan al fútbol y no juegan **peor** que los chicos. **Lo mejor** que puedes hacer es escribir una carta.	Beide Brüder spielen Gitarre. Andrés spielt gut, aber Luis spielt (noch) besser. Einige Mädchen spielen Fußball, und sie spielen nicht schlechter als die Jungen. Das Beste, was du tun kannst, ist einen Brief zu schreiben.

- Diese vier Adverbien haben unregelmäßige Komparativ- und Superlativformen (s. auch § 20C).

Preposiciones (Einige wichtige Präpositionen) §§ 202 - 206

202 Akkusativ mit «a»

El profesor pregunta **a** un niño. Conozco bien **al** niño y **a** toda su familia. El explorador consultaba siempre **a** su amigo.	Der Lehrer fragt ein Kind. Ich kenne das Kind und seine Familie gut. Der Forscher fragte seinen Freund immer um Rat.
Un hombre lleva **a** su hijo en brazos. Muchas personas consideran **a** Frida Kahlo como la mejor pintora de México.	Ein Mann trägt seinen Sohn auf dem Arm. Viele Menschen sehen Frida Kahlo als die beste Malerin Mexikos an.
Quiere **a** su país. No se debería matar **a** los pájaros.	Er liebt sein Land. Man sollte keine Vögel töten.

- Die Präposition **a** steht vor dem Objekt im Akkusativ, wenn es sich um bestimmte Personen, Lebewesen oder personifizierte Begriffe handelt. (Nicht aber, wenn von einer nicht näher bestimmten Person die Rede ist: El hotel busca una nueva recepcionista. Das Hotel sucht eine neue Empfangsdame.)

203 a, de, en

¿Vamos **a** casa? ¿Has llevado los libros **al** tío?	Gehen wir nach Hause? Hast du dem Onkel die Bücher gebracht?
Andrés es **de** Buenos Aires. Ese libro es **de** Juan. El jersey es **de** algodón.	Andrés ist aus Buenos Aires. Dieses Buch gehört Juan. Der Pullover ist aus Baumwolle.
Ahora vive **en** Lima, **en** Perú.	Jetzt lebt er in Lima, in Peru.

- Die Präposition **a** bezeichnet hauptsächlich die Richtung (wohin). Sie steht auch immer vor dem indirekten Objekt (Dativ). (Siehe auch § 202.)
- **De** bezeichnet vor allem den Besitz, das Material, den Ort (woher).
- **En** bezeichnet meistens den Ort (wo).

204 a, de, por bei Uhr- und Tageszeiten

Por la mañana, **a** mediodía, **por** la tarde y **por** la noche. **A** las cinco **de** la tarde. El tren llega **a** las seis **de** la mañana.	Morgens/vormittags, mittags, nachmittags und abends/nachts. Um fünf Uhr nachmittags. Der Zug kommt morgens um 6 Uhr an.

- Beachten Sie: Die „ungefähre“ Uhrzeit wird im Spanischen z. B. mit «hacia», «a eso de», «más o menos a» ausgedrückt.

205 para, por

¿**Para** quién es ese diccionario? El tren **para** Sevilla sale a las dos.	Für wen ist dieses Wörterbuch? Der Zug nach Sevilla fährt um 2 Uhr ab.
– ¿Por qué no compras la casa? – **Por** una razón muy sencilla: **por** falta de dinero.	– Warum kaufst du das Haus nicht? – Aus einem ganz einfachen Grund: aus Geldmangel.
Mañana **por** la tarde estamos en casa. ¿Me vende el plato **por** cinco mil pesetas?	Morgen abend sind wir zu Hause. Verkaufen Sie mir den Teller für 5000 Peseten?

- **Para** bezeichnet meistens den Zweck oder das Ziel.
- **Por** wird u. a. für die Bezeichnung der Ursache, der Zeit, des Preises verwendet.

206 antes de, después de – vor, nach

Antes de ir a casa compra el periódico.	Sie kauft die Zeitung, bevor sie nach Hause geht.
Mi padre no llega nunca **antes de** las siete.	Mein Vater kommt nie vor 7 Uhr.
¿Nos vemos **después de** la clase?	Sehen wir uns nach dem Unterricht?
Después de leer el libro me gustaría hablar con vosotros.	Ich möchte mit euch sprechen, nachdem ich das Buch gelesen habe.

- Diese Präpositionen können entweder vor einem Substantiv («antes de la comida») bzw. vor der Uhrzeit oder vor einem Verb im Infinitiv stehen («antes de comer»).

Pronunciación y ortografía (Aussprache und Rechtschreibung) §§ 207 – 216

207 Deletrear en español (Buchstabieren auf spanisch)

Antonio	**E**nrique	**J**osé	**N**avarra	**R**amón	**W**ashington
Barcelona	**F**rancia	**K**ilo	**Ñ**oño	**S**ábado	**X**iquena
Carmen	**G**erona	**L**orenzo	**O**viedo	**T**arragona	**Y**agüe
Chocolate	**H**istoria	**Ll**obregat	**P**arís	**U**lises	**Z**aragoza
Dolores	**I**nés	**M**adrid	**Q**uerido	**V**alencia	

208 El alfabeto español (Das spanische Alphabet)

a	[a]	a
b	[b] [β]	be
c	[k] [θ]	ce
ch[2]	[c]	che
d	[d] [ð]	de
e	[ɛ]	e
f	[f]	efe
g	[g] [ɣ] [x]	ge
h	–	hache
i	[i]	i
j	[x]	jota
k	[k]	ka
l	[l]	ele
ll[2]	[ʎ]	elle
m	[m]	eme
n	[n] [ŋ] [ɱ] [m]	ene

ñ[1]	[ɲ]	eñe
o	[ɔ]	o
p	[p]	pe
qu	[k]	ku
r	[r] [rr]	erre
rr[3]	[rr]	erre doble
s	[s]	ese
t	[t]	te
u	[u]	u
v	[b] [β]	uve, ve
w	[v]	uve doble, ve doble
x	[ɣs] [s]	equis
y	[i] [ĭ] [ʝ̆]	i griega, ye
z	[θ]	zeda, zeta

1 **ñ** ist im Spanischen ein eigenständiger Buchstabe. In den meisten Wörterbüchern folgt **ñ** auf **n**.

2 **ch, ll** sind auch in vielen Wörterverzeichnissen eigenständige Buchstaben. Im Wörterverzeichnis von «Eso sí» erscheinen **ch, ll** innerhalb der Buchstaben **c, l.**

3 **rr** (das nur innerhalb eines Wortes auftaucht) ist ebenfalls ein eigenständiger Buchstabe.

209 Las vocales (Vokale)

Vokal	*Laut*	*Beispiele*	*Beschreibung*
a	[a]	**la carta** Brief – **más** mehr	wie dt. **a**lle
e	[ɛ] [e]	la **tele** Fernsehen – **menos** weniger **lejos** weit – el **perro** Hund	wie dt. l**e**sen, etwas offener wie dt. B**ä**cker, etwas offener
i, y	[i]	**aquí** hier – el **disco** Schallplatte Juan **y** Ana	wie dt. m**i**r
o	[ɔ] [o]	la **costa** Küste – **ahora** jetzt el **coche** Auto – **dos bolsos** zwei Taschen	wie dt. **o**ffen wie dt. R**o**se, etwas offener
u	[u]	**duro** hart – **Burgos, Cuba**	wie dt. **U**fer

- **a, e, i, o, u,** die spanischen Vokale, werden immer halblang gesprochen.
- **u** wird vor «e», «i» und nach «g» und «q» nicht ausgesprochen: Miguel; el guía Fremdenführer el queso Käse, quince fünfzehn.

210 Los diptongos (Diphthonge)

aire	Luft	di**a**mante	Diamant	**agua**	Wasser
h**ay**	es gibt	b**ie**n	gut	b**ue**no	gut
autobús	Bus	lab**io**	Lippe	L**ui**s	Ludwig
oigo	ich höre	c**iu**dad	Stadt	m**uy**	sehr
h**oy**	heute			c**uo**ta	Quote

- Ein Diphthong besteht aus zwei Vokalen, die im Spanischen sehr eng miteinander verbunden sind und eine Silbe bilden. Diphthonge werden immer kurz ausgesprochen.
- Auch die Verbindung **ui, uy** bildet einen Diphthong.
- Wenn ein Akzent auf **i** oder **u** steht, so handelt es sich nicht um einen Diphthong: día Tag, Raúl, huí ich flüchtete werden als zwei Silben gesprochen.

211 Las consonantes (Konsonanten)

- Die hier angegebene Aussprache entspricht der des „Standard-Spanischen". (Es gibt zahlreiche Varianten innerhalb Spaniens und Lateinamerikas.)
- Die Konsonanten «b», «d», «g», «k», «p», «t» sind weicher als im Deutschen und werden nicht aspiriert.
- Die Konsonanten «f», «l», «m» werden wie im Deutschen ausgesprochen.
- «w» kommt im Spanischen nur in Fremdwörtern vor und wird in der Regel wie in der jeweiligen Sprache ausgesprochen.

Konsonant	*Beschreibung der Aussprache*	*Beispiele*		*Laut*
b, v	Am Anfang und nach «m» oder «n». Etwas weicher als in **B**aum und nicht aspiriert. Beachte: zwischen **b** und **v** gibt es im Spanischen keinen Unterschied in der Aussprache.	**v**amos **B**olivia tam**b**ién in**v**ierno en **B**arcelona en **V**alencia	gehen wir Bolivien auch Winter in Barcelona in Valencia	[b]
b, v	In allen anderen Fällen. Viel weicher.	Cu**b**a a **V**alencia en **b**arco	Kuba nach Valencia mit dem Schiff	[β]

▶

Konsonant	*Beschreibung der Aussprache*	*Beispiele*		*Laut*
c	Vor «e» und «i». Etwas schärfer als im engl. «thing». Beachte: in ganz Lateinamerika, auf den Kan. Inseln und in Südspanien wird dieses «c» wie ein spanisches «s» ausgesprochen.	**ci**nco on**ce** **ci**udad Bar**ce**lona **ce**ro	fünf elf Stadt Barcelona Null	[θ]
c	In allen anderen Fällen. Etwas weicher als das deutsche **k**ran**k** und nicht aspiriert.	**C**armen **C**ristóbal **C**olón **c**laro	Carmen Christoph Kolumbus klar	[k]
ch	Wie das engl. «mu**ch**» oder das ital. «**c**ento».	**Ch**ile co**ch**e	Chile Auto	[c]
d	Am Anfang und nach «l» oder «n». Etwas weicher als das dt. **D**orf und nicht aspiriert.	¿**D**ón**d**e? fal**d**a un **d**isco	Wo? Rock eine Schallplatte	[d]
d	In allen anderen Fällen. Viel weicher.	na**d**a ¿A**d**ónde? los **d**iscos	nichts Wohin? die Schallplatten	[ð]
g	Vor «e» oder «i». Wie im dt. Da**ch**, ma**ch**en (und wie das spanische «j»).	Ar**g**entina **G**ibraltar la **g**ente	Argentinien Gibraltar die Leute	[x]
g	Am Anfang und nach «n». Etwas weicher als dt. **g**anz, **G**itarre.	¡**G**racias! ten**g**o un **g**ato	Danke! ich habe eine Katze	[g]
g	In allen anderen Fällen. Viel weicher.	Mála**g**a ne**g**ro ¡Muchas **g**racias!	Malaga schwarz Vielen Dank!	[ɣ]
h	Das span. «h» wird nie ausgesprochen.	**h**ombre	Mann	
j	Wie im dt. Da**ch** (und wie das spanische «g» vor «e» oder «i»).	**J**uan naran**j**a	Johannes Apfelsine	[x]
k	Etwas weicher als das dt. **k**ran**k** und nicht aspiriert. («K» kommt im Spanischen nur in Fremdwörtern vor.)	**k**ilo **k**ilómetro	Kilo Kilometer	[k]
ll	Wie ital. «figlio». Beachte: in fast allen Ländern Lateinamerikas, auf den Kan. Inseln und in Madrid wird **ll** wie ein span. «y» vor einem Vokal ausgesprochen (s. unten).	Sevi**ll**a la ca**ll**e **ll**evar e**ll**a	Sevilla die Straße hinbringen sie	[ʎ]
n	Vor «b», «v», «p», «m». Wie «m».	u**n** baño e**n**vidia u**n** perro	ein Bad Neid ein Hund	[m]
n	In allen übrigen Fällen. Wie im dt. **N**ase.	u**n**a **n**oche **n**ariz	eine Nacht Nase	[n]
p	Etwas weicher als im dt. **P**eter und nicht aspiriert. Beachte: in einigen Wörtern wird «p» vor «t» fast nie ausgesprochen: septiembre September (es wird auch «setiembre» geschrieben); séptimo siebter.	**p**ero **p**adre ca**p**a	aber Vater Umhang	[p]

►

Konsonant	*Beschreibung der Aussprache*	*Beispiele*		*Laut*
qu	Etwas weicher als im dt. «k» und nicht aspiriert.	Enri**que** **qu**ince el **que**so	Heinrich fünfzehn der Käse	[k]
r	Zwischen Vokalen. Kurzes und leichtes «r» (mit der Zungenspitze).	ca**r**o pe**r**o	teuer aber	[r]
r	Vor oder nach Konsonanten und am Ende eines Wortes.	t**r**es cont**r**a ve**r** dolo**r**	drei gegen sehen Schmerz	[ɹ]
r	Am Anfang eines Wortes und nach «l», «n», «s». Stark gerolltes «r» (mit der Zungenspitze).	**r**evista En**r**ique los al**r**ededores	Zeitschrift Heinrich die Umgebung	[rr]
rr	Stark gerolltes «r» (mit der Zungenspitze).	pe**rr**o bu**rr**o	Hund Esel	[rr]
s	Wie im dt. la**ss**en (aber etwas stärkeres Zischen).	el **s**ol Bueno**s** día**s**. **s**eñor	die Sonne Guten Morgen. Herr	[s]
t	Etwas weicher als im dt. **T**ür und nicht aspiriert.	**t**ambién bo**t**ella	auch Flasche	[t]
x	Im allgemeinen wird **x** – vor allem in der Umgangssprache – wie ein spanisches «s» ausgesprochen. Beachte: «México» wird «Méjico» ausgesprochen.	e**x**amen e**x**acto te**x**to e**x**portar	Prüfung genau Text exportieren	[s] [ɣs]
y	Vor einem Vokal. Stärker als im dt. **j**a (mit leichtem Geräusch zwischen Gaumen und Zunge). Beachte: am Ende eines Wortes oder eines Diphthongs ist «y» = «i» (s. § 216).	**y**o desa**y**uno ma**y**o **Y**ugoslavia	ich Frühstück Mai Jugoslawien	[j]
z	Etwas schärfer als im engl. «**th**ing» (und wie das spanische «c» vor «e» und «i»). Beachte: in ganz Lateinamerika, auf den Kan. Inseln und in Südspanien wird «z» wie ein spanisches «s» ausgesprochen.	**z**apato **Z**aragoza a**z**úcar	Schuh Saragossa Zucker	[θ]

212 La acentuación (Betonung)

A	bọlso puẹrta	Tasche Tür	hạblan tebẹo	sie sprechen Comic-Heft	farmạcia grạcias	Apotheke danke	bọlsos jụlio	Taschen Juli
B	señọr comprạr	Herr kaufen	azụl jerẹz	blau Sherrywein	Gibraltạr querẹr	Girbraltar wollen	hotẹl soñạr	Hotel träumen
C	aquí compré	hier ich kaufte	también avión	auch Flugzeug	cantáis teléfono	ihr singt Telefon	Málaga Cádiz	Malaga Cadiz
D	rẹ́gimen	Regime	regịmenes		carạcter	Charakter	caractẹres	

►

A Wörter, die auf Vokal, auf «n» oder «s» enden, werden auf der vorletzten Silbe betont. (Diphthonge bilden nur eine Silbe, s. § 210.)
B Wörter, die auf Konsonant (außer «n» oder «s») enden, werden auf der letzten Silbe betont.
C Eine andere Betonung bedarf stets des graphischen Akzents (´).
D Einige wenige Wörter haben eine unterschiedliche Betonung im Singular und im Plural.

213 El acento (Akzent)

A	¿Qué? ¿Cómo?	Was? Wie?	¿Dónde? ¿Por qué?	Wo? Warum?	¡Qué bien ¡Qué pena!	Wie schön! Wie schade!	¡Cuánto!	Wieviel!
B	tú mí él té	du mich, mir er Tee	(aber: tu – dein mi – mein el – der te – dich, dir)		sé sí más ¡dé!	ich weiß ja mehr geben Sie!	(aber: se – sich si – wenn mas – aber de – von)	
C	día país	Tag Land	(vgl. viaje – Reise vais – ihr geht)		grúa río	Kran Fluß	(vgl. guapo – hübsch labio – Lippe)	

A Fragewörter (und Ausrufewörter) haben immer einen Akzent.
(Dies betrifft auch „indirekte" Fragen und Ausrufe: Dinos cuándo vas a volver. Sag uns, wann du zurückkommen wirst. No sabes cuánto cuesta. Du weißt nicht, wie teuer es ist.)
B Einige einsilbige Wörter tragen je nach Bedeutung (und zur Unterscheidung) einen Akzent.
(Stehen «este …, ese …, aquel …» allein, so können sie – müssen aber nicht – einen Akzent tragen: s. §§ 175–177. Dasselbe gilt auch für «sólo» nur.) «Esto, eso, aquello» tragen nie einen Akzent.
(Großbuchstaben können – müssen aber nicht – nach diesen Regeln einen Akzent tragen).
C «i» oder «u» tragen einen Akzent in Vokalverbindungen, wenn es sich nicht um einen Diphthong handelt (s. § 210).

214 La sinalefa (Bindung)

Tengo‿un libro‿interesante para‿usted.	Ich habe ein interessantes Buch für Sie.
Ahora va‿a‿hablar Carmen.	Jetzt wird Carmen sprechen.
Mañana‿a la‿una va‿a‿ir a la‿Habana.	Morgen um eins wird er nach Havanna fahren.
Los‿otros‿hombres‿están‿allí.	Die anderen Männer sind dort.
Van‿a Buenos‿Aires.	Sie fahren nach Buenos Aires.

- Vokale, die aufeinander folgen, auch wenn sie zu verschiedenen Wörtern gehören, werden im Spanischen in der Regel miteinander verbunden.
- Dasselbe gilt für einen Schlußkonsonanten und den darauf folgenden Vokal.

215 Los signos de puntuación (Satzzeichen)

.	el punto	¿ ?	la interrogación	« »	las comillas
,	la coma	¡ !	la exclamación	´	el acento ortográfico
;	el punto y coma	( )	el paréntesis	˜	la tilde
:	los dos puntos	–	la raya		
…	los puntos suspensivos	-	el guión		

– ¡Hola! ¿Qué tal? – Muy bien, ¿y tú?	– Hallo! Wie geht es? – Sehr gut, und dir?
Perdón, señor, ¿hay un hotel por aquí?	Entschuldigung, ist hier in der Nähe ein Hotel?
El avión para Cádiz, ¿qué puerta es?	Welches ist der Ausgang zum Flugzeug nach Cádiz?

- Frage- und Ausrufezeichen stehen im Spanischen vor und hinter der Frage oder dem Ausruf. Das Anfangszeichen (¿, ¡) steht unmittelbar vor dem Anfang der Frage oder des Ausrufes.

216 Algunos cambios ortográficos (Einige orthographische Veränderungen)

A	una ve**z**	einmal	a ve**ces**	manchmal	empe**zar**	beginnen	empe**cé**	ich begann
B	lle**go**	ich komme an	lle**gué**	ich kam an	pa**gar**	bezahlen	pa**gué**	ich bezahlte
C	sa**car**	herausholen	sa**qué**	ich holte heraus	ata**car**	angreifen	ata**qué**	ich griff an
D	o**ír**	hören	¡O**y**e!	¡Hör mal!	constru**ir**	bauen	constru**y**o	ich baue

A **z** → **c** vor «e»
B **g** → **gu** vor «e» und «i»
C **c** → **qu** vor «e» und «i»
D **i** → **y** zwischen Vokalen

E	famosos **e** importantes padres **e** hijos	berühmt und wichtig Eltern und Kinder
F	siete **u** ocho Francia **u** Holanda	sieben oder acht Frankreich oder Holland

E Das Wort **y** wird zu **e** vor Wörtern, die mit «i» oder «hi» beginnen.
F Das Wort **o** wird zu **u** vor Wörtern, die mit «o» oder «ho» beginnen.
(Das Wort **o** bekommt einen Akzent zwischen zwei Ziffern: 5 ó 6.)

Algo sobre España y Latinoamérica

So wie man innerhalb des europäischen Spanisch Unterschiede findet (Kastilisch, Andalusisch ...), bestehen auch Unterschiede im Spanischen von Mittel- und Südamerika.
Man kann eine Grenze ziehen zwischen dem Spanisch des „Tieflandes" (rund um die Karibik und Teile von Südamerika: Argentinien, Uruguay, Chile) und dem Spanisch des „Hochlandes" (z.B. Peru, Kolumbien und Mexiko). Diese Unterschiede betreffen in erster Linie Aussprache und Wortschatz, es gibt jedoch auch bezüglich der Grammatik einige wenige Abweichungen. Trotz aller Unterschiede können Menschen aus allen Teilen der Spanisch sprechenden Welt einander problemlos verstehen.

Aussprache

Die meisten Unterschiede in der Aussprache hängen mit den verschiedenen Dialekten zusammen, insbesondere mit denen Süd- und Westspaniens. In Spanisch-Amerika sind es die „Tieflandgebiete" (die Karibik und die La-Plata-Region), in denen die Abweichungen zum europäischen Standardspanisch (d.h. dem Kastilischen) am größten sind.

Seseo
In ganz Lateinamerika (ebenso auf den Kanarischen Inseln und in Teilen Südspaniens) werden *z* und *c* vor *e* und *i* wie das deutsche „ss" in „lassen" ausgesprochen. Dies wird als «seseo» bezeichnet.
Beispiel: *policía* [poli'sia], *taza* ['tasa].

Abgeschwächtes s am Wort- und Silbenende
In den Tieflandgebieten neigt man dazu, ein *s* zu verschlucken, das vor einem Konsonanten oder am Ende eines Wortes steht. Dies gilt auch für die Kanarischen Inseln und für Südspanien. Das *s* wird als ein *h*-artiger Laut gesprochen.
Beispiel: *las muchachas no están en España* [la^h mu'caca^h no ɛ^h'tan ɛn ɛ^h'paŋa].

Verschlucken von anderen Konsonantlauten
In jenen Regionen, wo das *s* am Wort- oder Silbenende verschluckt wird, geschieht dies auch mit anderen Konsonantlauten, z.B. mit dem *r* am Ende eines Wortes (*hablá* statt *hablar*), mit der Endung *-ado* (*comprao* statt *comprado*), mit dem *j*-Laut (*bajo* wird ausgesprochen als *baho*) und mit dem *n*, das beinahe wie ein französischer Nasallaut klingen kann (*bien* wird ausgesprochen als [biɛ̃] oder [biɛŋ]), was im karibischen Raum sehr gebräuchlich ist.

Yeísmo
In ganz Lateinamerika werden die Laute *ll* und *y* auf die gleiche Weise ausgesprochen, d.h. als *j*-Laut. Das kommt auch in einem großen Teil Spaniens vor und wird als *yeísmo* bezeichnet.
In den La-Plata-Ländern (Argentinien und Uruguay) wird dieses *j* noch stärker als Zischlaut ausgesprochen.
Beispiel: *calle* ['kaʒɛ], *castellano* [ka^{h}tɛ'ʒano], *uruguayo* [uru'ɤuaʒo].

Grammatik

In der Grammatik bestehen einige wenige Unterschiede zwischen dem europäischen und dem amerikanischen Spanisch. Sie betreffen unter anderem den Gebrauch des Personalpronomens sowie einige Verbformen und -zeiten.

Loísmo
In ganz Lateinamerika gebraucht man die Formen *lo* und *los* statt *le* und *les* für männliche Personen im Akkusativ. Dieses Phänomen wird als *loísmo* bezeichnet und kommt auch in Spanien vor, vor allem im Süden.
Beispiel: – *¿Has visto a Juan?* – *Sí, lo vi ayer.*

Angesichts der Tatsache, daß die Mehrzahl der ca. 300 Millionen Menschen, die weltweit Spanisch sprechen, den *loísmo* gebraucht, haben wir manchmal diese Variante in die Texte und Dialoge von Eso sí aufgenommen.

Voseo
Dieses Phänomen findet man vor allem in Argentinien und Uruguay, aber auch in Teilen Mittelamerikas: statt *tú* wird *vos* verwendet. Die Verbform, die mit *vos* kombiniert wird, ist von der 2. Person Plural der Verben auf *-ar* oder *-er* abgeleitet, wobei das *i* wegfällt:
sois wird *sos, vais* wird *vas, hacéis* wird *hacés.* Man sagt *vos sos* (= *tú eres*) und *vos hacés* (= *tú haces*).
Ist das Possessivpronomen Akkusativobjekt, so wird *vos* durch *te* ersetzt. Als Possessivpronomen lautet es *tu*:
Y a vos, ¿como te va? ¿Hablás con tu hermano?
Der Imperativ entspricht beim *voseo* der 2. Person Plural, wobei das *de* wegfällt:
mirá (= mira), fijate (= fíjate), escuchame (= escúchame).

Ustedes statt vosotros
Fast überall in Spanisch-Amerika wird *ustedes* statt *vosotros* gebraucht. *Ustedes* ist die Anredeform für jedermann in der Mehrzahl, sowohl im familiären Gebrauch als auch in der Höflichkeitsform.
Auch in Andalusien, Extremadura und auf den Kanarischen Inseln wird diese Form verwendet.

Der Gebrauch des Indefinido
In vielen Gegenden Spanisch-Amerikas wird Indefinido verwendet, während man in Spanien Perfekt gebraucht:
¿Se enteraron ustedes de que …? statt *¿Os habéis/Se han enterado de que …? ¿Viste la película de Saura?*
statt *¿Has visto la película de Saura?*

Verkleinerungsformen
In ganz Lateinamerika werden Diminutive oftmals verwendet, um die Bedeutung eines Wortes zu verstärken, und nicht um eine Verkleinerung/Verniedlichung oder Gefühle auszudrücken: *ahorita* und *hasta lueguito* statt *ahora (= en seguida)* und *hasta luego.*

Wortschatz

Durch die Eroberung Amerikas ist eine große Zahl indianischer Wörter in den Wortschatz der spanischen und auch anderer westeuropäischer Sprachen eingeflossen. Der Einfluß der Indianersprachen (z. B. *náhuatl* in Mexiko, *quechua* in Ecuador und Peru, *guaraní* in Paraguay, *mapuche* in Chile) ist auf Anhieb im Wortschatz sichtbar:

ananás	Ananas	maíz	Mais	aguacate	Avocado	maní	Erdnuß
cacao	Kakao	poncho	Poncho	cacique	Häuptling, „Bonze“	nopal	Feigenkaktus
canoa	Kanu	sabana	Savanne			papa	Kartoffel
chocolate	Schokolade	tabaco	Tabak	cancha	Sportplatz	puna	Hochsteppe
guano	Guano	tomate	Tomate	hamaca	Hängematte	soroche	Höhenkrankheit
llama	Lama			huracán	Orkan		

▶

Abgesehen davon stammen viele Wörter, die gewöhnlich als „Lateinamerikanismen“ bezeichnet werden, aus dem Alt-Spanischen.
Hier eine Auswahl von Wörtern, mit unterschiedlicher Bedeutung in Lateinamerika und in Spanien (vgl. auch Seiten 92, 105 in diesem Buch):

Zahlreiche Lateinamerikaner sagen:	*Es bedeutet:*	*Ein Spanier könnte verstehen:*	*Ein Spanier sagt selbst:*
acá	hier	hierher	aquí
allá	dort, da	dorthin	allí
apartamento	Wohnung	Appartement	piso
apurarse	sich beeilen	sich Sorgen machen	darse prisa
boleto	Fahrkarte	Lotterielos	billete
botar	wegwerfen	springen (Ball)	tirar
carro	Auto	Karre	coche
cómo no	sicherlich	natürlich	claro
chico	klein	Junge	pequeño
estampilla	Briefmarke	Stempel	sello
extrañar	vermissen	wundern, befremden	echar de menos
flojo	faul, träge	schwach, schlapp	perezoso
fósforo	Streichholz	Phosphor	cerilla
manejar	Auto fahren	bedienen	conducir
no más	nur	nicht mehr	sólo
papa	Kartoffel	(Papst)	patata
pararse	aufstehen	stehenbleiben	levantarse
plata	Geld	Silber	dinero
sacar	wegnehmen, stehlen	herausnehmen	quitar
saco	Jacke	Sack	chaqueta
tomar	(Alkohol) trinken	nehmen	beber
vitrina	Schaufenster	Vitrine	escaparate

Sachregister zur Grammatik

Die Zahlen verweisen auf die Paragraphen im Grammatikteil.

Wörterverzeichnis

Das Wörterverzeichnis nach Lektionen finden Sie im Arbeitsbuch.
Die Zahlen verweisen auf die Lektion in Eso sí II, in der ein Wort erstmals erscheint.
Wörter ohne Zahlenangabe wurden schon in Eso sí I eingeführt.
(ie); (ue); (i) = Verben mit unregelmäßigen Präsensformen.
ch und **ll** finden Sie, im Gegensatz zu den meisten spanischen Wörterbüchern, innerhalb von **c** und **l**,
ñ folgt auf **n**.
Vokabular und Erläuterung zu den Sprichwörtern finden Sie auf Seite 232.

A

a nach; zu; an; um
a buen precio zu einem guten Preis
a cargo de unter der Leitung von 18
a casa nach Hause
a casa de los Sánchez zu den Sánchez
a causa de wegen; aufgrund 6
a eso de etwa um
a la cabeza de ... voran; an der Spitze von ... 7
a la derecha (de) rechts (von)
a la izquierda (de) links (von)
a la oficina ins Büro
a las dos um zwei Uhr
a lo lejos in der Ferne 25
a lo mejor vielleicht
a mediados (de enero) Mitte (Januar) 18
a menos de ... in einer Entfernung von weniger als ... 11
a mí mir
a orillas (de) am Ufer
a orillas del río Tormes am Tormesufer (gelegen)
a partir de ab, nach 6; von ... an 18
a pesar de trotz
a pesar de todo trotzdem
a pie zu Fuß
a principios zu Beginn 18
¿A qué hora? Um wieviel Uhr?
a unos kilómetros einige Kilometer entfernt
a ver ... mal sehen ...
A ver si hay suerte. Mal sehen, ob ich (damit) Glück habe.
abandonado verlassen; nicht beachtet
abandonar aufgeben 31; verlassen 35
el **abandono** Aufgeben 17
abarcar umfassen 6
el **abeto** Tanne 17
abierto *(Partizip Perfekt abrir)* geöffnet
el **abonado** *hier:* (Fernsprech-) Teilnehmer
el/la **aborigen** Ureinwohner/in 31
el **abrazo** Umarmung
Un fuerte abrazo de ... Es umarmt Euch ...
el **abrigo** Mantel
abril April
abrir öffnen
abrir camino einen Weg bahnen 5
abrir las puertas al público für den Publikumsverkehr öffnen 13
abrir sus puertas seine Pforten öffnen 13
abrochar zuknöpfen; *hier:* anschnallen
llevar abrochado el cinturón de seguridad den Sicherheitsgurt angelegt haben
absolutamente absolut; überhaupt 14
en absoluto überhaupt nicht 22
la **abuela** Großmutter
la **abuelita** Oma
el **abuelo** Großvater
los **abuelos** Großeltern
abundante reich(haltig)
abundar reichlich vorhanden sein
aburrido langweilig
el **abuso** Mißbrauch
a.C.= antes de Cristo vor Christi Geburt
acá hierher 18
acabar aufhören, beenden 25
acabar con *hier:* ein Ende machen mit 25
acabar de + *Infinitiv* gerade (etwas) getan haben
Si acabamos de arreglarla. Aber wir haben sie doch gerade repariert. 34
Las rebajas acaban de empezar. Der Ausverkauf hat gerade begonnen.
la **academia** (Privat)Schule
la academia nocturna Abendschule
el **acantilado** Steilküste
acarrear schleppen, transportieren 31
dedicaban su tiempo a acarrear agua sie verbrachten ihre Zeit damit, Wasser zu schleppen 31
acaso vielleicht, möglicherweise 9
por si acaso *hier:* für alle Fälle 9
el **acceso** Zugang 5
el **accidente** Unfall 20
el accidente de aviación Flugzeugunglück 32
el accidente de tráfico Verkehrsunfall 27
el accidente mortal tödlicher Unfall 27
el **aceite** Öl
el aceite vegetal Pflanzenöl 7
la **aceituna** Olive
aceptar annehmen 18
la **acera** Bürgersteig 11
acercar nähern; herschieben; geben 22
acercarse sich nähern 3
el **acero** Stahl 32
acompañar begleiten
acondicionado gestaltet, hergerichtet 27
aconsejar raten 4; (be-)raten 9
el **acontecimiento** Ereignis 20
acordarse *(ue)* **de algo** sich an etwas erinnern
acostarse *(ue, me acuesto)* schlafen gehen
la **actividad** *hier:* Bereich 20; Tätigkeit 25

activo aktiv, lebhaft; tatkräftig 14
mujeres activas Frauen, die im Beruf stehen 14
actual aktuell 33
la **actualidad** Aktualität 26
actualmente gegenwärtig 2
Acuario Wassermann *(Sternzeichen)* 28
acudir a *hier:* sich wenden an 14; aufsuchen 16
Los artistas acudían a esa ciudad. Die Künstler suchten diese Stadt auf. 16
el **acueducto** Aquädukt
el **acuerdo** Einigung 21
De acuerdo. Einverstanden.
estar de acuerdo einverstanden sein
adelantar *hier:* vorstellen 15
Los relojes se adelantarán a las tres. Die Uhren werden um 3 Uhr vorgestellt werden. 15
¡Adelante! *etwa:* Kommen Sie herein!
además außerdem
además de außer
Además de tener ... *etwa:* Sie haben nicht nur ...
adentro hinein 20
adentro de innen in 23
Adiós. Auf Wiedersehen.
la **adivinanza** Rätsel
adivinar erraten 17
adjunto beiliegend 34
administrativo Verwaltungs- 18
admirable bewundernswert 17; wunderbar 32
era cosa admirable es war eine bewundernswerte Sache 17
admirar bewundern 21
Todos fueron a admirar la escultura. Alle begaben sich dorthin, um die Skulptur zu bewundern. 21
la **adolescencia** Jugend 4
desde mi más tierna adolescencia seit meiner frühesten Jugend 4
el/la **adolescente** Heranwachsende/r 11
¿adónde? wohin?
adoptar annehmen 6; adoptieren 16
adornado verziert
adornar schmücken
adquirir *(ie, i)* erwerben 24
la **aduana** Zoll
el **aerogenerador** Windkraftwerk 26
el **aeropuerto** Flughafen
el **aerosol** Spray mit Treibgas 26
afectuoso liebevoll 36
la **afeitadora (eléctrica)** (Elektro-) Rasierer 5
la **afición** Liebhaberei 24
las **afueras** *hier:* äußeres Stadtgebiet
la **agencia** Agentur
la **agencia de viajes** Reisebüro
la **agenda** Taschenkalender 22
la **aglomeración** Anhäufung; Gedränge 20
agosto August
agotarse aufbrauchen 31
hasta que el alimento se agotaba bis die Nahrungsmittel aufgebraucht waren 31
agradable angenehm 5
agradecer *(agradezco)* dankbar sein 33
agradecer algo a alguien jdm für etwas dankbar sein 34
agregar hinzufügen 18
agrícola landwirtschaftlich
el **agricultor** Landwirt
la **agricultura** Landwirtschaft
agrio sauer; *hier:* grell 20
los **agrios** Zitrusfrüchte
el **agua** *(f)* Wasser
el agua mineral Mineralwasser
el agua mineral con/sin gas Mineralwasser mit/ohne Kohlensäure 22
el agua potable Trinkwasser
el agua salada Salzwasser
la toma de aguas Trinkkur 34
No sale agua caliente. Es kommt kein warmes Wasser (raus). 34
aguardar erwarten, warten auf 11
el **aguardiente** Schnaps
agudizarse sich zuspitzen 32
el **águila** *(f)* Adler 16
donde veáis un águila wo ihr einen Adler sehen werdet 16
la **aguja** (Strick-)Nadel
el **agujero** Loch 26
¡ah! ach!
Ah, bueno. Na, gut.
¡Ah, no! Oh, nein!
ahí da, dort
ahí enfrente dort gegenüber
el **ahogado** Ertrunkener 35
ahora jetzt
ahora mismo jetzt, sofort
por ahora einstweilen
ahorrador, -a sparsam
ahuyentar vertreiben, verjagen 31
el **aire** Luft
el aire acondicionado Klimaanlage 27
aislar isolieren
ajeno fremd 31
Producen objetos ajenos a su cultura. Sie stellen Gegenstände her, die ihrer eigenen Kultur fremd sind. 31
el **ajo** Knoblauch 22
el **ajuar** Aussteuer 6
al a + el
al cabo de nach 38
al contrario im Gegenteil 20
al lado de neben
al menos zumindest
al mes im Monat
al mismo tiempo gleichzeitig 6
al norte (de) nördlich (von)
al oeste (de) westlich (von)
al otro lado auf der anderen Seite
al revés umgekehrt; verkehrt 17
al sur (de) südlich (von)
el **ala** *(f)* Flügel 32
Alba de Tormes *kleine Stadt in der Provinz Salamanca*
Albania Albanien
La Alberca *malerischer Ort in der Provinz Salamanca*
el **albergue** Herberge 12
el albergue de carretera Raststätte *(staatliches Hotel)* 33
el albergue de la juventud Jugendherberge 12
la **alcaldía** Bürgermeisteramt 23
el **alcance** Reichweite 12
Todo está a tu alcance. All das ist dir zugänglich. 12
alcanzar erreichen 7
La Alcazaba *Reste der alten Königsburg nahe der Alhambra*
el **alcohol** Alkohol 27
la **alcoholemia** Alkohol im Blut 27
el control de alcoholemia Alkoholtest 27
alcohólico Alkohol- 7
la bebida alcohólica alkoholisches Getränk 7
el **alcoholímetro** Alkoholmesser 27
la **aldea** Siedlung; Dorf 15
alegrar freuen 17
alegrarse de algo sich über etwas freuen
Se alegra mucho. Er/Sie freut sich sehr.
alegremente fröhlich, lustig 38
la **alegría** Heiterkeit, Fröhlichkeit 12; Freude 30
¡Qué alegría! Was für eine Freude! 12
alemán deutsch
el **alemán**, la **alemana** Deutscher, Deutsche
a la alemana auf deutsche Art
Alemania Deutschland
L'Alfàs *Ortschaft in der Provinz Alicante*
el **alfiler** Stecknadel
No cabe ni un alfiler. Da paßt nicht einmal mehr eine Stecknadel rein.

Alfonsín *argentinischer Präsident (1983-1989)* 36
algo etwas
algo así so ähnlich
algo de comer etwas zu essen
¿Algo más? Sonst noch etwas?
el **algodón** Baumwolle
alguien jemand
alguien más noch jemand
algún irgendein
alguno irgendeiner
algunos einige
algunas veces manchmal 4
Algunos sí hablan español. Einige sprechen schon Spanisch.
La **Alhambra** *arabischer Palast oberhalb Granadas*
aliarse sich verbünden 16
Alicante *Stadt in der Region Valencia*
alicantino aus Alicante
la **alimentación** Ernährung 7
el **alimento** Nahrung 5; Speise 7
allá dort 15; dorthin 18
allí dort
el **alma** *(f)* Seele 17
el **almacén** Lager(haus)
Almagro *Stadt in der Provinz Ciudad Real (Castilla-La Mancha)*
Almería *Stadt in Südspanien*
el **almíbar** Sirup 22
el **almirante** Admiral 6
Almonacid del Marquesado *Ortschaft in der Provinz Cuenca (Castilla-La Mancha)*
almorzar *(ue)* zu Mittag essen
el **alojamiento** Unterkunft 12
alojar beherbergen, unterbringen 11
alrededor de um … herum; etwa
los **alrededores** Umgebung
el **altibajo** Auf und Ab 32
alto groß; hoch
alucinante verblüffend
¡Alucinante, vaya! Schlicht und einfach verblüffend!
el **alumno** Schüler
el **alza** Steigerung 36
estar en alza zunehmen 36
alzarse *hier:* wachsen 6
el **ama** *(f)* Herrin 38
el ama *(f)* **de casa** Hausfrau 14
amable liebenswürdig
el **amante** Liebhaber
amarillo gelb
amazónico Amazonas- 15
la **ambición** Ehrgeiz; *hier:* Streben 6
el **medio ambiente** Umwelt 26
ambiguo zweifelhaft 28
ambos beide 33
la **ambulancia** Krankenwagen 27
América Latina Lateinamerika
americano amerikanisch
el **amigo** Freund
la **amistad** Freundschaft 15
estar abierto a la amistad offen sein für Freundschaft 28
hacer amistad Freundschaft schließen 15
el **amo** Herr; Dienstherr 10
amor *hier:* Liebes 1
el **amor** Liebe 17
en el campo del amor in der Liebe 28
amoroso Liebes-… 20
vida amorosa Liebesleben 20
Amparo *weiblicher Vorname* (= María Amparo)
el **amparo** Schutz 6
vivir bajo el amparo de unter dem Schutz von … leben 6
ampliar erweitern 4
amplio weit verzweigt 12
añadir hinzufügen 19
el **analfabetismo** Analphabetentum
el **análisis** *hier:* (Ergebnis der) Untersuchung 7
el análisis de sangre Blutuntersuchung 7
analizar analysieren 21
ancho breit 2
ancha de caderas mit breiten Hüften 31
la **anchura** Breite 32
el **anciano** Greis, alter Mann 15
«andalanes» *volkstümliche Bezeichnung für die Andalusier, die in Katalonien eingewandert sind*
Andalucía Andalusien
andaluz, -a andalusisch
el **andaluz** Andalusier
andar gehen, laufen 12
andar con otra señora mit einer anderen Frau ein Verhältnis haben 30
andar de cabeza bis über beide Ohren in Arbeit stecken 12
Ande con cuidado. Seien Sie vorsichtig … 28
¿Cómo andás? *Argentinien:* Wie geht es dir? 36
Yo ando un poco mal. Mir geht es nicht so gut. 36
los **Andes** Anden
Andorra *Kleinstaat in den östl. Pyrenäen*
el **ángel** Engel 26
animado lebhaft; angeregt, munter 28
el **animal** Tier
diversas especies animales verschiedenartige Tierarten 32
el **anís** Anis
el **anochecer** Abenddämmerung 17
anónimo anonym 21
ansioso gierig 6
ansiosos por encontrar oro gierig darauf, Gold zu finden 6
ante vor 14
anteayer vorgestern 27
el **antebrazo** Unterarm 36
el **antecesor** Vorgänger 18
los **antepasados** Vorfahren 16; Ahnen 17
anterior vorhergehend 35
antes vorher
cuanto antes so bald wie möglich 33
antes de bevor
antes de Cristo vor Christi Geburt 20
antes de ir a casa bevor sie nach Hause geht
Antes de ir al trabajo … Bevor sie arbeiten geht …
antes de terminar el día bevor der Tag zur Neige ging 21
poco antes de … kurz bevor … 11
la **antigüedad** Alter 27
antiguo alt
Las Antillas Antillen
las **Antillas Mayores** große Antillen 6
la **antropología** Antrophologie 21
Instituto Nacional de Antropología e Historia Landesinstitut für Anthropologie und Geschichte 21
anualmente jährlich 26
anular aufheben 32
anunciar ankündigen 17; bekanntmachen 35
el **anuncio** Anzeige
añadir hinzufügen
el **año** Jahr
a los 15 años mit 15 Jahren 31
A tus años … In deinem Alter … 37
los años 90 die 90er Jahre 35
el **Año Nuevo** Neujahr
el **Añoviejo** Silvester
Aoíz *Dorf in Navarra*
apacible friedlich
apagado *hier:* erloschen 25
apagar löschen 20
el **aparato** Apparat 5
el **aparcamiento** Parkplatz
aparcar parken
Están aparcando. Sie parken gerade.

aparecer *(aparezco)* erscheinen 3
al ver aparecer ante sus ojos ... als sie vor ihren Augen auftauchen sahen ... 16
apartado abgelegen 20; entfernt 25
el **apartado de Correos** Postfach 33
el **apartamento** Appartement 33
aparte de außer 2
el **apellido** Nachname
apenas kaum
el **aperitivo** Aperitif 22
apetecer zusagen; mögen 22
me apetece ... ich habe Lust auf ... 22
el **aplauso** Beifall 31
apoyarse en sich stützen auf 6
apreciado geschätzt 32
apreciar schätzen 35
aprender lernen
apretar *(ie)* drücken
el **apretón** das Drücken 36
el apretón de manos Händedruck 36
aprobar *(ue) hier:* Prüfung bestehen 12
aprovechar nutzen 23
¡Aproveche la ocasión! Nutzen Sie die Gelegenheit! 23
¡Que aproveche! Guten Appetit! 7
aprovecharse de (be)nutzen 7
aprox. = aproximadamente ungefähr
apuntar a ziehen auf 13
llevar el apunte *Argentinien:* auf jdn. hören 31
aquel jener
aquella jene
aquí hier
Aquí tiene. Bitte sehr.
por aquí (cerca) hier in der Nähe
el/la **árabe** Araber/in
árabe arabisch
Aragón Aragonien *(autonome Region)*
Aranjuez *Stadt in Neukastilien* 2
el **árbol** Baum
el **archipiélago** Inselgruppe, Archipel 11
la **arcilla** Ton 17
la arcilla cocida gebrannter Ton 17
el **arco** Bogen 26
el arco iris Regenbogen 26
la **arena** Sand 25
el **arenal** Sandfläche 32
Argentina Argentinien
el **argentino** Argentinier 18
árido dürr, trocken 25
Aries Widder *(Sternzeichen)* 28
el **arma** *(f)* Waffe
las armas de fuego Feuerwaffen 17
el **armario** Schrank
el armario ropero Kleiderschrank 34
arqueológico archäologisch
el **arqueólogo** Archäologe 21
arraigado verwurzelt
arrasar dem Erdboden gleichmachen 17
Tenochtitlán estaba arrasada. Tenochtitlán war dem Erdboden gleichgemacht worden. 17
arreglar reparieren 34
No lo arreglen ustedes mismos. Reparieren sie es nicht selbst. 34
arriba oben
arrollar überfahren 20
Un tren arrolló el autobús. Eine Straßenbahn zermalmte den Autobus. 20
el **arroz** Reis
el arroz a la cubana *Reisgericht (Reis, Schweinefleisch, Tomatensauce, Spiegeleier und Kochbananen)* 22
el **arte** Kunst
el arte de la Fiesta die Kunst des Festefeierns 20
la **artesanía** (Kunst-)Handwerk 6
articulado Glieder- 2
el **artículo** *hier:* Ware 6
el/la **artista** Künstler/in 16
asar braten 22
La **Ascensión** Christi Himmelfahrt
el **ascenso** Aufstieg 14
el **ascensor** Fahrstuhl
asegurar versichern 10; sichern 18
el **aseo** Sauberkeit
el aseo personal Körperpflege
así so
algo así so ähnlich
Así está bien. Es ist gut so.
así que *hier:* deswegen
el **asiento** Sitzplatz 2; Sitz 13
el asiento trasero Rücksitz 27
la **asignatura** (Lehr-)Fach 35
Me falta una asignatura. In einem Fach muß ich noch die Prüfung ablegen. 35
asimismo ebenso 12
la **asistenta** Zugehfrau 4
el/la **asistente** Pfleger/in
asociado *hier:* angegliedert 6
asomarse a ... *etwa:* sich nähern; herangehen an ... 7
el **aspa** *(f)* Windmühlenflügel 10
el **aspecto** Aspekt
el **aspersor** (Rasen-)Sprenger; Berieselungsanlage
el **astillero** Werft
Asturias Asturien *(autonome Region in Nordspanien)*
La **Asunción** Mariä Himmelfahrt
el **asunto** Angelegenheit 14
el Ministerio de Asuntos Sociales Ministerium für soziale Angelegenheiten 14
Eso es asunto de ustedes. Das ist Ihre Angelegenheit. 37
los asuntos extranjeros Auslandsfragen 18
sus asuntos económicos *hier:* Ihre Finanzen 28
asustarse erschrecken 13
el **ataque** Angriff 6
Atenas Athen
la **atención** Aufmerksamkeit
llamar la atención die Aufmerksamkeit auf sich ziehen
prestar atención Aufmersamkeit schenken 28
atentamente hochachtungsvoll 33
el **(Océano) Atlántico** Atlantischer Ozean
la **atracción** Anziehungskraft 6
el **atraco** (Raub-)Überfall 13
atractivo reizvoll
atrás nach hinten 28
atravesar durchqueren; überqueren 16; durchdringen, durchstoßen 20
atrevido kühn 16
el **atrevimiento** Verwegenheit; Frechheit 31
atrincherarse sich eingraben 11
la/el **ATS = asistente técnico sanitario** Krankenpfleger, -schwester
el **auge** Aufschwung 7
aumentar zunehmen 12
el **aumento** *hier:* Zunahme 7
aún noch
aunque obwohl; auch wenn
aunque sea ... auch wenn es ... ist 24
el **auricular** Telefonhörer
aurífero goldhaltig 6
las reservas auríferas Goldreserven 6
la **ausencia** Abwesenheit 20
el **austral** *Währungseinheit in Argentinien* 32
Austria Österreich
auténtico echt 31
el **autobús** Autobus
en autobús mit dem Bus
el **autocar** Reisebus 12
la línea de autocares Reisebuslinie 12
autodefinirse sich selbst zuordnen
el **autoexpreso** Autoreisezug 2
automáticamente automatisch
automático automatisch 3
el **automóvil** Auto 26

el/la **automovilista** Autofahrer/in
la **«Autonomía»** autonome Region
autónomo selbständig; autonom
el **autor** Autor
las **autoridades** *hier:* Persönlichkeiten des öffentlichen Lebens 21
el **autorretrato** Selbstporträt 20
el **auxilio** Hilfe
los primeros auxilios Erste Hilfe
el **avance** Vormarsch; Vorrücken
avanzado fortgeschritten 11
avanzar weiterkommen 21
el **ave** *(f) hier:* Geflügel 20; Vogel 26
el ave migratoria Zugvogel 26
la **aventura** Abenteuer 10
la **aviación** Luftfahrt 32
el **avión** Flugzeug
el avión de caza Jagdflieger 18
avisar benachrichtigen; Bescheid sagen 22
Avísennos. Geben Sie uns Bescheid. 34
el **aviso** Anzeige
¡Ay, sí! Ach, ja!
ayer gestern
la **ayuda** Hilfe, Unterstützung 14
pedir ayuda jdn um Hilfe/ Unterstützung bitten 14
ayudar helfen
el/la **azteca** Azteke 18
azteca aztekisch 16
el imperio azteca Aztekenreich 16
el **azúcar** Zucker 6
la caña de azúcar Zuckerrohr 6
azul blau

B

el **Bachillerato** Abitur
el **baile** Tanz 16
con números de baile mit verschiedenen Tänzen 18
la **baja** *hier:* Rückgang 36
estar en baja zurückgehen 36
bajar *hier:* hinunterfahren; hinuntergehen 22
Bajaron al tercer lugar. Sie fielen auf den dritten Platz zurück. 35
bajar por hinuntergehen 13
bajo niedrig 20; unter 32
el **baldaquín** Baldachin 20
las **Islas Baleares** Balearen
el **ballet** Ballet 18
el **balneario** Bade-, Kurort 34
el **balón** Ball 31
el **(mar) Báltico** Ostsee
el **banco** Bank
la **banda** Streifen 22
la **bandera** Flagge 11
el **bandoneón** Bandoneon *(Musikinstrument)* 32
el **bañador** Badeanzug 14
el **baño** Bad(ezimmer) 14
el baño termal Thermalbad 34
el traje de baño Badeanzug 14
el **bar** *eine Art Imbißstube;* Cafeteria
la **baraja** Spielkarten 11
baratísimo sehr billig
barato billig
la más barata die billigste
Barbados Barbados 6
barbudo bärtig 17
la **barca** (Fischer-)Boot
Barcelona *Hauptstadt Kataloniens*
el **barco** Schiff 16
la **barra** Theke; Bar 22
en la barra an der Bar 22
barrer kehren 36
el **barrio** Stadtteil, Viertel
el barrio obrero Arbeiterviertel 19
el **barro** Töpfererde, Ton; Moor; Fango 34
barro parafango Wachsfango 34
la **base** *hier:* Grundstock; Grundlage 27
a base de *hier:* durch 31
en base a auf Grund von 27
bastante ziemlich
bastar genügen 3
la **basura** Müll 26
la **bata** Schlaf-, Morgenrock 11
la **batalla** Schlacht 10
con los que pienso hacer batalla gegen die ich zu kämpfen gedenke 10
beber trinken
beber más de la cuenta zu viel trinken 11
la **bebida** Getränk
la bebida alcohólica alkoholisches Getränk 7
la **beca** Stipendium
Bélgica Belgien
Belgrado Belgrad
la **belleza** Schönheit
bello schön
Benedetti, Mario *uruguayischer Schriftsteller (1920-)* 17
Benidorm *Touristenhochburg in der Provinz Alicante*
Berlín Berlin
Berna Bern
el **beso** Kuß
la **biblioteca** Bücherschrank; Bibliothek
la **bicicleta** Fahrrad
bien gut
Está bien. Ist gut (so).
¡Qué bien! Wie schön!
¡Qué bien vive! Dem geht es gut!
Bilbao *Stadt im Baskenland*
el **billete** *hier:* Fahrkarte 2; Geldschein 3
el billete de avión Flugschein
el billete de segunda clase Fahrkarte zweiter Klasse 2
el **Bingo** 14
los **bisabuelos** Urgroßeltern 5
el **bisonte** Wisent; *hier: Zigarettenmarke* 4
blanco weiß
el **bloque** Block 21; *hier:* Steinblock 23
la **blusa** Bluse
Boabdil (-1527) *letzter König der Mauren*
la **boca** Mund 7
Abra la boca. Öffnen Sie den Mund. 7
callar la boca zum Schweigen bringen 24
el **bocadillo** belegtes Brot
la **boda** Hochzeit
Bogotá Bogota *(Hauptstadt Kolumbiens)* 4
bogotano aus Bogota 4
la **boina** Baskenmütze
las **boleadoras** *Argentinien: ein dreiteiliger Riemen, in den Steinkugeln eingeflochten sind (zum Einfangen des Viehs)* 32
el **boli, el bolígrafo** Kugelschreiber
el **boliche** *Argentinien:* Kneipe 31
Bolívar, Simón *venezolanischer Nationalheld (1783-1830)* 18
Bolivia Bolivien
Bolonia Bologna *(Italien)* 27
la **bolsa** Beutel, Tasche
el **bolso** (Hand-)Tasche
Lo pasamos bomba. Es war einfach „super".
la **bombilla** Glühbirne; *Argentinien:* Trinkröhrchen 31
la bombilla de 60 (vatios) 60-Watt-Glühbirne
la **bombona (de gas)** Gasflasche 34
bonito schön, hübsch
¡Qué bonita postal! Was für eine schöne Postkarte!
¡Qué día tan bonito! Was für ein schöner Tag!
el **borde** Rand 10
al borde del infarto dem (Herz)Infarkt nahe 10
Borge, Tomás *nikaraguanischer Politiker* 17
Borges, Jorge Luis *argentinischer Schriftsteller (1899-1986)* 31
Borinquén *ursprünglicher Name Puerto Ricos* 6
el **borracho** Betrunkener 17

el **bosque** Wald
muerte de los bosques Waldsterben 17
la **bota** Stiefel 32
la **botella** Flasche
la botella de Rioja Flasche Rioja-Wein
la **botellita (botella)** kleine Flasche 22
el **botijo** *Trinkkrug aus Ton oder Keramik*
el **botón** Knopf
la(s) **braga(s)** Schlüpfer
Brasil Brasilien
el **brazo** Arm
la **brecha** *hier:* Platzwunde
breve kurz 32
brevísimo sehr kurz
la **brisa** Brise 25
las **Islas Británicas** Britische Inseln 12
la **broma** Scherz, Witz
bruscamente plötzlich 18
brusco plötzlich; brüsk 27
Bruselas Brüssel
buenísimo sehr gut 22
buen(o) gut
Buen(o). Nun./Also.
¡Buen viaje! Gute Reise! 8
¡Buena idea! Gute Idee!
Buenas noches. Guten Abend./Gute Nacht.
Buenas tardes. Guten Tag./Guten Abend.
Bueno, no. Das heißt, nein.
Buenos días. Guten Tag./Guten Morgen.
Buenos Aires *Hauptstadt Argentiniens*
Bulgaria Bulgarien
Burgos *Stadt in Castilla-León*
la **burguesía** Bourgeoisie 20; Bürgerturm 32
el **burro** Esel 25
buscar suchen; abholen
ir a buscar abholen
busqué *(Indefinido buscar)* ich suchte 25
la **búsqueda** Suche 6
la **butaca** Sessel; *hier:* Sitzplatz
el **buzón** Briefkasten

C

hacerse una idea cabal de ... sich einen vollständigen Begriff machen von ... 17
la **caballa** Makrele 7
el **caballero** vornehmer Herr 31
¡Caballero! Mein Herr!
el **caballo** Pferd
formar un buen caballo ein gutes Pferd ausbilden 32
montar a caballo reiten 18
caber *(quepo)* Platz haben
caber hineinpassen 7
dentro de lo que cabe im Rahmen des Möglichen 7
No cabe ni un alfiler. Da paßt nicht einmal mehr eine Stecknadel rein.
la **cabeza** Haupt
Se ha puesto a la cabeza de ... Ist an die Spitze von ... gerückt. 7
la **cabina** Telefonzelle
el **cable** Kabel 21
al cabo de nach 22
al cabo de un rato nach einer Weile 22
la **cabra** Ziege 25
el **cabrito** Zicklein 17
cada jede/r/s
cada cual ein jeder
cada seis (años) alle sechs Jahre 18
cada vez jedesmal 6
cada vez que jedesmal, wenn 20
dos de cada tres jóvenes zwei von vier Jugendlichen 27
la **cadena** Kette 17
la cadena de montaje Fließband 17
la **cadera** Hüfte 31
caerse *(me caigo)* umfallen 5
el **café** Kaffee; Café 32
el café con leche Kaffee mit (viel) Milch
el café cortado Espresso mit Milch
el café solo Espresso (ohne Milch)
la **cafetera** Kaffeekanne 5
la cafetera automática Kaffemaschine 5
la **cafetería** Cafeteria
la **caída** Fall 32
la **caída de agua** Wasserfall 32
la **caja** Kasse; Kiste
estar en la caja an der Kasse sitzen
la **caja (tonta)** *hier:* (blöde) Kiste (Fernsehapparat) 24
la **cajera** Kassiererin
el **cajero automático** Bankomat 3
el **calabacín** länglicher Kürbis 6
la **calabaza** Kürbis 20; *hier: Gefäß, aus dem man Mate(tee) trinkt* 31
Calaceite *Dorf in der Provinz Teruel, Aragón*
el **calamar** Tintenfisch
los **calcetines** Socken
el **calcio** Kalzium 20
la **calculadora de bolsillo** Taschenrechner
la **calefacción** Heizung 26
el **calendario** Kalender 17
el **calentador** Boiler, Warmwasserbereiter 34
Tiene que ser algo del calentador. Es muß am Boiler liegen. 34
calentar *(ie)* warm machen
calentarse *(ie)* warm werden
la **calidad** Qualität
caliente warm; heiß 6
California Kalifornien 19
callar schweigen 24
callar la boca zum Schweigen bringen 24
la **calle** Straße
callejero Straßen- 29
el **calor** Wärme; Hitze
la **caloría** Kalorie 7
calzar: ¿Qué número calza? Welche Schuhgröße haben Sie?
el **calzoncillo** Unterhose
la **cama** Bett
la **cámara** Filmkamera 13
el **camarero** Kellner
¡Camarero, por favor! Herr Ober, bitte!
la **Camarga** die Camargue 26
cambiar wechseln; sich ändern
Algo cambia. Es ändert sich etwas. 14
cambiar de tren umsteigen 2
cambiar marcos en pesetas DM in Peseten einwechseln
Lo que no cambiaría por nada del mundo ... Was ich gegen nichts auf der Welt eintauschen würde ... 26
No cambió mucho las cosas. Sie änderte nicht viel. 20
No lo cambio por ninguna otra. Ich tausche es gegen kein anderes ein. 26
el **cambio** Wechsel(geld); Veränderung 7
el cambio operado stattgefundene Veränderung 7
en cambio dagegen 25
Cambio-16 *spanische Zeitschrift*
caminar gehen, laufen 27
el **camino** Weg
abrir camino einen Weg bahnen 5
por el camino unterwegs
el **Camino de Santiago** Jakobsweg
el **camión** Lastwagen
la **camisa** Hemd
la **campanada** Glockenschlag 25
el **campanario** Glockenturm 25
la **campaña** *hier:* Aktion 14
el **campeón** Meister 31
el **campesino** Bauer
el **cámping** Campingplatz

el **campo** Land; *hier:* Gebiet 16
el campo de la ciencia Naturwissenschaften 16
el **canal** Kanal
el canal de riego Bewässerungskanal
las **(Islas) Canarias** Kanarische Inseln
el **cáncer** Krebs 26
el cáncer de piel Hautkrebs 26
Cáncer Krebs (*Sternzeichen*) 28
la **cancha** Spielfeld 31
la **canción** Lied 16
Cangas de Onís *kleine Stadt in Asturien*
el **canillita** *Argentinien:* Zeitungsverkäufer 31
la **canoa** Kanu 16
cansado müde
cansarse müde werden
Uno se cansa. Man wird müde.
Cantabria Kantabrien
el **(mar) Cantábrico** Golf von Biskaya
cantábrico kantabrisch 36
el/la **cantante** Sänger/in 32
cantar *hier:* krähen 15
el **cántaro** Krug
la **cantidad** *hier:* Geldsumme 28; Menge 32
el **canto** Gesang 16
la **caña** (Schilf-)Rohr 6
la caña de azúcar Zuckerrohr 6
el **cañaveral** (Zucker-)Rohrfeld 6
el **caos** Chaos 32
en medio de un gran caos mitten in einem großen Chaos 32
la **capa** Schicht 26
capaz fähig 28
la **capital** Hauptstadt
capitalista Geld- 2
el **capitán** Hauptmann 17
el **capitel** Kapitell
el **capítulo** Kapitel 10
el **capó** Motorhaube
Capricornio Steinbock (*Sternzeichen*) 28
la **cara** Gesicht; Miene, Aussehen
con cara de gran felicidad mit vor Glück strahlendem Gesicht 13
Dos caras de la misma moneda. Die beiden Seiten der Medaille.
tener buena cara gut aussehen 7
Tiene otra cara. Er/Sie sieht anders aus.
Tienes cara de cansado. Du siehst müde aus.
un país de mil caras ein Land mit tausend Gesichtern 32
el **carácter** Charakter 18
la **característica** Merkmal, Eigenschaft 7
caracterizarse por sich auszeichnen durch 2
¡Caramba! Donnerwetter!
el **carbón** Kohle
el **cargo** *hier:* Posten, Stelle 10
un alto cargo ein hohes Amt 10
a cargo de unter der Leitung von 18
el **(mar) Caribe** Karibisches Meer
el **caribeño** aus der Karibik 6
el **cariño** Liebe 24
guardar algo con cariño etwas liebevoll bewahren 24
tener cariño a ... lieben 26
Carlos I Karl I. *(von Spanien; und V. von Deutschland, 1500-1558)*
el **Carnaval** Karneval, Fasching
la **carne** Fleisch 7
el **carné, el carnet** Ausweis 37
el carné de conducir Führerschein 37
el carnet de identidad Personalausweis
caro teuer
La Carolina *Dorf in der Provinz Jaén (Andalusien)*
la **carpeta** Schreibmappe
la **carpintería** Schreinerei
la **carrera** *hier:* Hochschulstudium 35
la **carretera** Landstraße
la carretera general Landstraße 36
el **carrito** (Einkaufs-)Wagen
el **carro** *hier:* Auto 30
la **carta** Brief; Speisekarte 22
las **cartas** (Spiel-)Karten
jugar a las cartas Karten spielen
la **cartelera** (Veranstaltungs-)programm 22
la **cartera** Tasche
el **cartón** Pappe 26
la **casa** Haus
a casa nach Hause
Casa de las Conchas *berühmtes Gebäude in Salamanca, dessen Fassade ca. 400 Muscheln schmücken*
casa de modas Modehaus
en casa de bei
ir a casa de alguien jdn besuchen
pasar por casa de ... bei ... vorbeigehen
casado verheiratet
El casado casa quiere. Wer verheiratet ist, möchte ein Heim haben. 11
estar casado verheiratet sein
casarse heiraten
el **cascabel** Glöckchen 21
la **cascada** Wasserfall 20
una cascada de sorpresas Unmenge von Überraschungen 20
el **casco** Motorradhelm 27
el casco urbano Stadtkern 27
la/el **casete** Kassette
casi fast
el **caso** Fall 12
en el caso de im Falle von 27
hacer caso auf jdn hören 31
el **castellano** Kastilisch; Spanisch (Sprache)
castellano aus Kastilien
Castellón *Stadt in der Region Valencia*
Castilla Kastilien
Castilla-La Mancha *autonome Region*
Castilla la Nueva Neukastilien
Castilla la Vieja Altkastilien
Castilla-León *autonome Region*
el **castillo** Schloß; Burg
el **catalán** Katalanisch (Sprache); Katalane
«cataluces» *volkstümliche Bezeichnung für die Andalusier, die in Katalonien eingewandert sind*
Cataluña Katalonien
la **catarata** Wasserfall 32
la **catástrofe** Katastrophe 17
la **catedral** Kathedrale
católico katholisch
no estar católico nicht auf dem Damm sein
catorce vierzehn
la **causa** Ursache 6; Grund 27
a causa de wegen; aufgrund 6
el/la **causante** Verursacher 26
causar verursachen 27
Son los automóviles los que causan ... Es sind die Autos, die ... verursachen 27
la **caza** Jagd
ir de caza auf die Jagd gehen
la **cazadora** Wind-, Lederjacke
cazar jagen 31
ceder abgeben 6
celebrar feiern; *hier:* stattfinden 32
el **cemento** Zement 17
la **cena** Abendessen
cenar zu Abend essen
el **cenicero** Aschenbecher 22
censar registrieren 31
el **centenar** das Hundert 16
centenario Hundert-
el **centinela** Wachposten; Wächter 32
central Haupt-
centralista zentralistisch

el **centro** Mitte, Zentrum
el centro histórico *hier:* Altstadt 27
el centro industrial Industriezentrum 18
el centro turístico Touristenhochburg
Centroamérica Mittelamerika 18
centroeuropeo mitteleuropäisch
la **cepa** Rebstock; *hier:* Ursprung
de pura cepa waschecht
la **cerámica** Keramik
cerca in der Nähe
cerca de nahe bei; etwa
el **cerdo** Schwein
los **cereales** Getreide
la **ceremonia** Feierlichkeit 20
el **cero** Null
cerrado verschlossen
está cerrado para el tráfico für den Verkehr gesperrt sein 27
cerrar *(ie)* schließen
el **cerro** Hügel; Berg 20
Cervantes, Miguel de *span. Schriftsteller (1547-1616)*
la **cerveza** Bier
la **cesta** Korb
Cestona *bekannter Kurort im Baskenland* 34
Ceuta *Stadt in Nordafrika (in span. Besitz)*
Chaco *Provinz im Nordosten Argentiniens* 31
el **chalé = chalet** Einfamilienhaus 11
Chamartín *großer Bahnhof im Norden von Madrid* 2
el **chancho del monte** Wildschwein 32
las **chancletas** *hier:* Badeschuhe 34
chanta *Argentinien:* Angeber 31
la **chaqueta** Jacke; Sakko
charlar plaudern
chau *Argentinien:* ciao; tschüß 31
che *Argentinien: wird entweder gebraucht, um den anderen auf sich aufmerksam zu machen, oder um etwas zu betonen* 36
el **checo** Tscheche 32
Checoslovaquia Tschechoslowakei
Chiapas *Staat im Südosten Mexikos mit bedeutenden präkolumbischen Stätten*
la **chica** Mädchen
el **chico** Junge
chico klein 30
mis hermanos más chicos meine kleineren Geschwister 30
Chile Chile
el **chile** Pfefferschote (Cayennepfeffer) 20
chistar *jdn. mit einem Zischen rufen* 32
chocar stoßen; erschüttern
chocar las palmas de las manos die Handflächen gegeneinander schlagen 36
el **chocolate** Schokolade
el **chófer** Fahrer
el **choque** (Zusammen-)Stoß 36
el choque de manos Handschlag 36
chorizo *Art* Paprikawurst
el **chorro** Wasserstrahl 34
Chsss ... Pst ...
la **chuleta** Kotelett 22
el **churro** *in Öl gebackener Kringel*
ciego blind 31
el **cielo** Himmel
la **ciencia** Wissenschaft
las **ciencias** *hier:* Naturwissenschaften 16
las **Ciencias Sociales** Sozialkunde(unterricht)
científico Wissenschafts- 18
el libro científico wissenschaftliches Buch 16
cien(to) hundert
cientos de kilómetros Hunderte von Kilometern
cientos de miles de argentinos Hunderttausende von Argentiniern 32
cierra *(Präsens cerrar)* er/sie schließt
cierto gewiß; richtig; wahr; *hier:* gewisser 38
Es cierto. Das stimmt.
el **cigarrillo** Zigarette 35
la **cigüeña** Storch 26
el **cincel** Meißel 23
cinco fünf
cincuenta fünfzig
el **cine** Kino
el **cinturón** Gürtel
el cinturón de seguridad Sicherheitsgurt
llevar abrochado el cinturón de seguridad den Sicherheitsgurt angelegt haben
la **circulación** Verkehr 15
la circulación de los trenes Zugverkehr 15
la **circunvalación** Umringung 27
la calle de circunvalación Umgehungsstraße 27
la **cita** Verabredung
la **ciudad** Stadt
la **ciudad-dormitorio** Schlafstadt
Ciudad de Panamá Panama City
Ciudad Real *Stadt in Castilla-La Mancha*
la **ciudadanía** Staatsangehörigkeit 6
el **ciudadano** (Staats-)Bürger 6
Ciudadela *an der Westküste Menorcas gelegene, ehemalige Hauptstadt*
civil bürgerlich 6
los **«civiles»** *Vertreter der Bewegung gegen die politische Macht des Militärs* 32
la **civilización** Zivilisation
claro klar; natürlich; deutlich 32
Aunque sí es clara su relación con ... Auch wenn seine Verbindung zu ... klar ist 32
Claro que ... Natürlich ...
Sí, claro. Ja, sicher.
la **clase** Unterricht; *hier:* Klasse 2; *hier:* Art, Sorte 17; *hier:* Schicht 18
en clase im Unterricht
la clase nocturna Abendunterricht
la clase social dominante die herrschende Schicht (der Gesellschaft) 18
segunda clase zweite Klasse 2
tomar clases Unterricht nehmen 18
clásico klassisch; althergebracht
el **claustro** Kreuzgang
el **clavo** Nagel 20
el **claxon** Autohupe 18
el/la **cliente** Kunde/Kundin
¡Qué cliente más raro! Was für ein seltsamer Kunde!
el **clima** Klima
la **clínica** Klinik 11
clínico klinisch 7
el **club** Verein, Club 36
cocer *(ue, cuezo) hier:* brennen 17; *hier:* garen 20
dejar cocer lentamente langsam garen lassen 31
el **coche** Auto; Waggon; Wagen 2
el coche-camas Schlafwagen 2
el «coche de estar» *Anspielung auf el cuarto de estar = Wohnzimmer* 27
el coche guardería *Wagen mit Kinderbetreuung* 2
el coche-literas Liegewagen 2
en coche mit dem Auto
la **cocina** Küche
la cocina eléctrica Elektroherd 5
cocinar kochen 20
el **coco** Kokosnuß 6
codiciado begehrt 6
el **Código (de la circulación)** Straßenverkehrsgesetzbuch 37
coger *(cojo)* nehmen, ergreifen 13
la **coincidencia** Zufall 21; Zusammentreffen 21

¡Qué extraña coincidencia! Welch seltsames Zusammentreffen! 21
la **cola** *hier:* (Menschen-)Schlange 1; Schwanz 38
hacer cola sich anstellen 1
colaborar mitarbeiten, helfen 14
el **cole = colegio** Schule 14
la **colección** Sammlung
coleccionar sammeln
el **colectivero** *Argentinien:* Busfahrer 31
el **colectivo** *Argentinien:* Autobus 36
el/la colega Kollege/in 21
el **colegio** Schule
el **colesterol** Cholesterol 7
el nivel de colesterol Cholesterinspiegel 7
colgar*(ue) hier:* auflegen *(Telefon)* 21
la **colimba** *Argentinien: fam* Militärdienst 36
el **collado** Hügel 17
la **colocación** Anstellung 35
Quizás pueda surgir una colocación. Vielleicht kann sich eine Anstellung ergeben. 35
colocar *hier:* stellen 7; anbringen 20
colocarse *hier:* sich hinstellen 2
Colombia Kolumbien
Colón, Cristóbal Christoph Kolumbus
la **colonia** Kolonialzeit 18
la **colonización** Kolonisierung 6
el **colonizador** Siedler 6; Kolonialherr 18
colonizar kolonisieren 25
el **color** Farbe
La tele no es en color. Es ist kein Farbfernseher. 25
¿Qué color? Welche Farbe?
Todo de color. *hier:* Alles Buntwäsche.
la **columna (vertebral)** (Wirbel-) Säule 20
la **comarca** Landstrich, Gegend
el **comedor** Eßzimmer; Speisesaal
comentar kommentieren 19; *hier:* bemerken 21
Le comento esto al padre. Ich sage dies dem Vater. 19
el **comentario** Kommentar
comenzar a *(ie)* beginnen zu 25
comer essen
Estaba comiéndose una hamburguesa. Er aß gerade einen Hamburger. 13
el/la **comerciante** Kaufmann, Kauffrau 18
el **comercio** Handel 16
comerse essen 13
cometer begehen
cometer un error einen Fehler machen
la **comida** Essen, Mahlzeit
hacer la comida das Essen zubereiten 30
la **comisaría** Polizeirevier 29
el **comité** Ausschuß, Komitee 32
el **cómitre** Leuteschinder 11
¿cómo? wie?
¿Cómo dices? Wie bitte?
¿Cómo está usted? Wie geht es Ihnen?
¡Cómo iba a reconocer a su dueña! Wie konnte er seine Herrin erkennen! 38
¡Cómo no! Selbstverständlich!; Natürlich!
¿Cómo se hace? Wie macht man das?
¿Cómo te fue en el dentista? Wie ist es dir beim Zahnarzt ergangen?
¿Cómo te va? Wie geht es dir? 36
¿Cómo vas? Wie fährst/gehst du hin?
como da, weil; wie
como decimos aquí wie wir hier zu sagen pflegen
Como el padre es viejo… Da der Vater schon alt ist…
Como había mucho trabajo … Da es viel Arbeit gab … 32
Como si la calle fuera suya. Als ob die Straße ihm gehörte. 37
Como usted quiera. Wie Sie wünschen.
la **comodidad** Annehmlichkeit 33; Bequemlichkeit 27
cómodo bequem
el **compañero** *hier:* (Lebens-) Gefährte 14
el/la **compañero/a** Begleiter/in, Kamerad/in 5
la **compañía** Gesellschaft
la compañía de seguros Versicherungsgesellschaft
comparable vergleichbar 18
la **comparación** Vergleich
en comparación con im Vergleich mit 18
comparar vergleichen
compartido *hier:* gemeinsam 11
compartir (con) teilen (mit) 14
la **competitividad** *hier:* Konkurrenzkampf 35
completo vollständig
la **composición** Zusammensetzung 2
el **compositor** Komponist
la **compra** Kauf
ir de compras einkaufen gehen 26
comprar kaufen
Cada vez que va de compras… Jedesmal, wenn sie einkaufen geht… 26
comprender *hier:* umfassen
la **comprensión** Verständnis 35
mostrar comprensión con Verständnis zeigen für… 35
comprobar *(ue)* überprüfen 10
comprometido heikel, schwierig 28
la **computadora** Computer 5
común gemeinsam
No tiene nada en común con… Hat mit… nichts gemeinsam
la **comunicación** Verbindung
la **comunidad** Gemeinschaft
la Comunidad de Madrid *autonome Region*
la Comunidad Europea = CE Europäische Gemeinschaft = EG 20
con mit
con motivo de… anläßlich…
con vistas al mar mit Blick aufs Meer
estar concentrado *hier:* leben 20
la **concha** Muschel
La Casa de las Conchas *berühmtes Gebäude in Salamanca, dessen Fassade ca. 400 Muscheln schmücken*
la **conciencia** *hier:* Bewußtsein 26
concienciado bewußt 27
No estaban concienciados de que… Den Leuten war nicht bewußt, daß… 27
concienciar bewußt machen 27
concienciarse de sich einer Sache bewußt werden 27
el **concierto** Konzert
concretamente genau (gesagt)
la **condición** *hier:* Status 6; Bedingung 18
las condiciones de vida Lebensbedingungen 18
conducir *(conduzco)* fahren, lenken 1
el permiso de conducir Führerschein 1
¿Es que no sabe usted conducir? Können Sie nicht Auto fahren? 37
el **conductor** (Auto)Fahrer
el conductor kamikaze „Geisterfahrer“ 35
conectado verbunden 5
estar conectado con verbunden sein mit 5
el **conejo** Kaninchen 7
la **confederación** Bund 16

la **conferencia** Konferenz 27
la Conferencia Europea de Ministros de Transporte Europäische Verkehrsministerkonferenz 27
confesar *(ie)* bekennen, gestehen 14
confirmar bestätigen 7
Les ruego me lo confirmen. Ich möchte Sie bitten, es mir zu bestätigen. 33
la **confitura** Konfitüre 7
el **conflicto** Streitigkeit, Konflikt 28
conformarse sich zufriedengeben 11
la **confrontación** Gegenüberstellung 5
confuso verwirrt 17
congelado tiefgekühlt 22
el **congelador** Gefrierschrank; Gefriertruhe 5
el **conglomerado** Konglomerat; Anhäufung 6
congregarse sich versammeln 20
conmover *(ue)* bewegen; erschüttern 17
conocer *(conozco)* kennenlernen
Hay mucho que conocer. Es gibt viel kennenzulernen.
se conoce man kennt
conocido bekannt
el **conocimiento** Kenntnis 32
conozco *(Präs. conocer)* kennen
la **conquista** Eroberung 6
el **conquistador** Eroberer
conquistar erobern 17
para conquistarse su amistad um ihre Freundschaft zu gewinnen 17
consciente bewußt 24
la **consecuencia** Folge 4
a consecuencia de als Folge von 35
como consecuencia de als Folge von 4
conseguir *(i, consigo)* bekommen 12; erreichen 26
Así quizás se consiga ... So erreicht man vielleicht, daß ... 26
¿Cómo lo conseguiste? Wie hast du es erreicht? 38
el **consejo** Ratschlag 4
la **conserva** Konserve
conservar erhalten, aufbewahren 5; beibehalten 6
conservarse erhalten bleiben 20
considerable beachtlich 20
considerablemente erheblich 27
considerar betrachten 27; *hier:* der Meinung sein 26
considerar como halten für 20
la **consigna** Gepäckaufbewahrung
por consiguiente daher 18
consistir en darin bestehen 27
constante ständig 5
la **constitución** Verfassung
el Día de la Constitución Tag der Verfassung
la Plaza de la Constitución *berühmter Platz im Zentrum von México City* 21
constituir *(constituyo)* bilden 19
la **construcción** Bauwerk; Bau(en) 2
construir (er)bauen
había sido construida sie war gebaut worden 16
se construyen man baut
se están construyendo es werden gerade gebaut 2
el **consuelo** Trost 14
buscar consuelo Trost suchen 14
la **consulta** Sprechstunde 14
consultar um Rat fragen 15
el **consultorio** Arztpraxis; Sprechzimmer 7
consumir verbrauchen
se consume man verbraucht
el **consumo** Verbrauch 7
el **contacto** Kontakt; Berührung; Verbindung 4
entrar en contacto in Verbindung treten 4
tener contacto con Kontakt haben zu
la **contaminación** Verschmutzung
la contaminación de los ríos Verschmutzung der Flüsse 26
la contaminación del aire Luftverschmutzung
contaminante *hier:* umweltschädigend 26; verunreinigend 26
contaminar verseuchen 26
contar *(ue)* erzählen
Contaba algo menos de 20 años. Sie waren nicht ganz 20 Jahre alt. 20
¿Qué cuentas? Wie geht's?
contar con *(ue) hier:* verfügen über 32
contemplar betrachten 32
el **contemporáneo** Zeitgenosse 18
contento zufrieden
Estoy contento de haber podido ayudarte. Es freut mich, daß ich dir habe helfen können. 15
contestar antworten 2
contigo mit dir 15
el **continente** Kontinent 17
continuo fortwährend 19
contra gegen
en contra de lo que usted cree im Gegensatz zu dem, was Sie glauben 24
No tengo nada en contra. Ich habe nichts dagegen ... 1
el **contrapunto** Kontrapunkt
al contrario im Gegenteil 20
contribuir a *(contribuyo)* beitragen zu 24
el **control** Kontrolle
contumaz hartnäckig 24
convencer *(convenzo)* überzeugen 26
convenir *(ie)* ratsam sein
convertir *(ie)* verwandeln
convertirse a *(ie, i)* übertreten zu 16
convertirse en *(ie,i)* (sich) verwandeln in 6
convidar einladen 20
conviene *(Präsens convenir)* es ist ratsam
cooperar mithelfen 30
la **cooperativa** Genossenschaft
Copenhague Kopenhagen
la **copia** Nachbildung
copiosamente reichlich 27
copioso reichlich 27
el **corazón** Herz 32
el **cordero** Lamm 7
cordial herzlich
la **cordialidad** Herzlichkeit 6
cordialmente herzlich 33
la **corona** Krone 18
la **coronación** Krönung 18
el **Corpus** Fronleichnam
el **corredor** Rennfahrer 31
el **correo** Post
Correos Post 33
correr rennen
la **correspondencia** Briefwechsel 4
mantener correspondencia con ... in Briefwechsel stehen mit ... 4
la **corrida** Stierkampf 35
«corro, limpio, y barro» ich renne, putze, kehre 36
el **corsé** Korsett 20
el **(café) cortado** Kaffee mit (wenig) Milch
cortar schneiden
cortarse el pelo sich die Haare schneiden lassen
el **Corte Inglés** *Kaufhauskette in Spanien*
Las Cortes *Parlament und Senatsgebäude in Madrid*
Cortés, Hernán *spanischer Eroberer (1485-1547)* 17
la **corteza** *hier:* Schale 6
la **cortina** Vorhang, Gardine 17
tras una cortina de años „hinter einem Vorhang von Jahren" 17
corto kurz 32
La Coruña *Stadt in Galicien* 31
la **cosa** Ding, Sache
La cosa está fatal. Die Lage ist unmöglich.

Otra cosa ... Noch etwas ...
¡Qué cosa más rara! Was für ein seltsames Ding!
cosechar ernten 25
coser nähen
la **cosmovisión** Weltanschauung 17
el **Coso** *Hauptstraße von Saragossa*
la **costa** Küste
la costa cantábrica kantabrische Küste 36
costa: a toda costa um jeden Preis 7
costar *(ue)* kosten
el **coste** Preis, Kosten 2
costero Küsten-
la **costumbre** Sitte
tomar la costumbre de ... es sich zur Gewohnheit werden lassen ... 36
las **costumbres** Brauchtum 16
el coto Jagdrevier 26
COU (Curso de Orientación Universitaria) *Vorbereitungsjahr für die Universität* 12
Covadonga *Ort und Kloster in den Bergen Asturiens*
crear schaffen; errichten 18
la **creatividad** Kreativität 28
crecer *(crezco)* wachsen 16
el **crédito** Kredit
creer glauben
Creo que sí. Ich glaube schon.
No se lo creerá pero ... Sie werden es nicht glauben, aber ... 23
Se cree muy importante. Er hält sich für sehr wichtig. 36
la **crema** Creme 9
la **cresta** *hier:* (Berg-, Hahnen-) Kamm 1
criar züchten
el **crimen** Verbrechen 35
el crimen pasional im Affekt begangenes Verbrechen 35
el **criollo** *Lateinamerikaner, der von europäischen Eltern abstammt* 18
la **crisis** Krise 32
los **cristales** *hier:* Fenster 14
el **Cristianismo** Christentum 16
el **cristiano** Christ
Cristo Christus 20
el **cruce** Kreuzung 16
el **crucifijo** Kruzifix 31
cruel grausam 17
la **Cruz Roja** Rotes Kreuz
cruzar überqueren 8
el **cuadro** Gemälde
¿cuál? welche/r, -s
¿Cuál viene luego? Welche kommt anschließend? 19
¿Cuáles son los países ...? Welches sind die Länder ...? 19
lo cual welches 27
de los cuales von denen 27
cualquier(a) irgendein/e, jede(r) beliebige 20
cualquier día irgendwann; *hier:* bald 35
¿cuándo? wann?
cuando wenn; als
Cuando hablemos de ... Wenn wir von ... sprechen
Cuando lo recomendable es ... *etwa:* Wenn der empfohlene Wert bei ... liegt. 7
de cuando en cuando von Zeit zu Zeit
cuantiosamente in Mengen 27
cuantioso erheblich, beträchtlich 27
cuánto, cuánta, cuántos, cuántas wieviel, wie viele
¡Cuánta gente! Wieviele Menschen!
¡Cuánta gente había! War das voll!
¿Cuánto cuesta ...? Wieviel kostet ...?
¿Cuánto es? Was macht das?
¿Cuánto le debo? Wieviel schulde ich Ihnen?
¿Cuánto tiempo? Wie lange?
¿Cuánto vale? Wieviel kostet ...?
¡Cuántos anuncios! Wieviele Anzeigen!
¿Cuántos años tienes? Wie alt bist du?
¡Cuántos hoteles hay! Wieviele Hotels es (hier) gibt.
cuanto antes so bald wie möglich 28
Cuantos más, mejor. Je mehr, desto besser.
en cuanto a ... was ... angeht 7
el **cuarto** Viertel (vom Ganzen); der vierte
tres cuartos Dreiviertel 31
el **cuarto de baño** Badezimmer
el **cuarto de estar** Wohnzimmer
cuatro vier
el **«cuatro»** *viersaitige Gitarre* 6
Cuauhtémoc *Neffe und Schwiegersohn von Montezuma II.* 21
el **cubano** Kubaner 6
cubano kubanisch 22
arroz a la cubana *Reisgericht (Reis, Schweinefleisch, Tomatensauce, Spiegeleier und Kochbananen)* 22
cubrir bedecken 20; *hier:* erfüllen 32
el **cuchillo** Messer 22
Cuenca *Stadt in Castilla-La Mancha*
la **cuenta** Rechnung
darse cuenta de que ... merken, daß ... 18
llevar las cuentas die Buchhaltung führen 5
por mi cuenta für mich allein
tener en cuenta in Betracht ziehen
cuentas *(Präsens contar)* du erzählst
el **cuento** Erzählung 31
la **cuerda** *hier:* Saite 6
el **cuero** Leder; Haut 32
el **cuerpo** Körper 31
cuesta *(Präsens costar)* es kostet
cueste *(Konjunktiv Präsens costar)* 17
la **cuestión** Frage; Problem 28
la cuestión económica *hier:* Geldfrage 28
el **cuidado** Vorsicht
Ande con cuidado. Seien Sie vorsichtig ... 28
Cuidado con lo que hacen. Vorsicht bei dem, was Sie tun. 36
Hay que tener cuidado. Man muß vorsichtig sein.
¡Mucho cuidado! Vorsicht! Aufgepaßt 36
cuidar betreuen, pflegen 31
cuidar de la familia sich um die Familie kümmern 31
cuidarse de algo sich um etwas kümmern
la **culpa** Schuld 26
tener culpa de schuld sein an 26
cultivado angebaut 6
cultivar anbauen
cultivar la tierra den Boden bestellen
se cultivan naranjas Orangen werden angebaut
el **cultivo** Anbau
culto gebildet 16
la **cultura** Kultur
el cruce de culturas das Verschmelzen von Kulturen 16
cultural kulturell
culturalmente kulturell 18
la **cumbre** Gipfel
el **cumpleaños** Geburtstag 22
cumplir erfüllen 11; *hier:* sich halten an 27
la **cuna** Wiege 32
la **cuñada** Schwägerin
el **cupo** *hier:* Platz 18
el **cura** Geistlicher 25
curar heilen
curioso *hier:* sehenswert, erstaunlich; merkwürdig 7
Es muy curioso esto. Das ist sehr merkwürdig. 21
lo más curioso das Erstaunlichste

cursado en bewandert in, erfahren in 10
el **cursillo** (Kurz-)Lehrgang 12
el cursillo de ordenadores kurzer Computerlehrgang 12
el **curso** Kurs, Lehrgang
la **curva** Kurve
cuyo dessen, deren 7
Cuzco *Stadt im Hochland von Peru*

D

Dalí, Salvador *span. Maler (1904-1989)*
la **dama** Dame
la **Dama de Elche** *Frauenbüste aus dem 5.Jahrhundert vor Christus*
danés, danesa dänisch
el **Danubio** Donau 26
la **danza** Tanz 20
el **daño** Schaden; Einbuße 4
dar geben
Da igual. Es ist egal.; Es ist gleich.
dar a ... zu ... hinliegen 33
dar de comer füttern
dar importancia a Wert legen auf
dar la lata a alguien jdm auf den Wecker fallen 11
dar la vuelta a ... *hier:* umschiffen 16
dar las gracias a sich bedanken bei 15
dar un paseo einen Spaziergang machen
dar una vuelta einen Spaziergang machen; eine Runde machen
la enseñanza que se da en las escuelas der Unterricht, der in den Schulen erteilt wird 10
que dé a la playa das zum Strand hin liegt 33
darse cuenta de que ... merken, daß ... 18
el **dato** Angabe 5
los **datos** *hier:* Personalien 2
d.C.= después de Cristo nach Christus
de von; aus
de ... a von ... bis
de 1 a 5 zwischen 1 und 5 (Uhr)
De acuerdo. Einverstanden.
de cuando en cuando von Zeit zu Zeit
de edad media mittleren Alters
De nada. Bitte!, Keine Ursache!
de paso auf der Durchreise
de pura cepa waschecht
¿De qué ciudad? Aus welcher Stadt?
¿De quién es? Wem gehört es?
de una vez endlich einmal
de unos 25 años von ungefähr 25 Jahren
¿De verdad? Wirklich?; Tatsächlich?
debajo de unter
por debajo de unter 7
deber schulden; müssen 16
debe de ser es muß wohl sein 22
Debería tener un solo gobierno. Sie müßte eine einzige Regierung haben. 18
debería tener tres tipos de calles es müßte drei Arten von Straßen haben 27
los **deberes** Hausaufgaben
deberse a ... auf ... zurückzuführen sein 7
debido a wegen 2; dank 7
debutar debütieren 31
la **década** Zeitraum von zehn Jahren 14
la década de los noventa die Neunziger Jahre 14
la década de los sesenta die Sechziger Jahre 14
el **decenio** Jahrzehnt 25
la **decepción** Enttäuschung 28
Se llevará una decepción. Sie werden eine Enttäuschung erleben. 28
decidido entschlossen 13
decidir beschließen; entscheiden
decidirse (por) sich entscheiden (für)
el **decilitro** Deziliter 7
decir *(digo, dice)* sagen
es decir das heißt
Esto quiere decir que ... Das heißt, daß ... 12
Qué quiere que le diga. Was soll ich Ihnen sagen. 26
quiere decir es bedeutet 8
Y diciendo esto ... Und indem er das sagte ... 10
la **decisión** Entscheidung 28
la **declaración** Erklärung 5
declarado erklärt 32
decorar schmücken 26
dedicar widmen 14
dedicarse a ... sich ... widmen 6
el **dedo** Finger 35
el dedo pulgar Daumen 36
el **defecto** Fehler 4
el defecto físico körperliche Behinderung 4
defender *(ie)* verteidigen 6
Defienden su derecho a hablar el castellano. Sie verteidigen ihr Recht, Spanisch zu sprechen. 19
el **defensor** Verteidiger 26
definitivamente endgültig
definitivo endgültig 34
el día de su salida definitiva Ihr Abreisetag 34
en definitiva schließlich, letzten Endes 12
la **deforestación** Abholzung 26
dejar lassen; *hier:* absetzen; *hier:* erlauben 4; *hier:* hinterlassen 20
Deja de fabricarse. Sie wird nicht mehr hergestellt. 4
Déjala un poco abierta. Laß es ein wenig auf. 29
Déjale el tuyo. Überlaß ihr deinen. 29
Nos dejaba puras sobras. Er ließ uns nur Essensreste übrig. 30
Se lo dejo por cinco (mil). Ich gebe es ihnen für fünf (tausend). 23
Te dejo aquí. Ich setze dich hier ab.
dejar de ... aufhören zu ... 7
del = de + el
delante davor
delante de vor
deletrear buchstabieren
delgado schlank
Delibes, Miguel *span. Schriftsteller (1920-)*
la **delincuencia** Kriminalität
el **delito** Straftat 35
el delito económico Wirtschaftsverbrechen 35
el **delta** Delta 26
la **demarcación** Bezirk 27
los/las **demás** die übrigen/anderen
lo demás alles andere 4
por lo demás übrigens
demasiado all(zu) sehr
demasiados zuviele 27
Déme. *(Imperativ dar)* Geben Sie mir ...
democrático demokratisch
de forma democrática auf demokratische Art
el **demonio** Teufel 37
¿Qué demonios me importa(n) a mí ...? Was zum Teufel interessiert (interessieren) mich ... ? 37
demostrar *(ue)* beweisen 27
Está demostrado que ... Es ist erwiesen, daß ... 27
el **denominado** der sogenannte 36
denominar benennen 36
la **densidad** *hier:* (Verkehrs-) Dichte 27
una densidad de las más altas eine der größten (Verkehrs-) Dichten 27

el/la **dentista** Zahnarzt, Zahnärztin
ir al dentista zum Zahnarzt gehen
dentro *hier:* in uns 24
dentro de innerhalb von; nach 8
dentro de dos minutos in zwei Minuten 8
dentro de lo que cabe im Rahmen des Möglichen 7
dentro de poco bald
la **dependencia** Abhängigkeit 32
depender de abhängen von
De ti depende. Von dir hängt es ab. 27
la **dependienta** Verkäuferin
el/la deportista Sportler/in 36
deportivo sportlich
depositar *hier:* legen 34
la **depresión** Depression 20
a la derecha (de) rechts (von)
por la derecha von rechts 37
derecho *hier:* geradeaus 13
seguir todo derecho a ... schnurstracks auf ... zugehen 13
el **derecho** Recht 14
los derechos de la televisión Fernsehrechte 18
tener derecho a ... Anrecht haben auf ... 14
el **Derecho** Rechtswissenschaften 11
desaforado ungeheuer; gewaltig 10
desagradable unangenehm 28
desaparecer *(desaparezco)* verschwinden 13
los **«desaparecidos»** *unter der Militärdiktatur verschwundene Menschen 32*
desarraigado entwurzelt 32
desarrollarse durchgeführt werden 21; sich weiterentwickeln
el **desarrollo** Entwicklung
Habían llegado a estados muy avanzados de desarrollo. Sie waren schon weit entwickelt. 17
desastroso schrecklich 32
desayunar frühstücken
desbordarse überlaufen 11
descafeinado koffeinfrei
descalzo barfuß 11
descansar sich ausruhen
el **descanso** Pause; *hier:* Halbzeit 31
descargar abladen; ausladen
descender *(ie)* abnehmen 7
el/la **descendiente** Nachkomme, Nachfahre 18
descolgar *(ue)* abnehmen (*hier: Telefonhörer*)
desconocido unbekannt 4
descubierto *(Partizip Perfekt descubrir)* entdeckt 17
Fue descubierto por el gran público. Er wurde vom großen Publikum entdeckt. 32
el **descubridor** Entdecker
el **descubrimiento** Entdeckung 17
descubrir entdecken 10
descuelga *(Präsens descolgar)* er/sie nimmt den Telefonhörer ab
desde seit *(Zeitpunkt)*
desde aquí von hier aus
desde entonces seitdem 4
desde hace seit *(Zeitraum)*
desde hace años seit Jahren
desde hace por lo menos ... seit mindestens ... 12
desde hace varios decenios seit einigen Jahrzehnten 25
desde hacía 31 años seit 31 Jahren 31
desde luego natürlich
Desde luego que no. Natürlich nicht.
desde siempre schon immer 20
desear wünschen
la **desembocadura** Mündung 26
desemejante unähnlich, verschiedenartig 18
desempaquetar auspacken
el **desempleo** Arbeitslosigkeit 35
el **desengaño** Enttäuschung 17
el **deseo** Wunsch
desértico wüstenartig
desfilar por las calles durch die Straßen ziehen
la **desgracia** Unglück
¡Qué desgracia! Was für ein Unglück!
desierto unbewohnt
la **desigualdad** Ungleichheit 14
«Rompe con la desigualdad.» „Brich mit der Ungleichheit." 14
la **desilusión** Enttäuschung 38
desilusionado enttäuscht 38
el **desinfectante** Desinfektionsmittel 9
el **desodorante** Deodorant 26
el **despacho** Büro
despacio langsam 23
la **despedida** Abschied
despertar *(ie)* wecken 5
despertarse *(ie)* aufwachen 7
despiadado unbarmherzig, grausam 32
el **despiste** Zerstreutheit 1
¡Qué despiste! Bin ich zerstreut! 1
después danach
después de nach
después de recoger la casa nachdem ich die Wohnung aufgeräumt habe
destacado *hier:* herausragend 7
destacar herausragen; hervorheben 7
destacarse herausragen 16
destapar aufdecken 20
destinado a bestimmt für 27
la **destrucción** Zerstörung
el **detalle** Einzelheit 33
detener *(detengo)* aufhalten 15
quedar detenido aufgehalten werden 15
Los trenes quedarán detenidos. Die Züge werden angehalten werden. 15
detenerse *(me detengo)* stehenbleiben 25
me contestó sin detenerse er antwortete mir, ohne stehenzubleiben 25
el **detergente** Wasch-, Reinigungsmittel 26
determinado bestimmt
detrás de hinter
devolver *(ue)* zurückgeben 28
devuelva *(Konjunktiv Präsens devolver)* 28
di *(Indefinido dar)* 7
Ya se las di. Ich habe sie ihnen schon gegeben. 7
el **día** Tag
Buenos días. Guten Morgen./ Guten Tag.
el día festivo Feiertag 34
el día laborable Werktag
hasta el día de hoy bis heute 14
todo el día den ganzen Tag
un buen día eines Tages 23
vivir al día in den Tag hinein leben 31
el **diámetro** Durchmesser 17
diariamente täglich 24
diario täglich 7
a diario täglich 14
el **diario** (Tages-)Zeitung 35
el **dibujo** Zeichnung, Muster
dice *(Präsens decir)* er/sie sagt
Dice que sí. Sie sagt ja.
No me dice nada. Es sagt mir nichts.
¿Te dice algo? Sagt dir das etwas?
dicen *(Präsens decir)* man sagt
el **dicharachero** gesprächig; mitteilungsfreudig 6
dicho *(Partizip Perfekt decir)* gesagt
dichoso *hier:* verflixt, verdammt 37
diciembre Dezember
la **dictadura** Diktatur 18
dieciséis sechzehn
diecisiete siebzehn
dieron *(Indefinido dar)* sie gaben 6
la **dieta** *hier:* Ernährung 7
dietético diätetisch 7

diez zehn
las diez zehn Uhr
los diez duros de la semana die 50 pts (vom) Taschengeld
la **diferencia** Unterschied 18
diferenciado unterschiedlich 20
diferente unterschiedlich, verschieden
diferente de las de otros países de Europa anders als in den anderen Ländern Europas 16
difícil schwierig 32
Es difícil entender el problema de ... Es ist schwer, das Problem der ... zu verstehen 35
la **dificultad** Schwierigkeit
el **difunto** der Verstorbene
el Día de los Difuntos Allerseelen
mi difunta hermana meine verstorbene Schwester 24
la **difusión** Verbreitung 24
diga *(Konjunktiv Präsens decir)* 4
diga *(Imperativ decir)* sagen Sie
Diga, señor. Ja bitte, (der Herr.)
¡No me digas! Sag bloß!
¡Dígame! Hallo! *(am Telefon)*; Sie wünschen? 9
digamos sagen wir mal 4
dije *(Indefinido decir)* ich sagte 25
dijo *(Indefinido decir)* er/sie sagte, Sie sagten
dime *(Imperativ decir)* sag mir 28
diminuto winzig 35
Dinamarca Dänemark
el **dinero** Geld
dio *(Indefinido dar)* sie/er gab 13
Dios Gott
por Dios um Gottes willen
la **diosa** Göttin 21
el **dique** Deich 16
dirás *(Futur decir)* du wirst sagen 4
la **dirección** Anschrift; *hier:* Führung 14; Leitung 34
directamente direkt
directo direkt 2
el **director** Leiter, Direktor; *hier:* Schulleiter 10
dirías *(Konditional decir)* du würdest sagen 24
dirigir *(dirijo)* bestimmen; lenken
dirigirse a *(me dirijo)* sich wenden an 10; sich begeben zu 13
el **disco** Schallplatte
la **discoteca** Diskothek
la **discriminación masculina** Diskriminierung des Mannes 14
discriminar diskriminieren 14
la **discusión** Unterhaltung; Auseinandersetzung, Streit 28
discutir diskutieren; streiten 37
discutir sobre sprechen über
Se discute sobre el tema. Man spricht über das Thema. 14
disfrutar de genießen 7
disfrutar (de) algo etwas genießen 11
el **disgusto** Ärger 30
tener disgustos *hier:* Streit haben 30
disimular verbergen 31
disminuir abnehmen 27
están disminuyendo los accidentes die Unfälle nehmen ab 27
Disneylandia Disneyland 30
disponer de *(dispongo)* verfügen über
dispuesto a bereit zu 35
la **distancia** Entfernung 5
a pocos metros de distancia in einer Entfernung von wenigen Metern 32
estudiar a distancia *hier:* ein Fernstudium machen 35
diste *(Indefinido dar)* 7
el **distintivo** Erkennungszeichen 26
distinto (de) anders (als)
distraer *(distraigo)* ablenken 37
distribuir verteilen 33
el **distrito** Bezirk
el Distrito Federal Bundesbezirk
disuasorio Abschreckungs-
el estacionamiento disuasorio „Park and Ride" 27
la **diversión** Vergnügung
diverso unterschiedlich 18
divertirse *(ie, i)* sich vergnügen 20
dividir teilen
Dividen a la América. Sie spalten Amerika. 18
dividirse sich aufteilen 18
Se dividió en una serie de naciones. Es teilte sich in eine Reihe von Staaten auf. 18
las **divisas** Devisen
la **división** *hier:* Fußballiga 31
el **divorcio** Scheidung 4
el **doble** das Doppelte
doble doppelt 6
doce zwölf
el **documento** Dokument; Ausweis 1
el documento de identidad Personalausweis 1
el **dólar** Dollar 3
doler *(ue)* weh tun
Le duele la pierna. Ihm tut das Bein weh.
Me duele la rodilla. Mir tut das Knie weh.
los **quehaceres domésticos** Hausarbeit
la **dominación** Herrschaft
dominante (be)herrschend 18
dominar beherrschen 16
Fueron dominados en poco tiempo por los españoles. Innerhalb kurzer Zeit wurden sie von den Spaniern beherrscht. 18
Los años 40 estuvieron dominados por ... Die 40er Jahre wurden durch ... bestimmt. 32
el **domingo** Sonntag
los domingos sonntags
Dominicana Dominikanische Republik 6
el **dominicano** Bewohner der Dominikanischen Republik 6
don *(steht vor männl. Vornamen)* „Herr"
¿dónde? wo?; wohin?
¿Dónde está ...? Wo ist ...?
donde wo
doña *(steht vor weibl. Vornamen)* „Frau"
dorado goldfarben 22
el **dorado** Goldbrassen 32
dormir *(ue)* schlafen
caerse dormido einschlafen 5
el **dormitorio** Schlafzimmer
el **dorso** Rückseite 3
al dorso auf der Rückseite 3
dos zwei
los **dos** beide
dos veces zweimal
dotado *hier:* begabt 20
no menos dotada nicht weniger begabt 20
la **dote** Mitgift 6
doy *(Präsens dar)* ich gebe
el **drama** Drama 29
la **droga** Droge 35
la **droguería** Drogerie
Duarte, Eva («Evita») *erste Ehefrau von Juan D. Perón (1919-1952)* 32
la **ducha** Dusche
la ducha a chorro Kneipp-güsse 34
ducharse duschen
la **duda** Zweifel 15
sin duda zweifellos 15
duele *(Präsens doler)* es tut weh
la **dueña** Herrin 38
el **dueño** Besitzer
duermo *(Präsens dormir)* ich schlafe
dulce süß
el **dulce** Süßigkeit 20
Dulcinea Dulzinea (von Toboso), *Herzensdame des Don Quijote* 10
la **duna** Düne 26
duplicar *hier:* zweimal so groß sein 16

una ciudad que duplicaba en población a ... eine Stadt, die doppelt soviel Bevölkerung hatte wie ... 16
duplicar(se) (sich) verdoppeln 7
durante während
durante nueve años neun Jahre lang
durante un buen rato eine Zeitlang 21
durante unos meses für einige Monate
durar dauern
durar poco schnell gehen
durísimo sehr hart 26
el **duro** 5-Peseten-Stück
duro hart 1

E

e = y *„y" wird vor „i" oder „hi" zu „e"* 32
el **Ebro** *Fluß in Spanien*
echar werfen 14; hinauswerfen 35
echarse a reír zu lachen beginnen 25
echarse a temblar anfangen zu zittern 35
No hay quien los eche. Niemand schafft es, sie vor die Tür zu setzen. 35
les echó tierra er schüttete Erde darüber 20
la **ecología** Ökologie 25
ecológico ökologisch 26
ecologista umweltbewußt
la **economía** Wirtschaft 6
económicamente wirtschaftlich
económico Wirtschafts- 20
la cuestión económica *hier:* Geldfrage 28
la **edad** Alter
de mediana edad mittleren Alters 2
el que parecía tener más edad der, der am ältesten zu sein schien 25
edificar bauen 16
edificado sobre el agua auf dem Wasser gebaut 16
el **edificio** Gebäude
el **editor** Verleger 35
la **editorial** Verlag
la **educación** Erziehung, Bildung 14
la educación obligatoria Schulpflicht 14
efectivamente tatsächlich 38
egoísta egoistisch 30
¿eh? he?
el **ejemplar** Exemplar
el **ejemplo** Beispiel
por ejemplo zum Beispiel
ejercer *(ejerzo)* ausüben 6
el **ejército** Armee; Heer 6
servir en el ejército in der Armee dienen 6
el *(best. Art. Sing. mask.)*
él er
elaborar herstellen 26
Elche *Stadt südwestlich von Alicante*
la **elección** Wahl 14
las **elecciones** Wahlen *(politisch)* 32
la **electricidad** Elektrizität 5
eléctrico elektrisch 5
los **electrodomésticos** elektrische Haushaltgeräte 5
electrónico elektronisch 5
el **elefante** Elefant 27
elegante elegant
elegir *(i, elijo)* (aus)wählen 12
a elegir nach Wahl 12
elemental grundlegend 32
elevadísimo sehr hoch 2
elevado hoch 18
ella sie
ellos sie *(Pl.)*
el **embajador** Botschafter 6
embestir *(i)* angreifen 10
embistió con el primer molino er griff die erste Mühle an 10
el **emblema** Emblem, Kennzeichen 12
emborracharse sich betrinken 20
el **embutido** Wurst
la **emigración** Auswanderung
el/la **emigrante** Emigrant/in
emigrar auswandern
la **emisión** Sendung 24
la **empanada** gefüllte Teigtasche
el **emparejado** *jemand der mit einem Partner/einer Partnerin zusammenlebt* 11
empedernido eingefleischt 24
empeñarse darauf bestehen
Si te empeñas ... Wenn du darauf bestehst ...
empeorar sich verschlimmern 32
el **emperador** Herrscher 21
empezar *(ie)* anfangen
empiezo *(Präsens empezar)* ich beginne
la/el **empleada, -o** Angestellte/er
el **empleo** Anstellung; *hier:* Verwendung 7
emprendedor unternehmungslustig
emprender unternehmen; machen 17
la **empresa** Firma, Betrieb
la empresa constructora Baufirma
el **empresario** Unternehmer 35
empujar schieben
en in; an
En abril, aguas mil. *etwa:* „April, April, der macht, was er will."
en agosto im August
en cambio dagegen; hingegen
en casa zu Hause
en casa (de) zu Hause (bei)
en clase im Unterricht
en cuanto a ... was ... betrifft
en español auf spanisch
en general generell
en mi casa bei mir zu Hause
en seguida sofort
En seguida va. Es kommt gleich.
en total insgesamt
enamorado verliebt 4
en tu suelo enamorado *hier:* in deiner geliebten Erde 17
Estoy locamente enamorado de ... Ich bin irrsinnig verliebt in ... 4
el **encaje** Spitze 6
el encaje de bolillos Klöppelspitze 6
encandilar blenden 24
Encantada,-o. Sehr erfreut. Angenehm.
Yo estaba encantado. Ich war begeistert. 25
encantador, -a bezaubernd
encantar begeistern
Me encanta. Ich mache es sehr gerne.; (Sie) gefällt mir sehr.
encargar bestellen 22; in Auftrag geben 23
La alcaldía le encargó un caballo. Das Bürgermeisteramt gab bei ihm ein Pferd in Auftrag. 23
el **encargo** Auftrag 38
encender *(ie)* anzünden; einschalten 24
encender la televisión den Fernseher einschalten 24
encerrarse *(ie) hier:* sich einsperren 11
encima (de) auf, über
encomendarse a alguien *(ie)* sich jemandes Schutz empfehlen 10
encontrar *(ue)* finden
¡Encuéntrelo! Finden Sie es! 7
se encuentra(n) man findet
encontrarse *(ue)* sich befinden
encontrarse bien sich wohl fühlen 7
No me encuentro del todo bien. Ich fühle mich nicht sehr gut. 7
el **encuentro** Begegnung 16
la **encuesta** Umfrage
realizar una encuesta eine Umfrage machen
el **encuestado** Befragter 14
«La Endiablada» *Volksfest*

endiablado teuflisch ; verteufelt
el **enemigo** Feind 6
la **energía** Energie, Kraft 11
enero Januar
enfadarse sich ärgern 10
la **enfermedad** Krankheit 4
la **enfermera** Krankenschwester
enfermo krank 35
enfrentarse a ... sich ... gegenübergestellt sehen 6
enfrente (de) gegenüber
enfriarse *(me enfrío)* sich erkälten; *hier:* erkalten 25
engañar hereinlegen 28
engatusar *hier:* einwickeln 24
no dejarse engatusar sich nicht einwickeln lassen 24
el **enigma** Rätsel
enojarse sich ärgern 15
enorme riesig
enormemente enorm, ungeheuer
enriquecedor bereichernd 24
la **ensaimada** spiralförmiges Blätterteiggebäck
la **ensalada** Salat 22
la **ensaladilla rusa** russischer Salat 22
el/la **ensayista** Essayist/in 31
el **ensayo** Essay 31
enseguida gleich; sofort 11
la **enseñanza** Unterricht 10
enseñar zeigen
entender *(ie)* verstehen
Nadie parece entender lo que dice. Niemand scheint zu verstehen, was er sagt. 36
¡Pero qué bien entienden español! Wie gut Sie aber doch Spanisch verstehen!
enterarse in Erfahrung bringen 10
No regrese hasta no enterarse de ... Kommen Sie nicht zurück, bevor Sie nicht wissen ... 10
entero ganz
el mundo entero die ganze Welt
enterrar *(ie)* begraben 17
Entiéndame. Verstehen Sie mich. 24
entonces dann; dann eben
en aquel entonces damals, zu jener Zeit 6
el **entorno** Umgebung 4
la **entrada** Eingang; Eintittskarte; *hier:* Vorspeise 22
entrañable herzlich 24
entrar (en) eintreten; fahren auf
entrar en vigor in Kraft treten 27
¡Entre! *(Imperativ entrar)* Treten Sie ein!
entre zwischen; *hier:* unter
entre ellos unter ihnen 17
entre semana unter der Woche, wochentags
entregar (über)geben
los **entremeses** Vorspeisen 22
entrenar trainieren
entretenido unterhaltsam 24
la **entrevista** Interview 24
entusiasmado begeistert 25
el **envase** Verpackung 26
enviar *(envío)* schicken
los esclavos que habían sido enviados die Sklaven, die geschickt worden waren 18
la **envidia** Neid
¡Qué envidia! Beneidenswert!
envilecido *hier:* verkommen 20
envolver *(ue)* verpacken
envuelto *(Partizip Perfekt envolver)* eingepackt
enyesado eingegipst 20
la **época** Zeitalter
la época del año Jahreszeit 32
el **equipaje** (Reise-)Gepäck 1
equiparable vergleichbar 26
el **equipo** Mannschaft
equivaler a gleichwertig sein mit 27; entsprechen 35
equivocarse sich irren 22
Se ha equivocado de número. Sie haben sich verwählt. 34
era *(Imperfekt ser)* (ich) war
eres *(Präsens ser)* du bist
la **ermita** Wallfahrtskapelle
erótico erotisch 32
el **error** Fehler
es *(Präsens ser)* er, sie, es ist; Sie sind
es decir das heißt
Es que ... Es ist so, daß .../Aber ...
es que él no ha sido dann ist er es nicht gewesen 10
la **escala** *hier:* Umfang 6
en pequeña escala in geringem Maße 6
la **escalera** Treppe; Leiter 23
la escalera mecánica Rolltreppe 27
el **escalope** Schnitzel 22
el escalope (a la) milanesa Schnitzel nach Mailänder Art 22
escandaloso skandalös 7
el **escaparate** Schaufenster
el **escape** *hier:* Auspuff(rohr) 18
la **escasez** Knappheit
escaso knapp 6; selten, rar 26
la **escena** Szene 6
la **esclava** Sklavin 31
el **esclavo** Sklave 6
la **escoba** Besen
pasar la escoba kehren
Escocia Schottland
escoger *(escojo)* auswählen 35
esconder verstecken
la **escopeta** (Jagd-)Gewehr 26
Escorpio Skorpion 28 *(Sternzeichen)*
escribir schreiben
escrito *(Partizip Perfekt escribir)* geschrieben
el **escritor** Schriftsteller
escuchar (zu)hören
el **escudero** (Schild)knappe 10
la **escuela** Schule 31
La calle es escuela de picardía. Die Straße ist die Schule der Schlauheit. 31
el **escultor** Bildhauer
la **escultura** Skulptur
ese dieser da
lo **esencial** Hauptsache
eses: llegar haciendo eses a sus casas in Schlangenlinien nach Hause gehen 11
eso das da
a eso de gegen
a eso de las dos gegen zwei Uhr
Eso es. So ist es. Das stimmt.
Eso sí. Das ja. Das schon.
Eso sí que no. Das auf keinen Fall.
ni eso nicht einmal das
por eso deswegen
el **espacio** *hier:* Sendung 24
la **espalda** Rücken 27
espantable entsetzlich 10
espantoso entsetzlich
¡Qué espantoso! Wie entsetzlich!
España Spanien
la «España verde» das „grüne Spanien"
el **español** Spanier
español spanisch
en español auf spanisch
el **esparadrapo** (Heft-)Pflaster 9
la **especia** Gewürz 16
especial besonders; „Spezial" 13
la **especialidad** Spezialität; Fach(gebiet) 35
especialmente besonders
la **especie** *hier:* Art 32
espectacular eindrucksvoll 32
el **espectáculo** Schauspiel 20
el **espectador** Zuschauer 18
el **espejo** Spiegel 20
esperar (ab)warten; hoffen; *hier:* erwarten; erhoffen 21
algo que nadie se esperaba etwas, was niemand erwartet hatte 21
Es de esperar que ... Es ist zu hoffen, daß ... 28
esperando sus noticias ich erwarte Ihre Nachricht 33
Espere. Warten Sie!
el **espíritu** Geist

espléndido strahlend *(fig.)*
el **esplendor** Glanz 32
la **esposa** Ehefrau, Gattin 20
el **esposo** Ehemann, Gatte 26
la **espuela** (Reiter)Sporn 10
dio de espuelas a su caballo er gab seinem Pferd die Sporen 10
el **esquí** Ski 35
la **esquina** (Straßen-)Ecke
esquina a … Ecke …
en la esquina an der Ecke
esta diese
está *(Präsens estar)* er/sie/es befindet sich
establecer *(establezco)* gründen; einführen 18
establecerse *(me establezco)* sich niederlassen 18
la **estación** U-Bahnhaltestelle
la **estación de servicio** Tankstelle
la **estación (del año)** Jahreszeit
el **estacionamiento** Parkplatz 27
el estacionamiento disuasorio „Park and Ride" 27
el **estadio** Stadion 20
el **Estado** Staat
el Estado Libre Asociado *ein den Vereinigten Staaten unterstehendes Territorium* 6
los Estados Unidos de Norteamérica USA
el **estado** Zustand 17
estallar ausbrechen 17
Estalló una guerra cruel. Ein grausamer Krieg brach aus. 17
la **estancia** Aufenthalt 27
el **estanco** Tabakladen
estar *(estoy)* liegen; sein; sich befinden
está abierto ist auf/geöffnet
Está bien. Ist gut (so).
Está desayunando. Er frühstückt gerade.
Está llegando. Er kommt gerade.
Están subiendo los precios. Die Preise steigen im Augenblick.
estar aparcando gerade parken
estar casado verheiratet sein
estar de novio befreundet sein 12
estar de vacaciones in Urlaub sein
estar en baja zurückgehen 36
Ya estoy. Ich bin schon fertig. 29
el **este** Osten
este dieser (hier)
esté *(Konjunktiv Präsens estar)*
Estepona *Ferienort in der Provinz Málaga, Andalusien* 1
el **estilo** Stil
estimado geschätzt 33
Estimados señores: Sehr geehrte Herren! 33
esto das hier
en esto indem 10
¿Qué es esto? Was ist das?
Estocolmo Stockholm
el **estómago** Magen
estos diese (hier)
estoy *(Präsens estar)* ich bin
estrechamente eng
estrecho schmal, eng
el **estrecho** Meerenge 26
el Estrecho de Gibraltar Straße von Gibraltar 26
estrepitoso lärmend; rauschend 11
el/la **estudiante** Student/in
estudiar studieren, lernen
estudiar a distancia *hier:* ein Fernstudium machen 35
el **estudio** *hier:* Untersuchung 7; *hier:* Studie 27; *hier:* (Maler-) Atelier 38
los **estudios** *hier:* Bildungsabschluß 14
los estudios medios mittlerer Bildungsabschluß; Abitur 14
los estudios primarios Grundschule; einfacher Bildungsabschluß 14
los estudios superiores höherer Bildungsabschluß; Hochschule 14
estupendo großartig
Estupendo. Prima. Klasse.
estuve, estuviste *(Indefinido estar)* ich war, du warst
el **eurocheque** Eurocheque 3
el **europeo** Europäer 32
europeo europäisch
euskera Baskisch (Sprache)
Euskera mintzatzen det. Ich spreche Baskisch.
evidentemente offensichtlich 27
evitar vermeiden 7; verhindern 24
evocar Erinnerungen wachrufen
exactamente genau 32
la **exactitud** Genauigkeit 15
exacto genau
exagerar übertreiben
el **examen** Prüfung 12
examinarse eine Prüfung ablegen 12
excelente ausgezeichnet
la **excepción** Ausnahme 18
el **exceso** Übermaß, Übertreibung 28
excitado aufgeregt, nervös 28
exclamar ausrufen 25
la **excursión** Ausflug
exigir *(exijo)* verlangen, fordern 4
exigir daños y perjuicios *etwa:* Schadenersatz fordern 4
exiliarse ins Exil gehen 32
existente bestehend 32
existir existieren
Eso no existe. Das gibt es nicht.
el **éxito** Erfolg 18
exótico exotisch 17
la **expedición** Expedition 15
la **experiencia** Erfahrung
experimentar ausprobieren; versuchen 7; erleben 14
el **experto** Fachmann 21
experto en erfahren in 32
la **explicación** Erklärung 21
explicar erklären 10
el **explorador** Forscher 15
la **exportación** Ausfuhr 20
el **exportador** Exporteur 6
exportar exportieren
la **exposición** Ausstellung
la **expresión** Ausdruck 31
extender *(ie)* ausbreiten 36
extenderse *(ie)* sich verbreiten 21; sich erstrecken 14
la **extensión** *hier:* Fläche 6; *hier:* Verbreitung 24
extenso weit, ausgedehnt 25
el **exterior** *hier:* Ausland 18
exterior äußere(r) 25
externo äußere(r) 5
la **extinción** Aussterben 32
el **extranjero** Ausländer
extrañar verwundern 17
extraño seltsam 20
extraordinario ausgezeichnet
extremado extrem 31
Extremadura *autonome Region im Westen Spaniens*
exuberante üppig

F

la **fábrica** Fabrik
fabricar herstellen
la **fábula** Fabel 12
unas vacaciones de fábula ein fabelhafter Urlaub 12
fabuloso großartig; märchenhaft 16
fácil leicht 35
facilitar erleichtern 5
fácilmente leicht 26
el **factor** Faktor; *hier:* Umstand 14
el factor contaminante Ursache für die Verschmutzung 26
facultativo fakultativ 2
la parada facultativa Bedarfshaltestelle 2
el **faisán** Fasan 17
la **falda** Rock
Las Fallas *Fest heidnischen Ursprungs, bei dem die Figuren aus Pappe abgebrannt werden, um den Winter zu vertreiben*
fallecer sterben 27
Falo galego. Ich spreche Galicisch.

la **falta** Mangel, Fehlen 18
la falta de viviendas Wohnungsnot 18
faltar fehlen
De eso sí que no nos falta. Daran fehlt es uns tatsächlich nicht. 25
hacer falta nötig sein 29
No faltaba más. Aber selbstverständlich.
la **fama** Ruf; Berühmtheit; Ruhm 16
de fama internacional weltberühmt 25
la **familia** Familie
familiar Familien- 31
familiarizar vertraut machen 24
famoso berühmt
el **fanfarrón** Prahler, Angeber 31
Fangio, Juan Manuel *argentinischer Formel-I-Fahrer* 31
fantástico phantastisch
farmacéutico pharmazeutisch 6
el **farmacéutico** Apotheker 7
la **farmacia** Apotheke
farmacológico pharmakologisch 7
el **faro** Scheinwerfer 37
el **farolito (farol)** kleine Straßenlaterne 32
fascinante faszinierend
fatal *hier:* unmöglich
La cosa está fatal. Die Lage ist unmöglich.
la **fauna** Tierwelt 32
el **favor** Gefallen
pedir un favor um einen Gefallen bitten 15
por favor bitte
favorable günstig 20
febrerito = febrero Februar
febrero Februar
la **fecha** Datum
¿Qué fecha es hoy? Welches Datum haben wir heute?
federal Bundes-
feísimo sehr häßlich
la **felicidad** Glück 13
feliz glücklich 30
la **feria** Jahrmarkt; Messe
la Feria de Sevilla *berühmtes Frühlingsfest*
la Feria de Turismo en Stuttgart CMT Int. Ausstellung für Caravan, Motor, Touristik
Fermín *männl. Vorname*
San Fermín *Schutzpatron der Stadt Pamplona, Navarra*
Fernando de Aragón Ferdinand von Aragonien *(1452-1516)* 16
el **ferrocarril** Eisenbahn 2
la FEVE (Ferrocarriles de Vía Estrecha) Schmalspurzüge 2
ferroviario Eisenbahn- 2

el **ferry** Fähre 12
la **fertilidad** Fruchtbarkeit 32
el **festejo** Festlichkeit 20; Feier 28
el **festival** Festspiele
Festival de Teatro Clásico Festival des Klassischen Theaters
festivo Fest- 34
el día festivo Feiertag 34
la **ficha** Zettel; Formular; Münze (für Automaten)
la ficha de inscripción Anmeldeformular
la **fiebre** Fieber 7
fiel treu 38
la **fiesta** Fest
fiesta del marisco Fest der Meeresfrüchte
la **figura** Figur 16
figurar darstellen 6
figurar como parte de ... ein Teil von ... sein 6
la **figurita (figura)** kleine Figur 6
fijarse *hier:* sich vorstellen 21
Fijate que tengo que ... *Argentinien:* Stell' dir vor, ich muß ... 36
¡Fíjese que coincidencia! Stellen Sie sich diesen Zufall vor! 21
la **fila** Reihe
Filadelfia Philadelphia 6
el **filete** Filet 22
filmar filmen 13
el **filósofo** Philosoph
el **fin** Ende; Ziel; Absicht 14
el fin de semana Wochenende
a fines de este siglo Ende dieses Jahrhunderts 19
el **final** Ende 11
a finales de ... Ende ... 25
a finales de julio Ende Juli 11
finalizar beenden 38
finalmente endlich
la **finca** Bauernhof
Finlandia Finnland
fino fein
firmar unterschreiben
el/la **fiscal** Staatsanwalt, Staatsanwältin 35
físico körperlich 4
tener un defecto físico körperbehindert sein 4
el **flan** Karamelpudding 22
flexible flexibel 12
la **flor** Blume
en flor in Blüte
la **flora** Pflanzenwelt 25
florecer blühen 16
florido blühend 32
Fluviá *Fluß, der bei Rosas ins Mittelmeer mündet*

folklórico Folklore- 18
el **folleto** Broschüre, (Falt-)Blatt
el **fontanero** Installateur 34
el **forastero** Fremder; Auswärtiger
la **forma** Form; Art
de esta forma auf diese Weise 5
de forma democrática auf demokratische Art
la forma de vida Lebensweise
formar bilden
formar parte (de) gehören (zu)
Formentera *eine der Baleareninseln*
Formosa *Provinz im Nordosten Argentiniens an der Grenze zu Paraguay* 31
la **fórmula** Formel 12
la **fórmula uno** Formel I-Klasse 31
la **fortaleza** Festung 6
la **fortuna** Glück 27
por fortuna zum Glück 27
la **foto(grafía)** Foto
el **fotógrafo** Fotograf 20
la **fractura** Bruch 20
el **francés** Französisch *(Sprache)*; Franzose
francés, francesa französisch
la **francesa** Französin 31
Francia Frankreich
el **franco suizo** Schweizer Franken
la **franqueza** Offenheit
el **frasco** (kleine)Flasche 7
la **frase** Satz 18
una frase que es la que diría ... einen Satz, den er sagen würde ... 18
Fray = fraile Mönch
la **frecuencia** Häufigkeit 24
con frecuencia häufig 24
frecuente häufig 18
fregar *(ie) hier:* abwaschen, spülen 5; scheuern; putzen 14
freír *(frío)* braten 22
frenar bremsen
frenar en seco scharf (ab)bremsen
el **frenazo** scharfes Bremsen 27
en el caso de un frenazo wenn scharf gebremst wird 27
la **frente** Stirn
hacer frente a die Stirn bieten 4
frente a *hier:* vor 5
fresco frisch, kühl 17
el **frigorífico** Kühlschrank
los **frijoles** Stangenbohnen 17
el **frío** Kälte
frito *(Partizip Perfekt freír)* gebraten 22
la **frontera** Grenze
frotar reiben 6
fruncir runzeln 4

la **fruta** Obst; Frucht 22
la fruta del tiempo Obst der Jahreszeit 22
el **fruto** Frucht 20
los frutos del monte Wildfrüchte 31
fue *(Indefinido ser)* 6
el **fuego** Feuer
los fuegos de artificio Feuerwerk 20
la **fuente** Brunnen; Quelle 5
la fuente de ingresos Einkommensquelle 25
fuera draußen
fuera *(Konjunktiv Imperfekt ser)* 23
fuera de außerhalb (von); außer 14
fueron *(Indefinido ir)* 6
fueron haciéndose sie wurden (allmählich) 6
fuerte stark; *hier etwa:* herzlichst
la **fuerza** Kraft 6
la fuerza de trabajo Arbeitskraft 6
fui *(Indefinido ir)* ich ging
fuimos *(Indefinido ser)* wir waren 24
el **fumador** Raucher 2
fumadores *hier:* Raucherabteil 2
fumar rauchen
la **función** *hier:* Aufgabe 18
el **funcionamiento** Arbeitsweise 11
funcionar in Betrieb sein 2; funktionieren 34
fundamental wesentlich 17
fundamentalmente grundsätzlich 24; hauptsächlich 27
fundar gründen 16
el **fútbol** Fußball
el partido de fútbol Fußballspiel 5
el **futuro** Zukunft 5

G

las **gafas** Brille
Gala, Antonio *span. Schriftsteller und Dramaturg* 11
Galapagar *Dorf nördlich von Madrid*
Galeano, Eduardo *Schriftsteller aus Uruguay* 6
la **galería** Galerie
la galería de arte Kunstgalerie
Gales Wales
Galicia Galicien
el **gallego** Galicier; *Argentinien:* Spanier 31
La ciudad más gallega del mundo. Die spanischste Stadt der Welt. *(Buenos Aires)* 32
el **gallego** galicische Sprache
gallego galicisch
la **gallina** Henne; Huhn.
el **gallo** Hahn 15
la **gamba** Garnele
gambas a la plancha gegrillte Garnelen 22
la **ganadería** Viehzucht 6
ganadero Vieh- 32
el **ganado** Vieh
ganar verdienen; *hier:* gewinnen 1
Entre sus éxitos está el haber ganado un premio. Zu seinen Erfolgen zählt auch der, einen Preis gewonnen zu haben. 31
ganarse la vida sich den Lebensunterhalt verdienen 32
tener ganas de Lust haben zu
garantizar garantieren 26
García Lorca, Federico *span. Dichter und Dramaturg (1898-1936)* 1
Gardel, Carlos *berühmter Tangokomponist und Interpret (1890-1935)* 32
las **garras** Klauen; Krallen 16
el **gas** Gas 20
el gas butano Butangas 34
la **gaseosa** Brause(limonade) 11
la **gasolinera** Tankstelle
gastado verbraucht 15
gastar ausgeben
He pensado gastar ... Ich wollte eigentlich ... ausgeben.
sin necesidad de gastar mucho dinero ohne unbedingt viel Geld ausgeben zu müssen 4
el **gasto** Verbrauch; Ausgabe 7
los **gastos** *hier:* Ausgaben 11; (Un-)Kosten 30
el **gato** Katze
el **gaucho** *Argentinien:* Gaucho *(berittener Rinderhirte)* 31
el **gazpacho andaluz** kalte Suppe *(aus rohen Tomaten, Paprika, grüner Gurke, Zwiebeln, Öl, Essig ...)* 22
Géminis Zwillinge *(Sternzeichen)* 28
la **generación** Generation 6
el **general** General 20
el General Zaragoza *Ignacio Zaragoza (1829-1862) tat sich bei der Schlacht gegen die Franzosen hervor* 20
general allgemein 36
en general im allgemeinen
la carretera general Landstraße 36
la **generalización** Verallgemeinerung
generalizarse allgemein werden 5
generalmente meistens, normalerweise
genial genial
el (río) Genil *Fluß, der durch Granada fließt*
genovés aus Genua 16
la **gente** *(Sing.)* Leute
la gente de guerra Krieger 17
el **germano** Germane 16
Gerona *Stadt zwischen Barcelona und der franz. Grenze*
gesticular gestikulieren 11
el **gesto** Geste 36
la **gestoría** *Agentur zur raschen Erledigung behördlicher Formalitäten*
el **gigante** Riese 10
gigantesco riesengroß 23
el **gimnasio** *hier:* Gymnastikraum 34
Ginebra Genf 2
el **girasol** Sonnenblume
el **gobernador** Gouverneur 6
gobernar *(ie)* regieren 5
el **gobierno** Regierung
el gobierno central Zentralregierung
el **golfo** Golf
el Golfo de México Golf von Mexico
la **golondrina** Schwalbe
Una golondrina no hace verano. Eine Schwalbe macht noch keinen Sommer.
el **golpe** Schlag 23
de golpe auf einmal 31
el golpe militar Militärputsch 32
el **gorro** Kappe 18; (Bade-)Mütze 34
gótico gotisch
gozar de una cosa etwas genießen
la **gracia** Anmut, Grazie
hacer gracia a alguien jdm gefallen
No le ha hecho ninguna gracia. Es hat ihm überhaupt nicht gefallen.
gracias danke
gracias a dank 5
gracioso witzig 23
la **gradería** Stufenreihe *(Stadion)* 18
el **grado** Grad
el **gramo** Gramm 6
Gran Bretaña Großbritannien
Gran Canaria *eine der Kanarischen Inseln* 25
la **Gran Vía** *eine der Hauptstraßen von Madrid*
Granada *Provinzhauptstadt in Andalusien*
gran(de) groß
Cuando yo sea grande. Wenn ich einmal groß bin. 30
la ciudad más grande die größte Stadt

grandioso großartig 18
el **granito** Granit 23
el **grano** Korn
el grano de café Kaffeebohne 6
la **grasa** Fett 7
las grasas animales tierische Fette 7
gratuito unentgeltlich 6
grave ernst, gefährlich; *hier:* schwerwiegend 26
No es grave. Es ist nicht schlimm. 22
No es nada grave. Es ist nichts Ernstes.
gravemente schwer; *hier:* sehr 4
Grecia Griechenland
El Greco *span. Maler (1541-1614)*
el **griego** Grieche 32
griego griechisch 11
el **grifo** Wasserhahn 34
gris grau
gritar schreien 20
el **grito** Schrei 20
a gritos mit lautem Geschrei 31
grs. = gramos Gramm 22
la **grúa** Abschleppkran
grueso *hier: stark*
el **grupo** Gruppe
el **guacamayo** *Papageienart mit gelbem, rotem und blauem Gefieder* 18
el Guadalquivir *entspringt im Cazorlagebirge und mündet nach 657 km in den Atlantik* 26
Guadalupe Guadalupe 6
la **guantera** Handschuhfach
guapo hübsch *(Person)*
¡Buen viaje, guapa! *etwa:* Gute Reise, Liebling! 8
No, guapa, no. Nein, meine Liebe.
¡Qué chico más guapo! Was für ein hübscher Junge! 37
el **guaraní** *Ursprache der Indianer in Paraguay* 32
el **guarda** Wächter 26
el/la **guardaespaldas** Leibwächter/in 18
guardar bewahren 24
la **guardería** Kinderhort 2
el coche guardería *Wagen mit Kinderbetreuung* 2
el **guardia** Polizist 29
el/la **guardia civil** *etwa:* Landpolizist/in 27
el/la guardia civil de tráfico Verkehrspolizist/in 27
la **guarnición** Beilage 22
Guarromán *Ortschaft in der Provinz Jaen/Andalusien*
la **guayaba** Guajavabirne 20

Guernica *kleine Stadt im Baskenland*
la **guerra** Krieg 6
la guerra civil Bürgerkrieg 6
la segunda guerra mundial Zweiter Weltkrieg 6
el **guerrero** Krieger 20
la **guía** Reiseführer *(Buch)*; Reiseführer/in
guiar führen
Guillermo Tell Wilhelm Tell
Guinea Ecuatorial Äquatorialguinea 19
los **guisantes** Erbsen 22
la **guitarra** Gitarre
gustar schmecken; gefallen
El té no me gusta. Ich mag keinen Tee.
¿Te gusta …? (Wie) gefällt dir …?
Pues a mí me gustaría … Nun, ich würde gern … 1
Yo le gusto a ella. Ich gefalle ihr. 4
el **gusto** Geschmack
Güiraldes, Ricardo *argentinischer Schriftsteller (1886-1927)* 32
el **«güiro»** Flaschenkürbis; *hier: Name des Instruments (Puerto Rico)* 6

H

La Habana Havanna
la **habanera** *Tanz aus Kuba* 32
haber haben *(Hilfsverb)*
ha habido es hat gegeben
había es gab
haber de *(he de) (literarisch)* müssen 4
ha de encerrarse en su hogar sie/er muß sich in seine/ihre vier Wände zurückziehen 11
la **habilidad** Geschick(lichkeit) 31
la **habitación** Zimmer
la (habitación) individual Einzel(zimmer)
el/la **habitante** Einwohner
habitar bewohnen 6
habitual üblich
habitualmente gewöhnlich 17
hablar sprechen
Aquí se hablan todas las lenguas. Hier spricht man alle Sprachen 36
habla con mucha soltura *hier:* er/sie spricht fließend 19
hablar por teléfono telefonieren
Hablo castellano. Ich spreche Spanisch.
se habla man spricht
habrá *(Futur haber)* es wird geben 15

En ningún lugar habrá tantas mariposas. Nirgends wird es so viele Schmetterlinge geben. 32
No habrá más pena ni olvido. Es wird kein Leid und kein Vergessen mehr geben. 32
Algunas cosas habrán cambiado. Einige Dinge werden sich geändert haben. 33
habría *(Konditional haber)* 18
No habría necesidad de … Es wäre nicht nötig zu … 18
hacer machen
¿Cómo se hace? Wie macht man das?
desde hace seit
hace … años vor … Jahren
Hace calor/frío. Es ist warm (heiß)/kalt.
¿Hace falta reservar asiento? Muß man einen Platz reservieren? 2
Hace mal tiempo. Es ist schlechtes Wetter.
Hace sol. Die Sonne scheint.
hace varios años vor einigen Jahren
Hace viento. Es ist windig.
hacer amistad Freundschaft schließen 15
hacer caso auf jdn hören 31
hacer escala Zwischenstation machen 26
hacer falta nötig sein 2
hacer gracia a alguien jdm gefallen
hacer punto stricken
hacer vida social *hier:* Kontakte nach außen(hin) pflegen
Hará buen tiempo. Das Wetter wird schön sein. 15
Haré feliz a mi esposa. Ich werde meine (Ehe-)Frau glücklich machen. 30
Me hace reír. Ich muß darüber lachen.
¿Qué hacés, pibe? *Argentinien* Mensch, was machst du so? 36
Si he de hacer frente a … Wenn ich mich stellen … muß. 4
hacia in Richtung
la **hacienda** Hazienda, Landgut
haga *(Imperativ hacer)* Tun Sie …
Haga el favor de … Tun Sie mir den Gefallen und …
hago (*Präsens hacer*) ich mache
Haití Haiti 6
¡Hala! Auf!, Los! 29
el **hambre** *(f)* Hunger
Hamburgo Hamburg

la **hamburguesa** Hamburger, Frikadelle 8
hará *(Futur hacer)* 15
Hará buen tiempo. Es wird schönes Wetter sein. 15
haré *(Futur hacer)* ich werde machen (*hier:* bauen) 30
harían *(Konditional hacer)* 18
hasta bis; *hier:* sogar
hasta cierto punto bis zu einem gewissen Grad
Hasta el martes. Bis Dienstag!
hasta el mismo Presidente bis hin zum Präsidenten selbst 21
hasta la puerta de casa bis vor die Haustür 1
Hasta la vista. Auf Wiedersehen.
Hasta la vuelta, entonces. Dann bis zu deiner Rückkehr.
hasta llegar a ... bis sie ... erreichten
Hasta luego. Bis bald!
Hasta mañana. Bis morgen!
¡Hasta pronto! Bis bald!
No ... hasta nicht vor; erst
no regrese hasta no enterarse de ... Kommen Sie nicht zurück, bevor Sie nicht wissen ... 10
hay es gibt
Hay de todo. *etwa:* Da findet man alles.
Hay gustos para todo. Die Geschmäcker sind verschieden.
«Hay mucho bar aquí.» Hier gibt es viele Cafeterias. 17
Hay que tener cuidado. Man muß aufpassen.
Hay que ver ... Unglaublich, ...
Hay quien ha de conformarse con ... Mancher muß sich mit ... begnügen. 11
No hay de qué. Keine Ursache
¿Qué hay? Was ist (befindet sich) ...?
¿Qué hay para cenar? Was gibt es zum Abendessen?
Ya no hay (entradas). Es gibt keine (Eintrittskarten) mehr.
La Haya Den Haag
haya *(Konjunktiv Präsens haber)* 25
hayamos *(Konjunktiv Präsens haber)* 5
Antes de que nos hayamos levantado. Bevor wir aufgestanden sind. 5
haz *(Imperativ hacer)* 29
hecho *(Partizip Perfekt hacer)* gemacht
el **hecho** Ereignis 17; Tatsache 26
el hecho de ... die Tatsache, daß ... 26
la **hectárea** Hektar 32
el **helado** (Speise)Eis
el **helicóptero** Hubschrauber 18
Hendaya *französische Grenzstadt zum spanischen Baskenland* 2
heredero Erb- 18
el príncipe heredero Kronprinz 18
hereditario erblich 18
herido verletzt
el **herido** Verletzter 27
la **hermana** Schwester
la hermana mayor die ältere Schwester
el **hermano** Bruder
los **hermanos** Geschwister
hermoso herrlich, schön
Hernán Cortés *Eroberer Kubas und Mexikos (1485-1547)*
el **héroe** Held
hervido gekocht 7
hicieran *(Konjunktiv Imperfekt hacer)* 39
hiciste *(Indefinido hacer)* du machtest
el **hidalgo** Edelmann 10
el **hidromasaje** Wassermassage 34
la **hidroterapia** Hydrotherapie 34
hierro Eisen
higiénico hygienisch 34
el papel higiénico Toilettenpapier 34
el **higo** Feige
la **hija** Tochter
el **hijo** Sohn; Kind
el hijo único Einzelkind 11
la **hipercolesterolemia** erhöhter Cholisterinspiegel 7
hipnotizado hypnotisiert 24
hispánico (hi)spanisch
la **hispanidad** Hispanität
el Día de la Hispanidad Tag der Hispanität *(12. 10., Jahrestag der Entdeckung Amerikas)*
el **hispano** *hier:* Spanischsprechender 6
Hispanoamérica Spanisch-Amerika
hispano-árabe spanisch-arabisch
el/la **hispano-hablante** Spanischsprechende/r 19
hispano-norteamericano spanisch-nordamerikanisch 6
la **historia** Geschichte
la historia del arte Kunstgeschichte 23
el/la **historiador/a** Historiker/in
históricamente geschichtlich
histórico geschichtlich 18; historisch 27
histórico-social sozialgeschichtlich
hizo *(Indefinido hacer)* er/sie machte 20
quién hizo aquellas llamadas *etwa:* wer angerufen hatte 21
el **hocico** *hier:* Gesicht 4
«No paran de fruncir el hocico.» Sie verziehen unaufhörlich das Gesicht. 4
el **hogar** Heim; Haus 14
fuera del hogar außer Haus 14
Hogar, dulce hogar. *etwa:* Trautes Heim.
la **hoja** Blatt 20
¡Hola! Hallo!
Holanda Holland
el **holandés** Holländer
el **hombre** Mann, Mensch
No, hombre, no. *etwa:* Ach, was!
Hong-Kong Hongkong
el **honor** Ehre 20
en honor de zu Ehren von 20
la **hora** Stunde
la hora punta Stoßzeit, Hauptverkehrszeit 27
¿Qué hora es? Wie spät ist es?
las horas de servicio *hier:* Öffnungszeiten 22
las horas muertas *hier:* stundenlang 24
las horas semanales Wochenstunden 14
el **horario** Stundenplan; Fahrplan 8
el horario de tarde Öffnungszeiten am Nachmittag 34
el **horizonte** Horizont 4
el **horno** Backofen
el **horóscopo** Horoskop 28
El horóscopo no miente. Die Sterne lügen nicht. 28
el **hórreo** Getreidespeicher
horrible schrecklich 15
¡Qué horror! Wie furchtbar!
las **hortalizas** Gemüse 17
el **hospital** Krankenhaus
hospitalario gastfreundlich
la **hostería** Gasthaus 33
el **hotel** Hotel
el **hotelero** Hotelier 31
hoy heute
hoy día heutzutage
hoy en día heutzutage 6
hoy mismo noch heute
Hoy que la suerte quiere ... Heute, da das Glück es will ... 32
el **hoyo** Loch 20
Huamantla *Stadt in Mexiko* 39
hubiera *(Konjunktiv Imperfekt haber)* 37
Si no hubiera ido tan rápido ... Wenn er nicht so schnell gefahren wäre ... 37

hubieses *(Konjunktiv Imperfekt haber)* 37
Si tú no hubieses estado mirando ... Wenn du nicht gerade auf ... gesehen hättest. 37
hubo *(Indefinido haber)* es gab 6
la **huella** Spur
Huelva *Hafenstadt im Südwesten Spaniens. Hauptstadt der gleichnamigen Provinz.*
la **huerta** *bewässertes Obst- und Gemüseland*
el **huésped** Gast 34
información a los señores huéspedes *etwa:* Information für unsere verehrten Gäste 34
el **huevo** Ei
el huevo frito Spiegelei 22
huir *(huyo)* fliehen, flüchten 16
humano menschlich
la **humedad** Feuchtigkeit
húmedo feucht 6
humilde einfach, arm 31
el **humo** Rauch
con muchos humos sehr eitel 38
los humos de la calefacción Heizungsabgase 26
los humos de la industria Industrieabgase 26
los humos de los vehículos Autoabgase 26
el **humor** Spaß; Humor; Laune 4
tener sentido del humor Sinn für Humor haben 4
el **húngaro** Ungar 32
Hungría Ungarn
huyeron *(Indefinido huir)* sie flüchteten 18

I

íbamos *(Imperfekt ir)* wir gingen
ibérico iberisch
Ibiza Ibiza
la **ida** Hinfahrt 2
ida y vuelta Hin- und Rückfahrt 2
la **idea** Idee; Meinung, Vorstellung 35
No tengo ni idea. Ich habe keine Ahnung. 36
tan mala idea so eine schlechte Meinung 35
ideal ideal 27
la **identidad** Identität
el carnet/documento de identidad Personalausweis
la identidad propia eigene Identität 17
la **identificación** Identifizierung 3
identificar identifizieren 13
el **idioma** Sprache 6
el **ídolo** Idol 31
la **iglesia** Kirche
ignorar nicht wissen 27
igual egal; gleich; *hier:* gleichberechtigt 14
otros iguales ihresgleichen 20
igual (que) genauso (wie)
la **igualdad** Gleichheit 14
la igualdad racial Rassengleichheit 35
igualmente ebenfalls
Iguazú *entspringt in Brasilien und bildet natürliche Grenze zwischen Argentinien und Brasilien* 32
la **ilusión** Illusion; Vorfreude
Le hizo mucha ilusión. Er freute sich sehr. 38
la **ilustración** Abbildung
ilustrar veranschaulichen
la **imagen** Bild; *hier:* Image 4
la imagen religiosa Heiligenstatue
la **imaginación** Vorstellungskraft 31
imaginar ausdenken; erfinden 10; sich vorstellen 16
imaginario *hier:* frei erfunden 35
imaginarse algo sich etwas denken
¡Se imagina que frijoles serían! Sie können sich vorstellen, was das wohl für Bohnen waren! 20
impedir *(i)* verhindern 21
el **imperio** Reich; Imperium
el Imperio Británico das Britische Empire
el **impermeable** Regenmantel 29
implantar einführen 14
implícito inbegriffen 27
Lleva implícito beber. Schließt das Trinken mit ein. 27
imponente gewaltig 6
la **importación** Import 20
la **importancia** Wichtigkeit
dar importancia a Wert legen auf
No tiene importancia. Es ist unwichtig. 4
importante bedeutend; wichtig
importar importieren; wichtig sein
No importa. Das macht nichts.
¿Le importaría ... ? Würde es Ihnen etwas ausmachen ...? 22
imposible unmöglich 17
la **impresión** Eindruck
Me da la impresión de que ... Ich habe den Eindruck, daß ... 14
¿Qué impresión te da? Was für einen Eindruck macht es auf dich?
impresionado beeindruckt 15
Me has dejado impresionado. Du hast es geschafft, mich zu beeindrucken. 28
impresionante eindrucksvoll
los **impuestos** Steuern 22
los impuestos sobre los coches Kraftfahrzeugsteuern 26
inagotable unerschöpflich 20
inaugurar einweihen 2
el/la **inca** Inka 18
incesante ununterbrochen 20
inclinarse *hier:* sich wenden 32
incluido inbegriffen 22
incluir *(incluyo) hier:* beifügen 14
inclusive eingeschlossen 33
incluso sogar 6
la **incorporación** Eingliederung 14
increíble unglaublich 15
incrementarse anwachsen 14
la **independencia** Unabhängigkeit
independizarse sich unabhängig machen 18
India Indien 16
la **india** Indianerin 31
Las Indias Amerika *(der Kolonialzeit)*
indicar anzeigen, angeben 7
el **indicativo** *hier:* Vorwahl(nummer)
el **índice** (Index-)Zahl 7
la **indiferencia** Gleichgültigkeit 38
indígena Eingeborenen-
el poblado indígena Eingeborenendorf
el pueblo indígena Eingeborenenvolk 20
el/la **indígena** Eingeborene/r 17
indignado empört
el **indio** Indio *(Ureinwohner Lateinamerikas)*
indio indianisch 31
individual Einzel-
el **individuo** Individuum; Person 11
la **industria** Industrie
la industria láctea milchverarbeitende Industrie
la industria metalúrgica Metallindustrie
la industria química chemische Industrie
la industria siderúrgica eisenschaffende Industrie
industrial industriell
la **industrialización** Industrialisierung 6
la **infancia** Kindheit 11
infantil Kinder- 20
el **infarto** Infarkt 10
inferior untere/r 20
infernal höllisch 27
el **infierno** Hölle
la **infinidad** Unmenge, unendliche Zahl 5
la **inflación** Inflation 32

la **influencia** Einfluß
la influencia más importante der größte Einfluß
influenciar beeinflußen 26
la **información** Auskunft
informar informieren, unterrichten 10
le informa de lo ocurrido er unterrichtet ihn über den Vorfall 10
informarse de sich informieren über 33
el **informativo** (Fernseh-) Nachrichten 24
el **informe** Bericht 27
el **Informe Semanal** *wöchentliche Berichterstattung im span. Fernsehen* 24
la **infusión** Aufguß 31
el **ingeniero** Ingenieur 2
el **ingenio electrónico** elektronische Anlage 11
ingenioso scharfsinnig; geistreich 10
Inglaterra England
el **inglés** Englisch *(Sprache)*; Engländer
los **ingredientes** Zutaten
los **ingresos** Einkommen 25
iniciar beginnen
ininterrumpido ununterbrochen 14
la **injusticia** Ungerechtigkeit 18
injusto ungerecht 35
Inma = Inmaculada *weiblicher Vorname* 35
la **Inmaculada** Maria Empfängnis
inmaculado, -a unbefleckt
la **inmadurez** Unreife 11
inmediatamente sofort 10
inmenso riesig; unendlich 17
la **inmigración** Einwanderung 19
inmóvil bewegungslos 20
innecesario unnötig 14
inoportuno ungeeignet; lästig 24
la **inscripción** *hier:* Anmeldung
la ficha de inscripción Anmeldeformular
la **inseguridad** Unsicherheit 31
la **insistencia** Drängen; Nachdruck 21
ante la insistencia de aquellas llamadas angesichts jener nachdrücklichen Anrufe 21
insistir en bestehen auf 21
insólito ungewöhnlich 20
el **inspector** Inspektor 10
instalar installieren; legen 21
instaurar einführen 36
la **institución** Einrichtung 28
la institución oficial öffentliche Einrichtung 28
el **instituto** staatliches Gymnasium
el Instituto de la Mujer Institut für Frauenfragen *(dem spanischen Kultusministerium angeschlossen)* 14
la **instrucción** Anweisung 3; (Aus-) Bildung 14
las **instrucciones** (Gebrauchs-) Anweisungen
las instrucciones sobre el uso Bedienungsanleitung 34
el **instrumento** Instrument 6
el instrumento musical Musikinstrument 6
intacto unberührt, intakt 20
intelectual geistig; Geistes- 20
la **inteligencia** Intelligenz 31
intensivo *hier:* verstärkt 6
intenso stark 28
el **interés** Interesse
con mucho interés mit großem Interesse 33
¿Tienes interés en ir? Hast du Interesse daran, hinzugehen?
interesante interessant
interesar interessieren 24
interesarse por sich interessieren für 25
el **interior** das Innere; Landesinnere
interior innere(r) 27
el **interlocutor** Gesprächspartner 24
internacional international
interno innerer 6
interrumpir unterbrechen
interurbano Fern- 2
el tren interurbano Fernzug 2
íntimamente eng 16
intolerable unerträglich 10
la **introducción** Einführung 23
introducir *hier:* einwerfen
introduzca *(Imperativ introducir)* werfen Sie ... ein
invadir einfallen in 16
inventar erfinden 28
Me lo he inventado todo yo. Ich habe alles erfunden. 28
el **invento** Erfindung 5
el **inventor** Erfinder 32
invertir *(ie, i)* investieren
investigar nachforschen 10
el **invierno** Winter
Nueve meses de invierno y tres de infierno. Neun Monate Winter und drei Monate heiß wie die Hölle.
la **invitación** Einladung 36
ir *(voy)* gehen
¡Cómo iba a reconocer a su dueña! Wie konnte er seine Herrin erkennen! 38
¿Cómo te va? Wie geht es dir? 36
El castellano va ganando terreno. Spanisch gewinnt an Boden. 19
Iba acompañada de ... Sie wurde begleitet von ... 38
ir a buscar a alguien jdn abholen gehen
ir a casa de alguien jdn besuchen
ir a misa in den Gottesdienst gehen
ir a pie zu Fuß gehen
ir al campo aufs Land fahren
ir de caza auf die Jagd gehen
ir de vacaciones in Urlaub gehen
ir en barco mit dem Schiff fahren 16
ir en bicicleta Fahrrad fahren 27
irán por buen camino sie werden auf dem richtigen Weg sein 28
Los hijos se iban pronto de casa. Die Kinder verließen früh das Elternhaus. 35
para ir por mar um auf dem Seeweg zu fahren 17
Se iban a encontrar dos culturas. Zwei (verschiedene) Kulturen sollten sich treffen. 16
¿Va bien así? Ist es gut so? 9
Va bien con ... *etwa:* Reicht auch ... 3
¿Va bien ese reloj? Geht diese Uhr richtig? 29
Vamos a ver ... Mal sehen ... 2
Irlanda Irland
irse weggehen
Isabel de Castilla Isabella von Kastilien *(1451-1504)* 16
San Isidro Schutzpatron von Madrid
la **isla** Insel
Isla Graciosa *kleine Insel nördlich von Lanzarote* 25
las Islas Baleares Balearen
las Islas Filipinas Philippinen 19
el **Islam** Islam 16
el **isleño** Inselbewohner 6
Italia Italien
el **italiano** Italienisch (Sprache); Italiener 18
el **itinerario** *hier:* Fahrplan 15
el itinerario de verano Sommerfahrplan 15
izar hissen *(Flagge)* 11
Iznájar *Ortschaft nördlich von Málaga, am Genil*
izquierda links
a la izquierda (de) links (von)

J

ja, ja *etwa:* ha, ha
el **jabalí americano** amerikanisches Wildschwein 32

el **jabón** Seife; *hier:* Waschpulver
Jaén *Hauptstadt der gleichnamigen Provinz in Andalusien*
el **jaguar** Jaguar 18
Jamaica Jamaika 6
jamás nie(mals) 10
el **jamón** Schinken
el jamón serrano roher Schinken 22
la **jarra** (zweihenkliger) Tonkrug
Javi = Javier *männl. Vorname*
el **jefe** Chef
el **jerez** Sherry 22
Jerez (de la Frontera) *Stadt im Südwesten, in welcher der berühmte „Sherry" hergestellt wird*
el **jersey** Pullover
jets subacuáticos Unterwassermassagedüsen 34
Jiménez, Juan Ramón *span. Dichter (1881-1958)* 6
la **jornada** Arbeitstag 14
la doble jornada *hier:* Doppelbelastung 14
la **jornalera** Tagelöhnerin 31
San José Hlg. Josef
la **jota** „J" *(Name des Buchstabens)* 36
No entiende ni jota. Er versteht gar nichts. 36
el/la **joven** junger Mann/junges Mädchen
joven jung 15
los/las **jóvenes** die jungen Leute
Juan Carlos König Juan Carlos von Spanien 18
la **jubilación** Pensionierung 24
jubilado pensioniert 4
jubilarse in Pension gehen 25
jubiloso jubelnd 11
el **judeo-español** Judenspanisch 24
las **judías** Bohnen 22
judío jüdisch
el **judío** Jude 31
el **juego** Spiel
juego *(Präsens jugar)* ich spiele
el **jueves** Donnerstag
el/la **juez/a** Richter/in 35
jugar *(ue)* spielen
jugar a las cartas Karten spielen
jugar al fútbol Fußball spielen
jugar un papel eine Rolle spielen
el **jugo** Saft
el **juguete** Spielzeug 5
julio Juli
junio Juni
juntos zusammen; miteinander
junto a bei; in der Nähe von; neben
junto con zusammen mit 7
todos juntos alle zusammen
jurar schwören
Te lo juro. Ich schwöre es dir.
el/la **jurista** Jurist/in
justamente genau; ausgerechnet
el **justificante** *hier:* Beleg 12
justificar *hier:* nachweisen 12
¡Justo! Genau!
justo gerecht 14
la **juventud** Jugend 35
La juventud no lo tiene fácil. Die Jugend hat es nicht leicht. 35

K

Kahlo, Frida *mexikanische Malerin (1907-1954)* 20
kamikaze Kamikaze- 35
el conductor kamikaze „Geisterfahrer" 35
el **karate** Karate 18
el **kilo** Kilo
el **kilómetro** Kilometer
«el kilómetro cero» Nullpunkt *(im Zentrum Madrids bei der Kilometerzählung der span. Nationalstraßen)*
el kilómetro cuadrado Quadratkilometer 20
Kos *der Türkei vorgelagerte griechische Insel* 11

L

la *(best. Art. Sing. fem.)*
laborable Werk-
el día laborable Werktag
laboral Arbeits- 14
laburar *Argentinien:* arbeiten 31
el **lacandón** *Eingeborener aus der Gegend von Chiapas bzw. Guatemala* 17
lácteo Milch-
la industria láctea milchverarbeitende Industrie
el **lado** Seite
a mi lado neben mir 25
al lado nebenan
al lado de neben
al otro lado auf der anderen Seite
por un lado ..., por otro (lado) einerseits ..., anderseits ... 20
ladrar bellen 38
el **ladrón** Dieb
el **lago** See
el **lago Titicaca** *See zwischen Peru und Bolivien* 20
la **laguna** Lagune
lamentablemente leider
lamentar bedauern 34
lamentarse sich beklagen; bedauern 17
lamer (ab)lecken 38
la **lana** Wolle
Lanzarote *östlichste der Kanarischen Inseln* 25
el **lápiz** Bleistift
Laponia Lappland 26; *Argentinien: bekannte Speiseeismarke* 32
largarse de casa *(pop)* sich auf und davon machen 4
largo lang
las *(best. Art. Pl. fem.)*
la **lata** Blechdose; Konservendose 22
de lata aus der Dose 22
el **latifundio** Großgrundbesitz
la **latinidad** *hier:* Südländer 11
Latinoamérica Lateinamerika
la **lava** Lava 25
el **lavabo** Waschraum; Toilette
el **lavado** Waschen
el lavado en seco Trockenreinigung
la **lavadora** Waschmaschine 11
la **lavandería** Wäscherei
el **lavaplatos** Geschirrspülmaschine 5
lavar waschen
lavar en seco (chemisch) reinigen
lavar los platos Geschirr spülen 14
el **lazo** Lasso 32
le ihm; ihn
Le Pera, Alfredo *berühmter Tangokomponist* 32
la **leche** Milch
el **lector** Leser 31
leer lesen
el **legado** Vermächtnis 17
la **legión** Legion; große Zahl 6
las **legumbres** Hülsenfüchte (und sonstige Beilagen) 22
lejano weit entfernt 28
lejos weit (entfernt)
a lo lejos in der Ferne 25
el **lema** Motto 14
la **lengua** Sprache; Zunge
la lengua de tierra Landzunge
el **lenguado** Seezunge 22
el **lenguaje** Sprache 31
lentamente langsam 17
la **leña** Brennholz 31
Leo Löwe *(Sternzeichen)* 28
León *Stadt in Castilla-León*
el **león** Löwe 39
les ihnen
la **letra** *hier:* (Lied-)Text 32
el **letrero** Schild; Aufschrift 36
levantar (hoch)heben

levantarse *(me levanto)* aufstehen
sin tener que levantarme del sofá. ohne daß ich mich vom Sofa erheben muß 5
leve gering(fügig) 26
la **ley** Gesetz 14
iguales ante la ley gleichberechtigt vor dem Gesetz 14
la **leyenda** Legende 17
leyendo *(Gerundium leer)* 25
el **libanés** Libanese 32
liberado befreit 11
liberal liberal; freidenkend 14
la **libertad** Freiheit 32
Libra Waage *(Sternzeichen)* 28
libre frei
la **librería** Bücherregal; Buchhandlung
el **libro** Buch
el **licor** Likör 22
el **líder** (An-)Führer 18
ligado verbunden 16
estar íntimamente ligado a ... eng verbunden sein mit ... 16
ligar *(pop)* anbändeln 4
ligero leicht 2
Lima *Hauptstadt Perus*
la **limitación** Beschränkung 12
limitar con grenzen an
limitarse (a) sich beschränken (auf)
el **limón** Zitrone
el **limpiabotas** Schuhputzer 6
limpiar reinigen
limpiar el polvo Staub wischen 14
se limpian mejor sie lassen sich besser putzen
la **limpieza** Putzen, Reinigen 14
limpio sauber
la **línea** *hier:* Strecke 2; Linie 12
Lisboa Lissabon
la **lista** Liste
la lista de precios Preisliste
la **litera** Etagenbett 2
literario literarisch 31
la **literatura** Literatur 6
el **litoral** Küstengebiet 6
el **lituano** Litauer 32
la **llamada** *hier:* (Telefon-)Gespräch
llamado genannt
llamar (an)rufen
se llama er heißt; Sie heißen
Llaman a la puerta. Es klingelt an der Wohnungstür.
llamar la atención Aufmerksamkeit auf sich ziehen
llamar por teléfono telefonieren
llamarse *(me llamo)* heißen
llano flach
el **llanto** Weinen 20
la **llanura** Ebene
la **llave** Schlüssel

la **llegada** Ankunft
llegar (an)kommen; hinkommen
Habían llegado a estados avanzados de desarrollo. Sie waren schon weit entwickelt. 17
hasta que llegó a ser el baile de moda bis er zum Modetanz wurde 32
llegar a creer schließlich glauben 18
llegar a ser werden 31
llegué *(Indefinido llegar)* ich kam (an)
llenar *hier:* erfüllen 17
lleno (de) voll (mit)
llevar tragen; bringen; führen; mitnehmen
Lleva más de 15 años ... Seit über 15 Jahren ist sie ...
¿Lleva mucho tiempo aquí? Sind Sie schon lange hier?
lleva su nombre er trägt seinen Namen
Llevamos dentro algo del niño que fuimos. Wir tragen etwas in uns von dem Kind, das wir (einmal) waren. 24
¿Llevan ustedes mucho rato esperando? Warten sie schon lange? 22
Llevan varios años de actualidad. Sie sind seit einigen Jahren aktuell. 26
llevar a un hijo en brazos ein Kind auf dem Arm halten 19
llevar el apunte *Argentinien:* auf jdn hören 31
llevar las cuentas die Buchhaltung führen 5
Llevo la misma vida que en ... Ich führe das gleiche Leben wie in ...
Llevo sólo 15 días aquí. Ich bin erst seit 14 Tagen hier.
Se llevará una decepción. Sie werden eine Enttäuschung erleben. 28
Llobregat *Fluß im Nordosten Spaniens*
llorar weinen 10
llover *(ue)* regnen
empezar a llover muy fuerte sehr heftig zu regnen beginnen 15
Llueve a cántaros. Es regnet in Strömen.
Seguirá lloviendo. Es wird weiter regnen. 15
llueve *(Präsens llover)* es regnet
la **llovizna** Sprühregen
la **lluvia** Regen
lo que das, was 6

a lo que el maestro responde worauf(hin) der Lehrer antwortet 10
Lo siento. Es tut mir leid.
el **local** Raum
locamente irrsinnig 4
el **loco** Verrückter 31
loco verrückt 36
el/la **locutor/a** *hier:* Rundfunksprecher/in 5
lograr erreichen; gelingen 18
Londres London
la **longitud** Länge 2
la **lonja** Warenbörse
Lope de Vega *span. Dramatiker (1562-1635)*
los *(best. Art. Sing. mask.)*
Los Andes Anden
los Gómez Familie/Ehepaar Gómez
los que diejenigen, die
la **lotería** Lotterie 28
la **lucecita (luz)** kleines Licht 32
«Bajo su quieta lucecita yo la vi.» „Unter ihrem ruhigen Licht sah ich sie." 32
la **lucha** Kampf 6
la lucha por conservar ... der Kampf zur Erhaltung von ... 6
luchar kämpfen 16
luego dann; anschließend
Hasta luego. Bis bald!
el **lugar** Ort; Stelle; *hier:* Platz 27
en lugar de anstelle von 20
en primer lugar an erster Stelle
tener lugar stattfinden 32
el **lugarejo (lugar)** kleiner Ort 20
el **lujo** Luxus 20
la **lumbre** *hier:* Feuer 20
luminoso glänzend 32
la **luna** Mond
el **lunes** Montag
la **luz** Licht 17

M

macabro makaber 20
Machado, Manuel *spanischer Dichter (1874-1947)* 14
machista vom Männlichkeitswahn besessen
¡Qué machistas! Typisch Mann!
la **madera** Holz 6
la **madre** Mutter
Madrid Madrid *(Hauptstadt Spaniens)*
madrileño aus Madrid
el **madroño** Erdbeerbaum
la **madrugada** früher Morgen; Morgengrauen 15

a la madrugada del domingo am Sonntag morgen 15
maduro reif
el **maestro** Lehrer 10
la **magdalena** *kleines rundes Biskuitgebäck*
mágico magisch 12
magnífico prächtig; herrlich 17
el **mago** Zauberer 27
el **maguey** Agavenschnaps 20
Mahón *Hafenstadt und Hauptstadt der Insel Menorca*
el **maíz** Mais
mal(o) schlecht
mala suerte Pech
¡Qué mala suerte! Was für ein Pech!
Málaga *bedeutende Hafenstadt im Süden und Hauptstadt der gleichnamigen Provinz*
la **maleta** Koffer
el **maletero** Kofferraum
las **Malvinas** Falklandinseln 32
la **mamá** Mutter
la **mamarrachada** Quatsch 28
La Mancha *geographische Region im südlichen Teil der Hochebene*
manchego aus der Mancha
mandar *hier:* schicken 10
la **mandarina** Mandarine
el **mando** Befehl 5
el mando a distancia Fernbedienung 5
el **manejo** Handhabung 32
la **manera** Art und Weise 24
el **manguruyú** *großer Süßwasserfisch mit wohlschmeckendem Fleisch* 32
manifestar *(ie)* äußern; zeigen
manifestar su opinión seine Meinung äußern
la **mano** Hand
a mano mit der Hand 5
chocar las palmas de las manos die Handflächen gegeneinander schlagen 36
el apretón de manos Händedruck 36
el choque de manos Handschlag 36
la palma de la mano Handfläche 36
manso zahm 39
la **manta** Decke; Umhang 16
el **mantel** Tischdecke 34
mantener *(mantengo, ie)* unterhalten 4
mantener relaciones con ... Beziehungen unterhalten zu ... 6
mantenerlos en silencio sie ruhig halten 11
mantenerse *(me mantengo) hier:* für sich behaupten 35
Se mantuvo en un 7%. (Es) blieb bei 7%. 35
el **mantenimiento** Instandhaltung 14
la **mantilla** *Tuch aus Seide, Tüll oder Spitze (für Kopf oder Schultern)*
mantuvieron *(Indefinido mantener)* 6
manual Hand-
el trabajo manual Handarbeit
manufacturado handgefertigt 6
el **manzano** Apfelbaum
mañana morgen
la **mañana** Morgen 29
el **mapa** Landkarte 18
la **máquina** Maschine 5
la máquina de escribir Schreibmaschine 5
la máquina-herramienta Werkzeugmaschine 32
la máquina tragaperras Spielautomat 14
la **maquinaria** Maschinen; Maschinen(park)
el **mar** Meer
el Mar Báltico Ostsee
el Mar Cantábrico Golf von Biskaya
el Mar Caribe Karibisches Meer
el Mar Mediterráneo Mittelmeer
el Mar Menor *Salzwassersee in der Provinz Murcia*
Maradona, Diego Armando *argentinischer Fußballspieler* 31
la **maravilla** Wunder; Wunderwerk 21
¡Qué maravilla! Wie wunderbar! 25
maravilloso wunderbar; wunderschön
Marbella *internationaler Ferienort zwischen Málaga und Gibraltar*
la **marca** Marke
de marca Marken-
marcar einstellen; wählen; (an-)zeigen 15; kennzeichnen, markieren 34
Los relojes pasarán a marcar las tres. Die Uhren werden auf drei Uhr eingestellt. 15
Marque. *(Imperativ marcar)* Wählen Sie.
Usted marca la temperatura. Sie stellen die Temperatur ein.
la **marcha** Gang, Verlauf 5
la marcha del tiempo Lauf der Zeit 20
a marchas forzadas im Eiltempo 5
marcharse weggehen 25
el **marco (alemán)** (Deutsche) Mark
el **maremoto** Seebeben 35
marginado am Rande der Gesellschaft 19
el **marido** Ehemann
la **mariposa** Schmetterling 32
el **marisco** Meeresfrucht
la **marisma** sumpfiges Küstengebiet 26
marítimo Meer- 12
Marruecos Marokko
el **martes** Dienstag
el **martillo** Hammer 23
a golpes de martillo mit Hammerschlägen 23
marzo März
mas aber 18
más mehr
más bien eher
más de über; mehr als
más de la mitad mehr als die Hälfte 20
más o menos ungefähr; mehr oder weniger
más que nada vor allem 35
más tarde später
la **masa** Masse, Menge 20
el **masaje** Massage 34
el masaje manual Handmassage 34
la/el **masajista** Masseuse, Masseur
la **máscara** Maske
masculino männlich 14
la **masía** *Bauernhof in Katalonien*
Maspalomas *Ortschaft im Süden von Gran Canaria* 33
los **matacos** *Argentinien: Indianerstamm* 31
matar töten 4
matar el tiempo die Zeit totschlagen 4
Mataró *Industriestadt in der Provinz Barcelona* 2
el **mate** Aufguß aus Mate(tee) 31
el **material** Material
material materiell 35
el **matiz** Schattierung; Farbton
la **matrícula** Nummernschild
matriculado eingeschrieben, immatrikuliert 14
máximo *hier:* maximal, höchstens 24
el/la **maya** Maya 18
el **maya** Mayasprache 20
mayo Mai
mayor größer, älter
el/la mayor der/die älteste
la (hermana) mayor die ältere Schwester
la mayor parte der größte Teil 20

mayores de 18 años älter als/über 18 Jahre
los **mayores** *hier:* die Erwachsenen 26
la **mayoría** Mehrheit
me mir; mich
Mecano *bekannte span. Popgruppe* 4
la **línea mecanografiada** Schreibmaschinenzeile 4
el/la **mecanógrafo, -a** Stenotypist/in
la **media** *hier:* Durchschnitt(swert) 7
a mediados del siglo Mitte des Jahrhunderts 18
a (partir de) mediados de seit Mitte des ... 18
mediano mittelgroß 22
mediano: de mediana edad mittleren Alters 2
la **médica** Ärztin
la **medición** das Messen 27
el **médico** Arzt
la **medida** Maß 7; Maßnahme 27
en gran medida in großem Maße 7
medio Durchschnitts- 31; halb
de edad media mittleren Alters
el español medio Durchschnittsspanier 24
el término medio Durchschnittszahl 14
en medio de mitten in 32
kilo y medio drei Pfund
la familia media Durchschnittsfamilie 26
media (botella) sin gas eine Halbliterflasche ohne Kohlensäure 22
medio año ein halbes Jahr
un año y medio anderthalb Jahre
un argentino medio Durchschnittsargentinier 31
medir *(i) hier:* dafür ein Maß haben 27
medir(se) *(i)* (sich) messen 20
mediterráneo Mittelmeer-
los países mediterráneos Mittelmeerländer 7
el **mediterráneo** *hier:* Bewohner des Mittelmeerraumes 20
el **(mar) Mediterráneo** Mittelmeer
la **mejilla** Wange 21
el **mejillón** Muschel
mejor (que) besser (als)
a lo mejor vielleicht
Mejor de lo que yo creía. Besser als ich dachte.
no es de lo mejor es ist nicht gerade besonders gut 27
uno de los mejores escritores einer der besten Schriftsteller 31
el **mejor** der beste
mejorar besser werden 7; sich bessern 18; verbessern 38
La red de carreteras está mejorando. Das Straßennetz wird besser. 27
melancólico schwermütig 32
el **melocotón** Pfirsich 22
el melocotón en almíbar Pfirsich in Sirup 22
la **melodía** Melodie 32
el **melón** Melone
Mendoza *Stadt in Argentinien*
las **Meninas** *Gemälde von Velázquez: Darstellung von Phillip IV., seiner Familie und den Hofdamen* 23
menor jünger
el hermano menor der jüngere Bruder
menores de 18 años jünger als/unter 18 Jahre
el **Mar Menor** *Salzwasser in der Provinz Murcia*
Menorca *zweitgrößte Insel der Balearen*
menos weniger; *hier:* außer
a menos de ... in einer Entfernung von weniger als ... 11
al menos zumindest
las diez menos cuarto/veinte Viertel/zwanzig vor zehn
las menos pobladas die am geringsten bevölkerten 25
menos cuarto Viertel vor
menos de *(+ Zahl)* weniger als
¡Menos mal! Zum Glück. 5
Menos mal que ... Ein Glück, daß ... Zum Glück ...
por lo menos mindestens 12
uno de los países menos racistas eines der am wenigsten rassistischen Länder 31
la **mentalidad** Mentalität 6
mentir *(ie, i)* lügen 28
el menú del día Tagesmenü 22
el **mercado** Markt
merced: vuestra merced Euer Gnaden 10
merecer *(merezco)* verdienen; wert sein 24
Hay programas que merecen la pena verse. Es gibt Sendungen, die es Wert sind, gesehen zu werden. 24
merecer la pena sich lohnen 24
Mérida *Stadt in der Region Extremadura*
la **merluza** Seehecht
merluza a la romana panierter Seehecht 22
merluza a la vasca Seehecht auf baskische Art
el **mero** Zackenbarsch 25
el **mes** Monat
los meses de verano Sommermonate
la **mesa** Tisch
la **meseta** Hochebene 20
la Meseta Central *hier: mittlerer Teil der mexikanischen Hochebene* 20
el **mestizo** Mestize 6
mestizo mischrassig 18
metalúrgico Metall-
la industria metalúrgica Metallindustrie
metereológico Wetter- 15
las informaciones metereológicas Wetterbericht 15
el **método** *hier:* Lehrbuch 24
como método en radio ... *(fam)* Rundfunksprachkurs 24
el **metro** Untergrundbahn; Meter 11
tomar el metro mit der U-Bahn fahren
mexicano mexikanisch
México Mexiko
México D.F. (Distrito Federal) Mexico-City (Bundesbezirk)
mezclarse sich mischen 31
mi mein
mí mich, mir
para mí für mich
el **microondas** Mikrowellenherd 5
el **microordenador** Mikrocomputer 5
mide *(Präsens medir)* er mißt 27
La gente no mide eso. *etwa:* Die Leute haben dafür kein Maß. 27
el **miedo** Angst 17
el **miembro** Mitglied
mientras während
mientras que während 26
mientras tanto inzwischen
el **miércoles** Mittwoch
mil tausend
miles de soldados Tausende von Soldaten 16
el **milico** *Argentinien:* Soldat 31
el **miligramo** Milligramm 7
militar Militär-
el servicio militar Wehrdienst
el **millar** Tausend 25
el **millón** Million
millones de emigrantes Millionen von Emigranten
la **milonga** Milonga *(Volkstanz)* 32
la **mina** Bergwerk
mineral Mineral-
el agua mineral Mineralwasser
el **mineral** Mineral 32

el **ministerio** Ministerium
el Ministerio de Asuntos Sociales Ministerium für soziale Angelegenheiten 14
el Ministerio de Cultura Kultusministerium 10
el Ministerio de Transportes, Turismo y Comunicaciones Ministerium für Transport, Tourismus und Verkehr
el **ministro** Minister 27
la **minoría** Minderheit 5
el **minuto** Minute
a los pocos minutos wenige Minuten später 37
mío mein 17; der meinige 29
miope kurzsichtig 38
¡mira! sieh mal!
mirar (an)sehen; *hier:* nachsehen
mirar la televisión fernsehen
Mire vuestra merced ... Seht, gnädiger Herr (Euer Gnaden) ... 10
la **misa** Gottesdienst
ir a misa in den Gottesdienst gehen
Misiones *Provinz im Nordosten Argentiniens an der Grenze zwischen Brasilien und Paraguay* 31
el **mismo** derselbe
ahora mismo jetzt gleich
al mismo tiempo gleichzeitig 6
de la misma calidad von gleicher Qualität
la voz de la diosa misma die Stimme der Göttin selbst ... 21
misterioso geheimnisvoll 21
la **mitad** Hälfte
mixto gemischt 22
la **mochila** Rucksack
el **mocho** der „Gestutzte"
Moctezuma Montezuma *(letzter aztekischer Kaiser)* 16
la **moda** Mode
la casa de modas Modehaus
pasar de moda aus der Mode kommen 18
modelar modellieren, formen 31
el **modelo** Modell 30; *hier:* Vorbild 31
el último modelo neuestes Modell 30
modernista modernistisch
moderno modern; fortschrittlich
¡Qué modernos! Wie fortschrittlich!
módico niedrig 33
el precio módico niedriger Preis 33
molestar stören 22
la **molestia** Störung 28
el **molino** Mühle
el molino de viento Windmühle
un **momentito** einen kurzen Augenblick
el **momento** Augenblick
de momento vorläufig 7
¡Un momento! Einen Augenblick!
la **monarquía** Monarchie 18
el **monasterio** Kloster
la **moneda** Münze; Kleingeld; *hier:* Währung 6
Dos caras de la misma moneda. Die beiden Seiten der Medaille.
el **monstruo** Ungeheuer 32
el **montacargas** Lastenaufzug
el **montaje** Montage, Zusammenbau 17
la **montaña** Berg
las **montañas** *hier:* Gebirge
montañoso gebirgig
montar aufstellen 27
Se montan controles. Es werden Kontrollen durchgeführt. 27
montar a caballo reiten 18
Montaba a caballo mejor que nadie. Er ritt besser als jeder andere. 32
Monte Perdido *Berg in den Pyrenäen (3355 m)*
el **montón** Stapel; Haufen, Menge 36
el **monumento** Denkmal
la **moqueta** Teppichboden
Con moqueta y todo ... Mit Teppichboden und allem Drum und Dran.
moral moralisch 20
Morella *malerisches Dorf in Castellón, Valencia*
morir *(ue, u)* sterben 14
moro maurisch
morocho *Argentinien:* schwarzhaarig 31
mortal tödlich 27
la **mortalidad** Sterblichkeit 20
Moscú Moskau
el **mostrador** Ladentisch; Theke; *hier:* Bankschalter 13
mostrar *(ue)* zeigen
el **motivo** Motiv
con motivo de anläßlich
la **moto(cicleta)** Motorrad 17
el **motoexpreso** *Zug mit Motorradbeförderung* 2
el **motor** Motor
el motor central zentrale Antriebskraft 6
el/la **motorista** Motorradfahrer/in 27
Motril *Stadt am Mittelmeer, in der Provinz Granada*
mover *(ue)* bewegen 27
No las muevas. Bewege sie nicht. 27
la **movida madrileña** *feststehender Begriff für das kulturelle Leben im heutigen Madrid*
la **muchacha** junges Mädchen 2
el **muchacho** Junge 31
muchísimo sehr viel; sehr 22
mucho viel; *hier:* sehr 1
¡Mucha suerte! Viel Glück!
Muchas gracias. Vielen Dank.
muchas veces oft
Mucho gusto. Sehr erfreut. Angenehm.
muchos, -as viele
mudéjar: el arte mudéjar Mudejarkunst
el **mueble** Möbel
la **muela** Backenzahn
la **muerte** Tod 17
la causa de muerte no natural Ursache für einen nicht natürlichen Tod 27
la muerte de los bosques Waldsterben 17
muerto *(Partizip Perfekt morir)* gestorben 17
el **muerto** Toter 20
el día de los muertos Allerseelen 20
muestran *(Präsens mostrar)* sie zeigen
el **muestrario** *hier:* Katalog 20
la **mujer** Frau
el Instituto de la Mujer Institut für Frauenfragen *(dem spanischen Kultusministerium angeschlossen)* 14
Sí, mujer. *hier:* Aber sicher doch.
Mula *Ortschaft westlich von Murcia*
Mulhacén Berg in Sierra Nevada
la **multa** Geldstrafe 27; Strafzettel 29
No me ponga una multa. Geben Sie mir keinen Strafzettel. 29
poner multas Geldstrafen erteilen 27
poner una multa einen Strafzettel geben 37
múltiple vielfältig; mehrfach 20
la **multitud** (Menschen-)Menge 31
mundial Welt- 32
el **«mundillo»** Klöppelkissen; *hier: Bezeichnung für Klöppelarbeiten (Puerto Rico)* 6
el **mundo** Welt
el campeón del mundo Weltmeister 31
el fin del mundo Weltuntergang 17
el mundo entero die ganze Welt

el Nuevo Mundo die „Neue Welt", Amerika 6
Nada del otro mundo. Nichts Außergewöhnliches.
todo el mundo alle Welt
Múnich München
municipal städtisch 29; Stadt- 37
el/la policía municipal städtischer Polizist/in 29
el **mural** *hier:* Wandmalerei 20
Murcia *autonome Region zwischen Valencia und Andalusien*
murió *(Indefinido morir)* er starb 15
el **museo** Museum
el Museo Arqueológico Archeologisches Museum
el Museo de Arte Moderno Museum der Modernen Kunst
el Museo del Prado *eine der bedeutendsten Gemäldegalerien der Welt (Madrid)*
el Museo Reina Sofía *neues Museum in Madrid mit Thyssen-Sammlung und Wechselausstellungen*
la **música** Musik
el **musulmán** Mohammedaner 16
musulmán musulmanisch; mohammedanisch
mutuamente gegenseitig 36
muy sehr
es muy amiga mía *(fam.)* sie ist eine sehr gute Freundin (von mir) 24

N

nacer *(nazco)* geboren werden 18
el **nacimiento** Geburt 1
la **nación** Nation 6
la nación mexicatl aztekische Nation 17
nacional national 26
la **nacionalidad** Staatsangehörigkeit 12
las **Naciones Unidas (ONU)** Organisation der Vereinten Nationen (UNO) 32
nada nichts
De nada. Keine Ursache.
más que nada vor allem 35
Nada de nada. Überhaupt nichts.
Nada de reinas. Nichts da mit Königinnen. 18
Nada de tarjetas de crédito. Kreditkarten kommen nicht in Frage.
Nada del otro mundo. Nichts Außergewöhnliches.
nada especial nichts Besonderes
Nada más ... *hier:* Sobald ...
nada más entrar ... kaum war er hereingekommen ... 38
Nada más regresar ... Kaum zurückgekehrt ...
No es nada grave. Es ist nichts Ernstes.
No me dice nada. Es sagt mir nichts.
No, nada más. Nein, das ist alles.
No tienen nada que hacer en este mundo. *hier:* Sie haben in dieser Welt nichts zu suchen. 18
Pues nada. *etwa:* Dann eben nicht.
sin decir nada ohne etwas zu sagen
nadie niemand
No hay nadie. Es ist niemand zu Hause.
No lo quiere nadie. Niemand möchte ihn.
no ... nadie niemand
el **náhuatl** *indianische Sprache Mexikos* 18
Nápoles Neapel 32
la **naranja** Apfelsine
la media naranja „die bessere Hälfte" 11
el **narrador** Erzähler 31
nativo eingeboren 18
la población nativa Urbevölkerung 18
natural natürlich; *hier:* frisch 22
la **naturaleza** Natur
amigo de la naturaleza Naturfreund 26
una naturaleza casi intacta eine fast unbeührte Natur 26
Navacerrada *Berg im Guadarrama-Gebirge nördlich von Madrid (1860 m)*
Navarra Navarra *(autonome Region in Nordspanien)*
navarro aus Navarra
la **navegación** Seefahrt 17
el/la **navegante** Seefahrer/in 16
la **Navidad** Weihnachten
necesario nötig
necesitar brauchen
negar *(ie)* verneinen 38
el **negocio** Geschäft; Laden
negro schwarz
el **negro** Schwarzer 19
Neruda, Pablo *chilenischer Dichter und Schriftsteller (1904-1973)* 4
nevado verschneit
la **nevera** Kühlschrank
la **nevería** *Lateinamerika:* Eisdiele 18
ni eso nicht einmal das
ni ... ni weder ... noch 14
el **nido** Nest
el **nieto** Enkelkind 6
la **nieve** Schnee 25
el **niki** Sweatshirt
Nimega Nimwegen 4
ninguno, -a kein/e
la **niña** Mädchen; Tochter
el **niño** Junge
el **nivel** Niveau, Stand 7
el nivel de vida Lebensstandard 32
el nivel educativo Bildungsstand 14
no nein; nicht
¿no? nicht wahr?
No es nada grave. Es ist nichts Ernstes.
No, guapa, no. Nein, meine Liebe.
no ... hasta nicht vor; erst; nicht ... bis
No más. *hier:* nur 30
No me dice nada. Es sagt mir nichts.
¡No me digas! Sag bloß!
no ... nada nichts
no ... nadie niemand
no ... ni nicht einmal; weder ... noch
no ... nunca nie
no obstante trotzdem; dessen ungeachtet 20
no sólo ... sino también nicht nur ... sondern auch
que no más está lavando y planchando daß sie nur wäscht und bügelt 30
noble vornehm 17
la gente noble Adel 17
la **noche** Nacht
Buenas noches. Guten Abend./ Gute Nacht.
la **Nochevieja** Silvester
nocturno Nacht-
la academia nocturna Abendschule
la clase nocturna Abendunterricht
nómada Nomade 31
nombrar ernennen 6
el **nombre** Name; Vorname
dar su nombre seinen Namen nennen 21
el nombre de pila Tauf-, Vorname 1
el **nopal** Nopal (Feigenkaktus) 16
el **nordeste** Nordosten 6
normal normal 24
normalmente normalerweise, meistens
el **norte** Norden
al norte (de) nördlich (von)
norteamericano nordamerikanisch 15

Noruega Norwegen
el **noruego** Norweger
nos uns
nosotros, -as wir
notable bemerkenswert 20
las **noticias** Nachrichten
«Noticias de la semana» *argentinische Zeitschrift* 36
novecientos, -as neunhundert
la **novedad** Neuigkeit 28
la **novela** Roman 32
la **novia** feste Freundin
noviembre November
el **novio** fester Freund 12
estar de novio befreundet sein 12
nuestro unser
Nueva York New York 19
nuevamente wiederum 32
nueve neun
Nueve meses de invierno y tres de infierno. Neun Monate Winter und drei Monate heiß wie die Hölle.
Son las nueve y media. Es ist halb zehn.
nuevo neu
el Nuevo Mundo Neue Welt 18
Estoy como nueva. Ich fühle mich wie neugeboren.
Nuevo México Neu Mexiko 19
el **número** Nummer
el número de identificación personal persönliche Geheimzahl 3
gran número de ... große Anzahl von ... 27
un buen número eine stattliche (An-)Zahl
numeroso zahlreich
nunca nie
no ... nunca nie
No se sabe nunca. Man weiß nie.
nunca más nie wieder 15
ñoño albern, kindisch

O

o oder
o sea das heißt
ó oder *(vor „u", „hu" und zwischen Zahlen)* 7
el **obispo** Bischof
el **objeto** Gegenstand
con objeto de mit dem Ziel; um 15
los objetos de aseo Waschutensilien
la **obligación** Verpflichtung 28
Se verán en la obligación de ... Sie werden sich gezwungen sehen ... 28
obligado verpflichtet 18; gezwungen 36
Estaríamos obligados a hacerlo. Wir wären verpflichtet, es zu tun. 18
Se ve obligado a hacerlo en francés. Er sieht sich gezwungen, es auf französich zu machen. 36
obligar zwingen 6
obligatorio vorgeschrieben 27
la **obra** *hier:* Bau; Werk; Kunstwerk; *hier:* Bauarbeit 21
el **obrero** Arbeiter 19
el **observador** Beobachter 17
el **obstáculo** Hindernis 27
obtener *(ie, obtengo)* erreichen; bekommen 5
la **ocasión** Gelegenheit
en muchas ocasiones bei vielen Gelegenheiten; in vielen Fällen 36
en ocasiones manchmal, gelegentlich 24
occidental West- 26
el **océano** Ozean
el Océano Atlántico Atlantischer Ozean
el Océano Pacífico Stiller Ozean
el **ocelote** Ozelot 32
ocho acht
ochocientos, -as achthundert
el **ocio** Muße, Ruhe 11
las horas de ocio Mußestunden; Freizeit 11
octubre Oktober
ocultar verbergen 38
la **ocupación** Beschäftigung 16
sin ocupación arbeitslos 16
ocupado beschäftigt 14
ocupar einnehmen; besetzen 27
por ocupar el tiempo libre um die freie Zeit auszufüllen 35
ocuparse de sich beschäftigen mit
ocurrir geschehen 2; sich ereignen 6
Lo que ocurre es que ... Es ist so, daß ... 35
lo ocurrido Vorfall 10
Ocurre una cosa curiosa. Es geschieht etwas Merkwürdiges. 7
ocurrirse algo a alguien jdn in den Sinn kommen 35
No se te ocurra ser profesor. Werde bloß nicht Lehrer. 35
el **oeste** Westen
al oeste (de) westlich (von)
la **oferta** Angebot
la oferta de empleo Stellenangebot
el/la **oficial** Offizier/in 14
oficial offiziell 20
la **oficina** Büro
la oficina de correos Postamt
la Oficina de Información y Turismo Fremdenverkehrsbüro
la oficina de obra Baubüro
la oficina del Estado Behörde
el/la **oficinista** Büroangestellte/r
el **oficio** *hier:* Dienst 11
ofrecer *(ofrezco)* (an)bieten 12
el **oído** Gehör 24
¡Oiga! *(Imperativ oír)* Hören Sie!
oigo *(Präsens oír)* ich höre 32
oír *(oigo)* hören 8
se oye man hört 19
La radio se oye mucho. Man hört viel Radio. 24
ojalá hoffentlich
Ojén *Ortschaft nördlich von Málaga*
el **ojo** Auge
¡Ojo! Vorsicht! Aufgepaßt 36
oler *(huele)* riechen 4
Olite *kleine Stadt in Navarra*
el **olivar** Olivenhain
el **olivo** Öl-, Olivenbaum
la **olla** (Koch-)Topf 20
el **olor** Geruch
el mal olor Gestank, übler Geruch 26
olvidar vergessen 37
olvidarse de vergessen 31
Se me ha olvidado. Ich habe ihn vergessen. 37
Se olvidó de vivir la adolescencia. *etwa:* Er vergaß seine Jugend zu leben. 31
Te olvidaste de todo. Du hast alles vergessen. 36
el **olvido** Vergessen 11; Vergessen(heit) 32
la **onda** Welle 24
la onda corta Kurzwelle 24
la **operación** *hier:* Tätigkeit 5
la operación bancaria Bankgeschäft 5
el/la **operador, -a** „Operator/in"
opinar meinen
¿Tú qué opinas? Was hältst du davon?
la **opinión** Meinung
manifestar su opinión seine Meinung äußern
la **oportunidad** Chance, Gelegenheit 14
la igualdad de oportunidades Chancengleichheit 14
Se le presentarán oportunidades ... Werden sich Ihnen Gelegenheiten bieten ... 28
las **oposiciones** Auswahlprüfung *(für Staatsstellen)* 35
oprimido unterdrückt 19

optimista optimistisch
opuesto entgegengesetzt 18
el **orden** Ordnung; *hier:* Reihenfolge 19
poner orden aufräumen
por este orden in dieser Reihenfolge 19
por orden der Reihe nach 31
la **orden** Befehl 36
ordenado ordentlich 4
No soy precisamente ordenada. Ich bin nicht gerade ordentlich. 4
el **ordenador** Computer 2
Los ordenadores se están abriendo camino. Die Computer bahnen sich einen Weg. 5
ordenar anordnen, befehlen 10
ordeñar melken
Ordesa *Pyrenäenhochtal mit Naturpark*
organizar organisieren, veranstalten
orgulloso stolz 19
los que están orgullosos de ella die stolz auf sie sind 19
oriental östlich
el **origen** Abstammung
el **original** Original
originalmente ursprünglich 17
la **orilla** Ufer
a la orilla del mar am Meeresufer 20
a orillas de am Ufer
ornamental Schmuck-
el **oro** Gold 6
os euch
oscuro dunkel
Oslo Oslo
el **oso** Bär
el Oso de Berlín Berliner Bär
el oso y el madroño *Wahrzeichen Madrids*
el **otoño** Herbst
otro ein anderer; der andere
al otro día am nächsten Tag 20
al otro lado auf der anderen Seite
Otra cosa ... Noch etwas anderes ...
otra vez noch einmal; ein anderes Mal
Otra vez será. Dann eben ein andermal.
otras muchas personas viele andere
otro pitillo noch eine Zigarette
otros cuatro siglos vier weitere Jahrhunderte
por otra parte anderseit 18
la **oveja** Schaf
Oviedo *Hauptstadt der autonomen Region Asturien*
Oye. *(Imperativ oír)* Hör mal!
el **ozono** Ozon 26

P

el **pacharán** Schlehenlikör
pacientemente geduldig 32
el **Océano Pacífico** Stiller Ozean
pacífico friedlich 15
padecer *(padezco)* leiden an 28
el **padrastro** Stiefvater 30
el **padre** Vater
los **padres** Eltern
el **padrino** Taufpate 32
la **paella** Paella *(Reisgericht)*
pagar zahlen
Pagan bien. Man bezahlt gut.
Pagan muy poco. Man bezahlt sehr schlecht.
pagar por la luz für das Licht bezahlen 17
la **página (pág.)** Seite
el **pago** Zahlung 12
el **país** Land
el País Valenciano *autonome Region im Osten Spaniens*
el País Vasco Baskenland
El País *span. Tageszeitung*
el **paisaje** Landschaft
los **Países Bajos** Niederlande
la **paja** Stroh 25
el **pajarito (pájaro)** kleiner Vogel 39
el **pájaro** Vogel
el **palacio** Palast, Schloß
el Palacio de Villahermosa *Museum in Madrid (von Thyssen-Sammlung)*
pálido blaß
Palma Hauptstadt Mallorcas
la **palma de la mano** Handfläche 36
la **palmera** Palme 33
Palos *Hafen, von dem aus Kolumbus am 3.8.1492 zu seiner ersten Reise aufbrach*
la **Pampa** *baumlose Grasebene in Argentinien, westlich von Buenos Aires* 32
Pamplona Pamplona *(Hauptstadt Navarras)*
el **pan** Brot
la **pantalla** Bildschirm 3; (Film-) Leinwand 5
la pequeña pantalla Bildschirm 5
el **pantalón, los pantalones** Hose
la **pantera onza** *amerikanischer Jaguar* 32
el **paño** Tuch 34
el paño de cocina Geschirrtuch 34
el **papá** Vater
el **papel** Papier; *hier:* Rolle
el papel higiénico Toilettenpapier 34
el papel social gesellschaftliche Rolle 14
jugar un papel eine Rolle spielen
la **papelería** Schreibwarengeschäft
los **papeles** *hier:* Unterlagen
el **paquete** Paket
el **par** Paar 11; paar 27
un par de ... einige, ein paar ...
para für; um zu
¿Para cuánto tiempo? Für wie lange?
para ir um zu gehen
la **parada** Haltestelle
la parada facultativa Bedarfshaltestelle 2
parado *hier:* arbeitslos 14
el **parado** Arbeitsloser 35
el **parador** *staatliches Hotel* 33
el **paraguas** Regenschirm
el **paraíso** Paradies 16
paralizado gelähmt 20
parar anhalten; *hier:* aufhören 17
Sólo paran para comer. Sie hören nur auf, um zu essen. 17
parar de ... *hier:* aufhören zu ... 4
pararse stehenbleiben 29
parecer scheinen
Me parece ... Mir scheint ...
Me parece que está llegando. Ich glaube, er kommt gerade.
No se parecen en nada a ... Sie haben keinerlei Ähnlichkeit mit ... 36
Pareces otro. Du siehst ganz anders aus.
¿Qué te parece? Was meinst du?
parecido ähnlich 20
la **pareja** (Ehe-)Paar 2; *hier:* Partner 28
una pareja mayor ein älteres Ehepaar 2
el/la **pariente** Verwandte/r 28
París Paris
el **Parlamento** Parlament
Parlo català. Ich spreche Katalanisch.
el **paro** Arbeitslosigkeit
el **parque** Park
el Parque de Doñana *sumpfiges Küstengebiet in der Provinz Huelva mit reichhaltigem Tier- und Pflanzenvorkommen* 26
el Parque del Retiro *eine der größten Madrider Parkanlagen*
el parque nacional Nationalpark 26
el parque natural Naturpark
el parque zoológico Zoologischer Garten 16
la **parte** Teil
de parte a parte von einer Seite zur anderen 20
en gran parte zum großen Teil

en otras partes in anderen Teilen 19
la mayor parte der größte Teil 20
la tercera parte das Drittel 20
las tres cuartas partes dreiviertel 20
por otra parte anderseit 18
por su parte ihrerseit 36
por todas partes überall 5
el/la **participante** Teilnehmer/in 35
participar teilnehmen 18
Sin otro particular ... Für heute ... *(Briefschluß)* 33
el **partido** Spiel 5
el partido de fútbol Fußballspiel 5
partir *hier:* ausgehen 6; *hier:* abreisen 23
a partir de ab, nach 6
A partir de entonces Von da an ... 15
partir de vacaciones in Urlaub fahren 23
pasado vergangen
el año pasado letztes Jahr
el pasado 6 de abril am 6. April 33
un viaje al pasado eine Reise in die Vergangenheit 17
el **pasado** Vergangenheit 17
el **pasamanos** Handlauf 20
el **pasaporte** Reisepaß
pasar vorbeigehen; *hier:* hindurchgehen durch; verbringen; geschehen; *hier:* vorgehen 2
¿Lo has pasado bien? Hat es dir gefallen? 1
Lo pasamos bomba. Es war einfach „super".
Pasa por el quiosco Er geht beim Kiosk vorbei.
pasar a ser werden 24
pasar de moda aus der Mode gekommen sein 18
pasar el día den Tag verbringen
pasar la aduana durch den Zoll gehen
pasar la escoba kehren
pasar las vacaciones die Ferien verbringen
pasar (por) vorbeigehen (bei)
pasar por casa de bei ... vorbeigehen
pasarse las horas muertas ante el aparato vor dem Fernsehapparat die Zeit vergessen 24
Pase por caja. Gehen Sie zur Kasse. 9
¿Qué le/te pasa? Was fehlt Ihnen/dir?
¡Que lo pase bien! Machen Sie es gut!
¿Qué pasa? Was ist los? 25
Se le va a pasar. Es wird vorbeigehen. 7
la **pasarela** Laufsteg 16; Steg 32
la **Pascua** Ostern
pasear spazieren 32
pasear(se) spazierengehen/-fahren 30
el **paseo** Promenade; Spaziergang
dar un paseo einen Spaziergang machen
pasional leidenschaftlich 35
el **paso** Schritt
de paso auf der Durchreise
a pocos pasos de wenige Schritte von ... entfernt 21
pastas *hier:* Gebäck
la **pastilla** Tablette 7
Pasto *Dorf in Kolumbien*
el **pasto** Weide(land)
el **pastor** Hirte 25
la **pata** *fam.* Bein, Fuß 12
tener mala pata Pech haben 12
la **patata** Kartoffel
las patatas fritas Pommes frites 22
las patatas salteadas Bratkartoffeln 22
Paternina *bekannter spanischer Wein aus La Rioja* 22
patoso ungeschickt
¡Qué patosa es la gente! Wie ungeschickt die Leute doch sind!
la **patria** Vaterland; Heimat 17
el **patrimonio** Besitz 32
la/el **Patrona/Patrón** Schutzheilige/r
la **pausa** Pause 11
Paz, Octavio *mexikanischer Schriftsteller, Nobelpreis für Literatur 1990* 20
la **pebeta** *Argentinien:* Mädchen 32
el **pecho** Brust
«Dentro del pecho pide rienda el corazón.» „In der Brust verlangt das Herz den Zügel." 32
peculiar eigentümlich; charakteristisch 17
pedir *(i)* bestellen; *hier:* verlangen 23; bitten 28
pedir hora um einen Termin bitten 7
pegar schlagen, prügeln 30
La pegaba a mi madre. Er schlug meine Mutter. 30
pelearse (sich) streiten 28
la **película** Film
la película de humor Filmkomödie
el **peligro** Gefahr 26
en peligro de extinción vom Aussterben bedroht 32
la **peligrosidad** Gefährlichkeit 26
el **pelo** Haar
Es una tomadura de pelo. Das ist eine Fopperei.
la **pelota** Ball 31
la **peluquería** Friseursalon
la **pelvis** Becken *(Anat.)* 20
la **pena** hier: Kummer; Leid 32
pendular Pendel- 2
la **península** Halbinsel
pensar*(ie)* denken; *hier:* vorhaben
pensar en denken an
Piensa ir a un restaurante. Er hat vor, in ein Restaurant zu gehen.
¿Qué piensa usted? Was meinen Sie? 7
Todo hace pensar que ... Alles läßt darauf schließen, daß ... 35
la **pensión** Pension
peor schlechter; Schlechtester 31
la peor compra der schlechteste Kauf
Pepe *Kurzform für José*
pequeñito (pequeño) sehr klein 13
pequeño klein
de pequeño/a als Kind 20
el **pequinés** Pekinese 38
la **percha** Kleiderbügel 34
perder *(ie)* verlieren
Perdés un montón de tiempo. *Argentinien:* Du verlierst eine Menge Zeit. 36
perderse algo *(ie)* etw. verpassen 25
Nadie quiere perdérsela. Niemand will sie verpassen. 25
la **perdición** Niedergang 17
mirando su perdición ihrem Niedergang entgegensehend 17
Perdón. Verzeihung.
perdonar entschuldigen, verzeihen
el **peregrino** Pilger
perfecto *hier:* sehr gut 9
perforar (durch)bohren 21
Estaban perforando el suelo. Sie bohrten im Boden. 21
el **perfume** Parfüm 16
la **periferia** Peripherie; Stadtrand 27
periférico Rand- 27; peripherisch 27
los pueblos periféricos drumherum liegende Ortschaften 27
el **periódico** Zeitung
el **período** Zeitraum 12
el **perjuicio** Schaden; Beeinträchtigung 4
permanecer *(permanezco) hier:* verweilen 24
permanente ständig, dauernd 6
el **permiso** Erlaubnis 1
permitir erlauben 4
pero aber
¡Pero qué bien hablan español! Wie gut Sie aber Spanisch sprechen!

Pero si ... Aber ...
Martínez de Perón, María Estela («Isabelita») *zweite Ehefrau von Juan D. Perón* 32
Perón, Juan Domingo *argentinischer Präsident (1895-1974)* 32
perplejo perplex, verwirrt 17
  dejar perplejo a alguien jdn staunen lassen 17
la **perra** *hier:* Münze 14
el **perrito (perro)** kleiner Hund 38
el **perro** Hund
la **persiana** Rolladen 29
la **persona** Person
el **personaje** Persönlichkeit
personal persönlich
personalmente persönlich
pertenecer *(pertenezco)* gehören 27
perturbar verwirren, stören 17
Perú Peru
pervivir fortleben 17
la **pesadilla** Alptraum 20
pesado schwer; *hier:* beschwerlich; lästig
  Eres un pesado. Du bist aber lästig.
pesar wiegen
a pesar de todo trotzdem
la **pesca** Fischfang
el **pescado** Fisch *(gefangen oder zubereitet)*
el **pescador** Fischer
  el puerto de pescadores Fischerhafen
pescar fischen; angeln
pese a obwohl; trotz 6
  Pese a que se escribe ... Obwohl man ... schreibt 6
la **peseta** Pesete
el **pesimismo** Pessimismus 35
el **peso** Gewicht
  Le pongo buen peso. Ich gebe Ihnen zwei gute Kilo.
pesquero Fisch-
el **petróleo** Erdöl
  la industria del petróleo Erdölindustrie
petrolero Erdöl- 20
el **pez** Fisch 32
  el **pez tigre** Tigerfisch 32
la **piba** *Argentinien:* (kleines) Mädchen 31
el **pibe** *Argentinien:* Junge 36
picado hier: kariös
la **picardía** Schlauheit 31
Picasso *span. Maler (1881-1973)* 23
el **pico** Spitze 29
pico: la una y pico ein Uhr vorbei
  Serán las siete y pico. Es wird kurz nach sieben sein. 29

el **picor** *hier:* Schärfe 20
pida *(Imperativ pedir) hier:* bitten Sie 7
pide *(Präsens pedir) hier:* er/sie bestellt 22
pidieron *(Indefinido pedir)* sie bestellten
el **pie** Fuß
  a pie juntillas felsenfest 28
  Colón puso su pie en Puerto Rico. Kolumbus betrat Puerto Rico. 6
la **piedra** Stein
la **piel** Fell; Pelz 18; Haut 26
piensa *(Präsens pensar)* er, sie denkt
pierde *(Präsens perder)* er verliert
la **pierna** Bein
la **pieza** Stück 14
el **pijama** Schlafanzug; *hier:* Nachtisch *(Eis mit Pfirsich)* 22
la **pila** Batterie; *hier:* Taufbecken 1
  el nombre de pila Tauf-, Vorname 1
Pili *Kurzform für* María del Pilar
el **piloncillo (pilón)** *Mexiko:* Zuckerhut 20
pilotear *Lateinamerika:* (ein Flugzeug) steuern 18
el **piloto** Pilot
el **pimiento** Paprika(schote)
Pink Floyd *engl. Rocksänger-gruppe* 4
pintar malen
el **pintor** Maler
la **pintora** Malerin 20
pintoresco malerisch
la **pintura** Gemälde, Bild 38
la **pirámide** Pyramide
la **piraña** Piranha 32
los **Pirineos** Pyrenäen
la **piscina** Schwimmbad
  la piscina termal Thermalschwimmbad 34
Piscis Fische *(Sternzeichen)* 28
el **piso** Stockwerk; Wohnung
  ¡Qué piso! Was für eine Wohnung!
la **pista** Piste
  la pista de tenis Tennisplatz 33
la **pistola** Pistole 13
pitar pfeipfen; *hier:* hupen 18
el **pitillo** Zigarette
Pizarro, Francisco *Eroberer Perus (1478-1541)*
la **pizca** Prise 31
la **pizzería** Pizzeria 32
Plácido Domingo *span. Opernsänger*
el **plan** Plan 14
a la plancha gegrillt 22
planchar bügeln 14
el **planeta** Planet 26

el **plano** Stadtplan
plano flach 17
la **planta** Pflanze 17
  la planta baja Erdgeschoß 33
  la planta industrial *hier:* Pflanze zur industriellen Weiterverarbeitung 25
plantar pflanzen
el **plantón** Setzling
el **plástico** Plastik
  la bolsa de plástico Plastiktüte 26
la **plata** Silber 16
la **plataforma** Plattform
el **plátano** Banane 25
el **plato** Teller
la **playa** Strand
la **plaza** Platz; *hier:* Sitzplatz 2
  la Plaza de Armas *zentraler Platz in Lima*
  la Plaza de Colón Kolumbus-Platz
  la Plaza Mayor Hauptplatz *(Mittelpunkt vieler span. Städte)*
la **plazuela (plaza)** kleiner Platz 25
la **pluma** Feder 16
la **población** Ortschaft; Bevölkerung
  la población activa erwerbstätige Bevölkerung 35
  la población nativa Urbevölkerung 18
poblado *hier:* voll 20; bevölkert 25
  está poblado de fiestas ist voller Festtage 20
el **poblado** Ortschaft 17
  el poblado indígena Eingeborenendorf
pobre arm
la **pobreza** Armut
poco wenig
  dentro de poco bald
  Pagan muy poco. Sie zahlen sehr wenig.
  un poco de ... etwas ...
  un poco pesado ein bißchen beschwerlich
pocos wenige 32
  a los pocos minutos wenige Minuten später 37
  los pocos que ... die wenigen die ...
  pocas veces selten 26
el **poder** Macht, Gewalt 18
  Estaba en poder de los españoles. Es war in der Gewalt der Spanier. 18
poder *(ue, u)* können; *hier:* mögen
  ¿Podrás comprarme pilas? Kannst du mir eventuell Batterien kaufen? 15

Podré ayudarles igual que a ti. Ich werde ihnen genauso helfen wie dir. 15
Puede ser. Mag sein. 14
Se podía enviar fácilmente a España. Man konnte es leicht nach Spanien schicken. 18
si puede ser wenn möglich 33
poderoso mächtig 6
podré *(Futur poder)* ich werde können 15
podría *(Konditional poder)* 8
la **poesía** Dichtung 31
el **poeta** Dichter
el **polaco** Pole 32
polaco polnisch 31
la **policía** Polizei
el/la policía municipal städtische/r Polizist/in 29; Verkehrspolizist/in 37
la **polio(mielitis)** Kinderlähmung 20
la **política** Politik
políticamente politisch 18
político politisch 20
el **político** Politiker 35
el **pollo** Huhn 7
pollo al ajillo Hähnchen mit Knoblauch 22
Polonia Polen
el **polvo** Staub 14
limpiar el polvo Staub wischen 14
Ponce de León *span. Eroberer, gründete 1508 die Stadt San Juan* 6
el **poncho** Poncho *(ärmelloser Überwurf)* 32
poner *(pongo)* setzen; einwerfen; stellen; geben; *hier:* stehen 9
Aquí pone ... Hier steht, daß ... 22
Aquí en el diario no pone nada. Hier in der Zeitung steht nichts. 28
Le pone la multa. Er gibt ihm den Strafzettel. 29
Me ha puesto usted años de más. Sie haben mich älter gemacht als ich bin. 38
No te pongas así. Sei nicht so. 29
Ponedlos en el lavaplatos. Stellt sie in die Geschirrspülmaschine. 29
poner a secar zum Trocknen ausbreiten 6
poner en su sitio aufräumen
poner la televisión den Fernseher anmachen 24
poner multas Geldstrafen erteilen 27
poner orden Ordnung machen
poner un aviso eine Anzeige aufgeben
poner una película de humor eine Filmkomödie zeigen
Tengo que ponérsela. Ich muß ihn Ihnen geben. 29
ponerse a + *Infinitiv* anfangen zu
Se puso a lamer los pies. Er begann, die Füße abzulecken. 38
ponerse algo sich etwas anziehen
ponga *(Imperativ poner)* Geben Sie mir ...
pongo *(Präsens poner)* ich setze/lege/stelle
Poniatowska, Elena *mexikanische Schriftstellerin* 20
Pontevedra *Stadt in Galicien*
popular Volks-
un **poquito (poco)** ein bißchen 12
por für; *hier:* wegen 6
por ahora vorläufig
por aquí (cerca) hier in der Nähe
por ciento Prozent
por cinco mil pesetas für 5000 Peseten
por consiguiente daher 18
por debajo de unter 7
por Dios um Gottes willen
por ejemplo zum Beispiel
por el camino unterwegs
por ello deswegen 33
por eso daher
por favor bitte
por fin endlich 12
por la mañana morgens, vormittags
por la tarde nachmittags
por lo demás übrigens
por mi cuenta für mich allein; selbständig
¿por qué? warum?
por ser una nación ... da es ein Land ist ... 27
¡Por supuesto! Selbstverständlich!
por tanto deshalb, daher 26
la **porcelana** Porzellan
el **porcentaje** Prozentsatz 14
porque weil
porteño aus Buenos Aires 31
ciudad porteña *Buenos Aires* 32
la **portera** Hausmeisterin
la **portería** Hausmeisterwohnung
el **portero** Hausmeister
el portero automático Gegensprechanlage mit autom. Türöffner
Portugal Portugal 12
el **portugués** Portugiese 18
poseer besitzen
la **posibilidad** Möglichkeit 14
posible möglich
¿Cómo es posible? Wie ist das möglich? 38
lo más pronto posible so bald wie möglich 26
posiblemente möglicherweise 24
la **postal** Postkarte
posteriormente später 6
el **postre** Nachtisch; Dessert 22
potable trinkbar
la **práctica** Praxis 12
prácticamente praktisch
práctico praktisch 25
el **prado** Wiese
el Museo del Prado *eine der bedeutendsten Gemäldegalerien der Welt, Madrid*
Praga Prag
el **precio** Preis
a buen precio zu einem guten Preis
precioso wunderschön
¡Qué preciosa exposición! Was für eine wunderschöne Ausstellung!
precipitarse etw. überstürzen 28
precisamente gerade; genau; bestimmt 4; ausgerechnet 21
la **preferencia** Vorliebe 7
preferir *(ie, i)* vorziehen 1
la **pregunta** Frage
la pregunta imaginaria *hier:* die hypothetische Frage 35
preguntar (por) fragen (nach)
Cuando se les pregunta ... Wenn man sie fragt ... 35
Pregunte. *(Imperativ preguntar)* Fragen Sie!
prehistórico vorgeschichtlich
los monumentos prehistóricos vorgeschichtliche Sehenswürdigkeiten
el **premio** Preis 6
el premio Nobel Nobelpreis 6
la **prenda (de vestir)** Kleidungstück
el número de prendas a repartir die Zahl der zur verteilenden Kleidungsstücke 14
las prendas menores Unterwäsche 14
prender anzünden 20
la **prensa** Presse
preocupante besorgniserregend
preocuparse sich Sorgen machen 8
¡No te preocupes! Mach dir keine Sorgen! 8
preparar zubereiten; vorbereiten
la **presencia** Anwesenheit 6; Aussehen
de buena presencia gutaussehend
presentar vorstellen
presentarse *hier:* (zur Prüfung) erscheinen 12; *hier:* sich bieten 28
Te presento a Anita. Darf ich dir Anita vorstellen.

la **presidenta** Präsidentin 32
el **presidente** Präsident 21
el **préstamo** Darlehen 28
prestar *hier:* leisten; (aus)leihen 8
pedir dinero prestado jdn. um Geld bitten, anpumpen 28
prestar atención a ... etw. Aufmerksamkeit schenken 21
el **prestidigitador** Zauberer 31
el **prestigio** Ansehen, Prestige 27
presumido eingebildet 31
pretender *hier:* versuchen 14
pretender hacer ver versuchen klarzustellen 14
el **pretexto** Vorwand 20
prevenir *(ie)* vorbeugen
Más vale prevenir que curar. Vorbeugen ist besser als heilen.
previsto vorgesehen 15
a la hora prevista zur vorgesehenen Zeit 15
la **primavera** Frühling; Lenz
Julia tiene 17 primaveras. Julia ist 17 Lenze alt.
primer(o) erster
en primer lugar an erster Stelle
los primeros auxilios Erste Hilfe
por primera vez zum erstenmal 18
el **primo** Vetter
principal Haupt-, wichtig
el **príncipe** Prinz
Príncipe de Vergara *Straße in Madrid*
el **principio** Anfang 6
a principios de ... am Anfang von ... 11
a principios de febrero Anfang Februar 26
al principio am Anfang 6
la **prisa** Eile 8
a toda prisa sehr schnell 25
Tenemos un poco de prisa. Wir haben es etwas eilig. 22
tener prisa es eilig haben 8
privado privat 12
privilegiado *hier:* Sonder- 7
probablemente möglicherweise 15
probar *(ue)* versuchen 25
probarse *(ue)* **algo** etwas anprobieren
el **problema** Problem
la **procesión** Prozession
el **proceso** Prozeß 4
procurar versuchen 7
la **producción** Produktion; Herstellung 27
producir *(produzco)* herstellen; erzeugen 18; sich ereignen 27
se produce es wird erzeugt
el **producto** Erzeugnis
el producto farmacéutico Arzneiware 6
el producto manufacturado Manufakturware 6
el **productor** Hersteller
la **profesión** Beruf 1
el/la **profesional** *hier:* Berufstätige/r 14
profesional Berufs- 28
buen momento profesional guter Augenblick für berufliche Dinge 28
el **profesor** Lehrer
profundamente tief
profundo tief 20
el **programa** (Kurs-)Programm
sin saber qué programa va a haber ohne zu wissen, welches Programm es geben wird 24
el **programador** Programmierer 1
el **progreso** Fortschritt 18
prohibido verboten
Está prohibido. Es ist verboten.
prohibir verbieten
la **promesa** Versprechen 32
prometer versprechen
pronosticar vorhersagen, voraussagen 15
pronto bald
la **propiedad** Eigentum 33
propio eigen
proporcionar liefern 6
la **proteína** Protein 7
proveniente de (stammend) aus 20
provenir de *(ie, i)* stammen aus 20
la **provincia** Provinz
provocar *hier:* hervorrufen 7
próximo nächster 13
prueba *(Präsens probar)* er probiert an
pruebe *(Konjunktiv Präsens probar)* 25
ptas. = pesetas Peseten
la **púa** Plektron *(Plättchen zum Anzupfen von Saiteninstrumenten)* 6
la púa de metal Metallplektron 6
la **publicación** Veröffentlichung; *hier:* Broschüre
publicar veröffentlichen, herausgeben
el **público** Publikum
público öffentlich 20
pude *(Indefinido poder)* ich konnte
el **pueblecito (pueblo)** kleines Dorf
el **pueblo** Dorf
los pueblos jóvenes *so werden die Elendsviertel in Perú genannt*
puedo *(Präsens poder)* ich kann
el **puente** Brücke
el **puerco** Schwein 17
el puerco de monte Bergschwein 17
la **puerta** Tür; Ausgang; Tor
la Puerta del Sol *berühmter Platz im Zentrum Madrids*
llamar a la puerta an der Wohnungstür klingeln
¿Qué puerta es? *hier:* Welcher Ausgang ist es?
el **puerto** Hafen; (Gebirgs-)Paß
el puerto de pescadores Fischerhafen
Puerto Banús *Ferienort in Marbella mit exklusivem Jachthafen*
Puerto de la Cruz *Hafenstadt auf Teneriffa* 33
Puerto Rico *östlichste Insel der großen Antillen* 1
el **puertorriqueño** Puertoricaner 6
pues nun
Pues nada. *hier:* Dann eben nicht.
Pues regular. Nun, es geht.
la **puesta de sol** Sonnenuntergang 26
puesto *(Partizip Perfekt poner)* gestellt
el **puesto** Platz, Stelle
el puesto de socorro Unfallstation
el **dedo pulgar** Daumen 36
el **pulpo** Polyp
pulsar (Taste, Knopf) drücken 2
el **puma** Puma 32
un puntito (punto) *hier:* winziger Punkt 25
el **punto** Punkt
hacer punto stricken
hasta cierto punto bis zu einem gewissen Grad
puro rein
de pura cepa waschecht
puso *(Indefinido poner)* er/sie steckte/stellte

Q

que der, die, das *(Relativpron.)*
¿qué? was?; welche(r-,s)?
¡Qué bien! Wie schön!
¡Qué bien vive! Dem geht es gut!
¡Qué bonita postal! Was für eine schöne Postkarte!
¡Qué chico más guapo! Was für ein hübscher Junge! 37
¡Qué cliente más raro! Was für ein seltsamer Kunde!
¿Qué color? Welche Farbe?
¿Qué cuentas? Wie geht's?
¿Qué desea? Was wünschen Sie?

¡Qué desgracia! Was für ein Unglück!
¡Qué día tan bonito! Was für ein schöner Tag!
¡Qué envidia! Beneidenswert!
¡Qué espantoso! Wie entsetzlich!
¿Qué fecha es hoy? Welches Datum haben wir heute?
¿Qué hay? Was ist (befindet sich)...?
¿Qué hay para cenar? Was gibt es zum Abendessen?
¿Qué hora es? Wie spät ist es?
¡Qué horror! Wie furchtbar!
¿Qué impresión te da? Was für einen Eindruck macht es auf dich?
¿Qué le/te pasa? Was fehlt Ihnen/dir?
¡Qué machistas! Typisch Mann!
¡Qué mala suerte! Was für ein Pech!
¡Qué modernos! Wie fortschrittlich!
¡Qué pena! Wie schade!
¡Qué piso! Was für eine Wohnung!
¡Qué preciosa exposición! Was für eine wunderschöne Ausstellung!
¿Qué puerta es? hier: Welcher Ausgang ist es?
¡Qué rico! Köstlich!, Lecker!
¡Qué sé yo! Was weiß ich! 5
¿Qué tal? Wie geht es?
¿Qué tal el día? Wie war der Tag (heute)?
¿Qué tal el tiempo? Wie ist das Wetter?
¿Qué te parece? Was hältst du davon?
¡Qué tráfico! Was für ein Verkehr!
¡Qué va! Ach, wo!
¡Qué vida! Was für ein Leben!
el/la **quechua** Ketschua-indianer/in 18
quedar übrigbleiben
Mira cómo ha quedado el faro. Sieh mal, wie der Scheinwerfer aussieht. 37
No me queda ninguno. Ich habe keine mehr.
quedarse bleiben
quedarse con algo etwas behalten
Se lo puede quedar. Sie können es behalten. 22
los **quehaceres domésticos** Haushalt, Hausarbeit
la **queja** Klage 32
quejarse de sich beklagen über 36
quemar verbrennen
querer *(ie, i)* mögen, wünschen, wollen
Como usted quiera. Wie Sie wünschen.
no querer saber nada (de) nichts wissen wollen (von)
¿Quiere que le ponga ...? Soll ich Ihnen ... geben?
Quiéreme mucho. Liebe mich sehr. 36
Quiero que esté madura. Ich möchte, daß sie reif ist.
el **querer** *hier:* Liebe 32
¡Querido ...! Lieber ...!
Queridos Diana y Gerardo. Liebe Diana, lieber Gerardo.
el **queso** Käse
Quetzalcóatl *altmexikanische Gottheit, auch „Kuteulkan" gennant* 17
el **quid** das Wesentliche 24
¿quién? wer?
quien der *(Relativpronomen)* 20
para quienes hablamos ... für uns, die wir sprechen 17
para quienes llegan ... für die, die ankommen 27
quiera *(Konjunktiv Präsens querer)*
quiere *(Präsens querer)* er, sie möchte
quieto ruhig 32
El Quijote Don Quichotte *(Cervantes weltberühmter Roman)* 10
químico chemisch
la industria química chemische Industrie
los productos químicos chemische Produkte 32
quince fünfzehn
quince días „vierzehn Tage"
quinientos, -as fünfhundert
quinto fünfter
el **quiosco** Kiosk
quisiera ich möchte
quiso *(Indefinido querer)* er/sie wollte 21
quitar (weg)nehmen 5; wegräumen; entfernen 29
Quitad los platos de la mesa. Räumt die Teller vom Tisch. 29
quitar la vida a alguien jdm das Leben nehmen 10
quizás vielleicht

R

racial Rassen- 35
la igualdad racial Rassengleichheit 35
la **ración** Portion 22
racista rassistisch 31
radial strahlenförmig 2
radicar en que ... darin bestehen, daß ... 24
la **radio** Radio
Radio Exterior de España *Spanischer Rundfunk für das Ausland* 24
la **radiodespertador** Radiowecker 5
la **radiografía** Röntgenaufnahme 7
el **radiotransistor** Transistorradio 15
Rafa *Abkürzung für* Rafael
la **raíz** Wurzel 6
a raíz de unmittelbar nach 24
la **rama** Zweig, Ast
La Rambla *Ortschaft südlich von Córdoba (Andalusien)*
las **Ramblas** *berühmte Straße in Barcelona*
la **ranura** Einwurfschlitz
rápidamente schnell 18
rapidísimamente sehr schnell 18
rápido schnell
raro seltsam; merkwürdig; komisch
¡Qué cliente más raro! Was für ein seltsamer Kunde!
¡Qué cosa más rara! Was für ein seltsames Ding!
rara vez selten 24
el **rascacielos** Wolkenkratzer 32
el **Rastro** *Flohmarkt in Madrid* 23
un ratito ein Weilchen 24
el **rato** Augenblick; Weile
Se suele ver un rato. *hier:* Man pflegt ein wenig fernzusehen. 24
la **raza** Rasse 17
la **razón** Recht; Grund 6
Tienes razón. Du hast Recht.
reaccionar reagieren 13
antes de poder reaccionar bevor er reagieren konnte 13
real wirklich
la **realidad** Wirklichkeit 17
en realidad in Wirklichkeit 17
el **realismo** Realismus 35
realizar in die Tat umsetzen, machen
realizar una encuesta eine Umfrage machen
realmente wirklich
la **rebaja** Preisnachlaß
las rebajas de verano Sommerschlußverkauf
rebajado heruntergesetzt
el **rebaño** Herde 25
rebelarse sich auflehnen 18
rebelde rebellisch; aufmüpfig 35
el **recado** Besorgung
recargadísimo überladen
la **recepción** Empfang 20
la/el **recepcionista** Empfangsangestellte/r
el **receptor** *hier:* Fernsehapparat 24
la **recesión** Rezession 32

la **receta** Rezept 9
recetar verschreiben 7
recibir erhalten
reciclar wiederverwerten, aufbereiten 26
el papel reciclado Recyclingpapier 26
recién soeben; gerade 6
los recién llegados die soeben Angekommenen 6
el **recinto** Gelände, Bereich
la **reclamación** Beschwerde 22
el libro de reclamaciones Beschwerdebuch 22
reclamar verlangen 20
No nos reclamó nada. Er verlangte nichts von uns. 20
recluirse *(me recluyo)* sich einschließen, sich einsperren 14
se recluyen sie schließen sich ein 14
recoger *(recojo)* aufheben; einsammeln; abholen
recoger la casa aufräumen
la **recolección** Ernte 31
recomendable empfehlenswert, ratsam 7
recomendar *(ie)* empfehlen 4
reconocer (por) *(reconozco)* erkennen (an) 12; *hier:* zugeben 37; wiedererkennen 38
Reconócelo. Gib es zu. 37
la **Reconquista** Rückeroberung; *hier: die Wiedereroberung Spaniens aus der Maurenherrschaft (711-1492)* 16
recordar *(ue)* erinnern an
recordar *(ue)* **algo** sich an etwas erinnern
recorrer bereisen, zurücklegen
el **recorrido** Strecke 26
el **recreo** Pause
la **recuperación** Zurückgewinnung 11
el **recurso** Vorkommen 20
la **red** Netz 2
la red de carreteras Straßennetz 27
la red de ferrocarriles Eisenbahnnetz 12
la red ferroviaria Eisenbahnnetz 2
la red telefónica Telefonnetz 5
la red viaria Straßennetz 27
redondo rund 22
la **reducción** Ermäßigung 12; Senkung 35
reducido *hier:* zahlenmäßig sehr klein 31
reducir *(reduzco)* verringern; herabsetzen 7
reduzca *(Imperativ reducir)* verringern Sie! 7
referirse a *(ie, i)* sich beziehen auf 27
refinado *hier:* elegant 16
la **reforma** Reform 35
el **refrán** *hier:* Bauernregel 26
refrescar erfrischen
el **refresco** Erfrischungsgetränk
el **refugio** Zuflucht; Schutz 33
el refugio de montaña Schutzhütte im Gebirge 33
regalar schenken
el **regalo** Geschenk
regar *(ie)* berieseln, bewässern
el **régimen** *hier:* Diät 7; Regime 32
Haga un poco de régimen. Halten Sie (etwas) Diät. 7
la **región** Region; Gegend
la región pesquera Fischfanggebiet
regional regional
regir *(rijo)* leiten 27
reglamentario vorgeschrieben 14
la ropa reglamentaria Dienstkleidung 14
el **regocijo** Freude 6
regresar zurückkehren
Nada más regresar ... Kaum zurückgekehrt ...
regular einigermaßen; leidlich
regularmente regelmäßig 2
la **reina** Königin
el **reino** Königreich 16
el **Reino Unido** Großbritannien
reír lachen
echarse a reír zu lachen beginnen 25
Me hace reír. Ich muß darüber lachen.
la **reja** (Fenster-)Gitter
la **relación** Bericht; Beziehung 6; Verbindung 32
relacionar verbinden 17
las **relaciones** Beziehungen 6
las relaciones familiares innerfamiliäre Beziehungen 35
relativamente verhältnismäßig 20
el **relato** Bericht 18; Erzählung; *hier:* Geschichte 20
la **religión** Religion 18
religioso religiös
rellenar ausfüllen 2
el **reloj** Uhr
el **remedio** (Heil-)Mittel 38
No tuvo más remedio que ... Es blieb ihr nichts anderes übrig, als ... 38
remirar wieder und wieder anschauen 21
remoto entfernt; *hier:* unterschiedlich 18
remunerado vergütet 14
renacentista Renaissance-
el **Renacimiento** Renaissance
RENFE (Red Nacional de Ferrocarriles Españoles) *nationales span. Eisenbahnnetz* 2
el **renombre** Ruhm; Berühmtheit 38
Había conseguido cierto renombre. Er hatte einen gewissen Ruhm erlangt. 38
la **renta** *hier:* Einkommen 5
la declaración de renta Steuererklärung 5
el/la **rentista** Rentnerin 32
renunciar a verzichten auf 6
repartido por ... verteilt über ... 6
el **repartidor** Lieferant
repartir verteilen
repentino plötzlich 28
repetir wiederholen 6
en repetidas ocasiones mehrmals 6
el **reportaje** Reportage; Bericht 24
el **reposacabezas** Kopfstütze 27
reposar ruhen 31
dejar reposar ruhen lassen 31
representar darstellen 6
representativo repräsentativ 24
la **represión** Unterdrückung 32
la **república** Republik
la República Dominicana Dominikanische Republik
la República Federal Alemana Bundesrepublik Deutschland
requerir *(ie,i)* benötigen 12
la **res** Rind 32
el **resero** Viehtreiber 32
la **reserva** Bestand; Reserve 6; Vorkommen 20
reservar reservieren 2
reservarse sich vorbehalten 4
reservarse el derecho sich das Recht vorbehalten 4
el **resfriado** Schnupfen, Erkältung 28
residente wohnhaft
el **residuo** Abfall 26
la **resina** Harz 31
resistir widerstehen 17
resolver *(ue)* lösen 4
respirar atmen 17
responder antworten 10
la **responsabilidad** Verantwortung 14
la responsabilidad doméstica die Verantwortung für den Haushalt 14
responsable verantwortungsbewußt 11
la **respuesta** Antwort 11

el **restaurante** Restaurant
el **resto** Rest
el **resultado** Ergebnis 7
resultar sich erweisen als
A estas personas les resulta difícil ... Für diese Personen ist es schwer ... 5
Resulta interesante de ver. Es ist interessant zu sehen. 24
Resulta que ... Es ist so, daß ... 34
Resulta que la culpa la tengo yo. Ich habe also die Schuld. 37
resultar difícil sich als schwierig erweisen 5
resultar más caro teurer sein
si le resulta inoportuno wenn es Ihnen lästig erscheint 24
retirar abholen 34
retirarse sich zurückziehen 26
el **retiro** Zurückgezogenheit, Einsamkeit
el Parque del Retiro *eine der größten Madrider Parkanlagen*
el **retoño** Schößling 6; *hier:* Nachwuchs, Sprößling 11
retornable kann zurückgegeben werden 26
la botella no retornable Einwegflasche 26
el **retraso** Verspätung 8
Trae 25 minutos de retraso. Er hat 25 Minuten Verspätung. 8
el/la **retratista** Portraitmaler/in 38
el **retrato** Portrait 38
el **reúma** Rheuma
la **reunión** Versammlung 20
reunirse *(me reúno)* sich versammeln 20
al revés umgekehrt; verkehrt 17
revisar überprüfen
la **revista** Zeitschrift
la **revolución** Revolution 18
Fueron frecuentes las revoluciones. Es gab zahlreiche Revolutionen. 18
el **rey** König
el rey Juan Carlos König Juan Carlos 35
los **Reyes Católicos** *Ferdinand und Isabella, die Katholischen Könige* 16
los **Reyes Magos** die Heiligen Drei Könige
rezar beten 20
la **ría** Ria *(fjordähnliche Trichtermündung der Flüsse in Galicien)*
Ribadeo *Stadt in Galicien, an der Grenze zu Asturien*
Ribera de Curtidores *Straße in der Altstadt von Madrid* 23
rico köstlich; reich
Es rico en vitamina A. Er ist reich an Vitamin A. 20
¡Qué rico! Köstlich!, Lecker!
rico en reich an 7
el **riego** Bewässerung
el canal de riego Bewässerungskanal
el sistema de riego Bewässerungssystem
la **rienda** Zügel 32
rigurosamente *hier:* ganz genau 27
el **rincón** Ecke
el **río** Fluß
Río de la Plata Río de la Plata *(mündet bei Buenos Aires ins Meer)* 32
La **Rioja** *autonome Region in Nordspanien; bekanntes Weinanbaugebiet*; *hier:* Rioja-wein 22
la **riqueza** Reichtum 16
La riqueza está muy mal repartida. Der Reichtum ist sehr schlecht verteilt. 18
riquísimo (rico) sehr reich 17
el **ritmo** Rhythmus 32
ritual rituell 20
Somos un pueblo ritual. Wir sind ein Volk der Riten. 20
Rivera, Diego de *mexikanischer Maler (1887-1957)* 20
Roa Bastos, Augusto *paraguayischer Schriftsteller (1917-)* 17
robar stehlen
robar terreno a las aguas dem Wasser Land abtrotzen 16
el **robo** Diebstahl 35
la **roca** Fels 25
rodear umgeben 5
estar rodeado de/por umgeben sein von 5
rodeado de niños von Kindern umringt 23
la **rodilla** Knie
rogar *(ue)* bitten 4
rojo rot
el **rollo** *hier:* langweiliger Schmarren; Rolle 9
¡Qué rollo! Wie öde!
Roma Rom
románico romanisch
el **romano** Römer
romano römisch
a la romana paniert 22
romper zerbrechen, zerschlagen 14
Ronda *Stadt in der Provinz Málaga*
la **ropa** Kleidung
ropero: el armario ropero Kleiderschrank 34
el **rosario** Rosenkranz 31
el **rostro** Gesicht 31
roto *(Partizip Perfekt romper)* zerbrochen, kaputt
el **rotulador** Filzstift
rubio blond
la **rueda** Rad 27
el **ruido** Geräusch
el **ruiseñor** Nachtigall 26
Rumanía Rumänien
el **rumbo** Fahrtrichtung 23
rumbo a la montaña Richtung Gebirge 23
el **ruso** Russe 32
ruso russisch 31

S

el **sábado** Samstag
la **sábana** (Bett-)Laken 34
Sábato, Ernesto *argentinischer Schriftsteller (1911-)* 32
saber (sé) wissen
¿Es que no sabe usted conducir? Können Sie nicht Auto fahren? 37
No sabe ni una palabra de inglés. Er kann kein Wort Englisch. 19
No se sabe nunca. Man weiß nie.
No sé. Ich weiß es nicht.
no sé qué ich weiß nicht was 12
¿Sabe una cosa? Wissen Sie was?
ya sé ich weiß schon 29
Yo qué sé. Was weiß ich.
saber a schmecken nach 4
el **saber** Wissen 32
la **sabiduría** Weisheit; Wissen 15
el **sabor** Geschmack
sabroso schmackhaft 17
sacar herausholen
¿Sacan ustedes mucho? Fischen Sie viel? 25
sacar a pasear en el coche zur Spazierfahrt mitnehmen 30
sacar la impresión de que ... den Eindruck gewinnen, daß ... 17
el **sacerdote** Priester 18
el sumo sacerdote Hohepriester 18
sacrificar opfern 16
para ser sacrificados damit sie geopfert werden 16
el **sacrificio** Opfer 18
el sacrificio humano Menschenopfer 18
Sagitario Schütze *(Sternzeichen) 28*
el **(anglo)sajón** *hier:* Angelsachse 20
la **sala de estar** Wohnzimmer
«la sala de estar sobre ruedas» „Wohnzimmer auf Rädern“ 27
salado gesalzen

Salamanca *Universitätstadt nordwestlich von Madrid*
el **salchichón** (Hart-)Wurst; span. Salami
saldrán *(Futur salir) hier:* sie werden abfahren 15
el **salero** Salzstreuer 22
salga *(Konjunktiv Präsens salir)* 30
salgo *(Präsens salir)* ich gehe aus 14
la **salida** Ausgang; *hier:* Abflug
aunque no tenga muchas salidas auch wenn ich keine großen Möglichkeiten haben werde 35
salir *(salgo)* aussteigen; verlassen; weggehen; hinausgehen, -fahren; auswandern; *hier:* aufbrechen 15; ausgehen 22
Ha salido humo. *hier:* Es hat gequalmt.
salir bien gut ausgehen, gelingen 12
el **salmón** Lachs 32
saltar springen, hüpfen 37
saltarse los semáforos die Ampel (bei rot) überfahren 37
el **saltimbanqui** Gaukler 6
la **salud** Gesundheit
saludar grüßen 33
Le saluda atentamente. Mit freundlichen Grüßen. 33
el **saludo** Gruß
salvaje wild
salvar retten 15
Salzillo *span. Bildhauer (1707-1783)*
San Blas *Bischof und Märtyrer, dessen man am 3. Februar gedenkt* 26
«Por San Blas la cigüeña verás.» „Zu San Blas wirst du den Storch sehen." 26
San Cristóbal (de las Casas) *Stadt in Chiapas, Mexiko* 17
San Fermín *Schutzpatron der Stadt Pamplona*
San Isidro *Schutzpatron von Madrid*
San Juan heiliger Johannes
San Martín, José de *argentinischer Nationalheld, Befreier von Argentinien, Chile und Peru (1778-1850)* 18
San Pedro de Roda *Benediktinerkloster in der Sierra de Roda, Costa Brava*
San Sebastián *baskische Stadt am Golf von Biskaya*
Sánchez, Luis Rafael *Schriftsteller aus Puerto Rico* 6
Sancho Panza *Schildknappe des Don Quijote* 10
la **sandía** Wassermelone
la **sangre** Blut 17
la **sangría** *span. Rotweinbowle* 22
sanitario Gesundheits-
Santa Elena *Ortschaft in der Provinz Jaén (Andalusien)*
Santa Fe *kleiner Ort in der Nähe von Granada* 16
Santander *Stadt in Nordspanien mit bekannter Sommeruniversität*
Santiago Jakob
Santiago (de Compostela) *Wallfahrtsort im Nordwesten Spaniens (Jakobsweg)*
san(to) heilig
el **santo** Heiliger
la **sardinilla (sardina)** Sardine 25
satisfecho zufrieden
la **sauna** Sauna 34
la sauna seca finnische Sauna 34
sé *(Präs. saber)* ich weiß
se man; sich*(refl.)*
se vive mejor man lebt besser
sea *(Konjunktiv Präsens ser)* 7
o sea das heißt
SEAT (*Abk für* «Sociedad Española de Automóviles de Turismo») *Autofabrik*
la **secadora** Wäschetrockner
secar trocknen
seco trocken
el lavado en seco Trockenreinigung
lavar en seco chemisch reinigen
la **secretaria** Sekretärin
el **secreto** Geheimnis 4
la **sed** Durst
la **seda** Seide 16
sefardita sephardisch 24
el español sefardita Judenspanisch 24
en seguida sofort
seguidamente anschließend
seguir *(i, sigo)* fortsetzen; folgen 3
El castellano sigue siendo una lengua muy hablada. Spanisch ist nach wie vor eine viel gesprochene Sprache. 19
para sentir que sigue siendo él um zu fühlen, daß er weiterhin er selbst ist 11
seguir el viaje die Reise fortsetzen
seguir en el paro weiterhin arbeitslos sein
Siga las instrucciones. Befolgen Sie die Anweisungen.
sigue escribiendo sie schreibt weiterhin 2
según gemäß
según he leído en la prensa wie ich in der Presse gelesen habe 27
el **segundo** der zweite
seguramente bestimmt, wahrscheinlich
la **seguridad** Sicherheit 27
la seguridad vial Sicherheit im Straßenverkehr 27
las medidas de seguridad laboral Arbeitssicherheitsmaßnahmen 27
seguro sicher
el **seguro** Versicherung
seis sechs
seiscientos, -as sechshundert
la **selección** Auswahl
la selección personal *etwa:* Auswahl (erfolgt) nach persönlicher Vorstellung
seleccionar auswählen 24
el **sello** Briefmarke
la **selva** (Ur-)Wald 15
el **semáforo** Ampel 37
la **semana** Woche
entre semana unter der Woche, wochentags
la semana que viene nächste Woche
la Semana Santa Karwoche
todas las semanas jede Woche
Semana *Spanische Illustrierte*
semanal Wochen- 14
sembrar *(ie)* säen 6; pflanzen 17
el **Senado** Senat
sencillamente einfach
sencillo einfach; schlicht
sensacional sensationell, aufsehenerregend 23
sensibilizar empfindlich machen für; sensibilisieren 14
sentarse *(ie)* sich setzen 11
Voy sentado junto a … Ich sitze neben … 19
el **sentido** Sinn, Verstand 4; *hier:* Hinsicht 27
en este sentido in dieser Hinsicht 7
sentimental gefühlsbetont 28; Gefühls- 35
el terreno sentimental Gefühlsleben 28
las razones sentimentales Gefühlsgründe 35
el **sentimiento** Gefühl 6
sentir *(ie)* bedauern; fühlen
Lo siento. Es tut mir leid.
Lo siento muchísimo. Es tut mir sehr leid. 22
sentirse *(ie)* sich fühlen
la **señal** (Verkehrszeichen-)Zeichen
el **señor** Herr
Muy señores míos: Sehr geehrte (Damen und) Herren 33
la **señora** Frau

los **señores** die Herrschaften
la **señorita** Fräulein
sepan *(Konjunktiv Präsens saber)* 34
separado por abgetrennt durch
septiembre September
la **sequía** Dürre 17
ser sein
Como si la calle fuera suya. Als ob die Straße ihm gehörte. 37
Fueron frecuentes las revoluciones. Es gab zahlreiche Revolutionen. 18
Otra vez será. Ein andermal.
¿Qué será esto del color ...? Was hat das mit der Farbe wohl auf sich ...? 24
serán las siete y pico es wird kurz nach sieben sein 29
Son las nueve y media. Es ist halb zehn.
Soy yo. Ich bin es.
Supongo que serán las Meninas. Es wird wohl (das Bild) Las Meninas sein. 23
la **serie** Reihe 18; (Fernseh-)Serie 25
en serie serienmäßig (gefertigt) 31
serio ernst
¿Lo dices en serio o ...? Meinst du das ernst oder ...? 36
la **serpiente** Schlange 16
el **servicio** *hier:* Toilette; Dienst; Kundendienst; *hier:* Bedienung 12
el servicio marítimo *hier:* Schiffslinien 12
el servicio militar Wehrdienst
los servicios de la urbanización Dienstleistungsstellen der Ferienanlage 34
la **servilleta** Serviette 34
servir *(i) hier:* taugen 22; servieren 31
¿En qué puedo servirle? Womit kann ich Ihnen dienen?
sesenta sechzig
setecientos, -as siebenhundert
setenta siebzig 27
los años setenta die Siebziger Jahre 27
Sevilla *Hauptstadt Andalusiens*
los **„shorts“** Shorts 11
sí ja
Creo que sí. Ich glaube ja.
Dice que sí. Sie sagt ja.
Eso sí. Das ist schon richtig.
Eso sí que no. Das auf keinen Fall.
Sí, claro. Natürlich. Selbstverständlich.
si ob; wenn; falls
Si ahora ya gano más. Wo ich doch jetzt schon mehr verdiene.
Si ayer llegó muy tarde. Schließlich ist er gestern sehr spät (nach Hause) gekommen.
si es posible wenn es möglich ist
Si ha llegado ... Er ist doch angekommen ...
Si no hay gente. Aber es sind doch kaum Leute da.
Si tenía mucho trabajo. Er hatte doch viel Arbeit.
Si ya es la una. Es ist schon ein Uhr.
Sicilia Sizilien 6
el **sida** Aids 35
siderúrgico Eisen-
la industria siderúrgica Eisenindustrie
la **sidra** Apfelwein
siempre immer
siempre que immer wenn
siempre que puedo wann immer ich kann
siento *(Präsens sentir)* ich bedauere
Lo siento. Es tut mir leid.
la **sierra** Säge; Gebirge
la Sierra de Guadarrama Guadarrama-Gebirge *(nördlich von Madrid)*
la Sierra Nevada Sierra Nevada *(Gebirge in Südspanien)*
la **siesta** Mittagsschlaf
siete sieben
siga *(Imperativ seguir)* 7
el **siglo** Jahrhundert
significar bedeuten 8
significativo bedeutend 14
el **signo** *hier:* Sternzeichen 28
siguiente folgend
al día siguiente am nächsten Tag
lo siguiente folgendes 4
siguió *(Indefinido seguir)* 32
el **silencio** Ruhe, Stille 11
la **silla** Stuhl
la silla de paja Stuhl aus Strohgeflecht 25
la **silueta** Silhouette
el **símbolo** Wahrzeichen
simpático freundlich
simplemente einfach 4
sin ohne
sin decir nada ohne etwas zu sagen
sin duda zweifellos 32
sin embargo jedoch
sin saber que lo descubría ohne zu wissen, daß er es entdeckte 17
sincero aufrichtig 4
el/la sindicalista Gewerkschaftler/in 35
sino sondern
sintieron *(Indefinido sentir)* sie fühlten, empfanden 16
Siracusa Syrakus 31
el **sirio** Syrer 32
sirvo *(Präsens servir)* ich diene 6
el **sistema** System
el sistema de riego Bewässerungssystem
el **sitio** Platz; Ort
en muchos sitios an vielen Stellen
No se ha movido de su sitio. Er hat sich nicht von seinem Platz gerührt. 38
poner en su sitio aufräumen
la **situación** *hier:* Verhältnisse 6; *hier:* Zustand 7; *hier:* Stellung 7; Lage 28
situado gelegen
situarse en *hier:* liegen bei 7
el **soberano** Herrscher, König 17
las **sobras** Speisereste 30
sobre über
Sobre gustos no hay nada escrito. Über Geschmack läßt sich streiten.
sobre todo vor allem, hauptsächlich
el **sobre** Briefumschlag
sobrevivir überleben 17
sobrevolar *(ue)* überfliegen 26
el **sobrino** Neffe
social gesellschaftlich
hacer vida social Kontakte pflegen
la **sociedad** Gesellschaft 17
la alta sociedad die Oberschicht 32
el **socio** Geschäftpartner 2
el socio capitalista Geldgeber 2
el **socorro** Hilfe
el **sofá** Sofa, Couch 5
sois *(Präsens ser)* ihr seid
la **soja** Soja
el **sol** Sonne
«El Sol» *spanische Zeitung* 4
solamente nur
solar Sonnen... 9
el **soldado** Soldat
soler *(ue)* pflegen
la **solidaridad** Solidarität 31
solidario solidarisch 14
sólido fest 6
solitario einsam; *hier:* einzeln 20
sólo nur
no sólo nicht nur
no sólo ... sino también nicht nur sondern auch
solo allein
el (café) solo Espresso (ohne Milch)
soltar *(ue)* losmachen

soltero ledig
Está soltero. Er ist ledig.
soltura: Habla con mucha soltura. Er/Sie spricht fließend. 19
la **solución** Lösung
solucionar lösen 18
el **sombrero** Hut 32
someter unterwerfen 16
A los incas los sometió Pizarro. Pizarro unterwarf die Inkas. 18
somos *(Präsens ser)* wir sind
son *(Präsens ser)* sie sind
sonar *(ue)* klingeln, läuten
justo cuando suena el timbre gerade als die Schulglocke ertönt 29
sonreír *(sonrío)* lächeln 2
soñar *(ue)* träumen
Sueñan con ser un día futbolistas. Sie träumen davon, eines Tages Fußballspieler zu sein. 31
¿Sueñas con la aventura? Träumst du vom Abenteuer? 12
la **sopa** Suppe
la sopa de ajo Knoblauchsuppe 22
sorber trinken; schlürfen 31
Soria *Stadt in Castilla-León*
sorprendente überraschend 27
sorprender überraschen 24
la **sorpresa** Überraschung 17
el **sorteo** Auslosung 18
por sorteo durch Auslosung 18
soso ungesalzen, fade 22
sospechar *hier:* vermuten 4
soy *(Präs. ser)* ich bin
Sr. = señor Herr
Sra. = señora Frau
su sein; Ihr, ihr
suave mild; *hier: mit einem niedrigen Lichtschutzfaktor* 9
subacuático Unterwasser- 34
jets subacuáticos Unterwassermassagedüsen 34
subir hinaufgehen, -fahren; *hier:* hochziehen 29
subido a una escalera auf einer Leiter stehend 23
subirse a hinaufklettern 23
el **subte** *Argentinien:* U-Bahn 31
el **suburbio** Vorort
el suburbio pobre Armenviertel
suceder geschehen 11
Puede suceder que sea en otro país. Es kann sein, daß es sich in einem anderen Land ereignet hat. 24
la **sucesión** *hier:* Thronfolge 18
el **suceso** Vorfall 4
del buen suceso vom guten Glück/Verlauf 10
el **sucesor** Nachfolger 36
la **sucursal** Niederlassung, Filiale 4
Suecia Schweden
el **suelo** Fußboden
suelo *(Präsens soler)* ich pflege (etw. zu tun)
suelta *(Präsens soltar)* sie öffnet
suena *(Präsens sonar)* es läutet, klingelt
el **sueño** Traum 16
aparecer en los sueños im Traum erscheinen 16
la **suerte** Glück
la mala suerte Pech
¡Mucha suerte! Viel Glück!
por suerte zum Glück 37
suficiente genügend
el **sufrimiento** Leiden 20
el sufrimiento físico körperliches Leiden 20
el sufrimiento moral moralisches Leiden 20
sufrir (er)leiden 4
Suiza Schweiz
el **suizo** Schweizer
suizo schweizerisch
el **sujetador** Büstenhalter 14
sujetar stützen 20; festhalten 36
Summers *span. Filmregisseur*
sumo höchst 18
la **suntuosidad** Pracht 20
el **súper = el supermercado** Supermarkt
superar überwinden 28
la **superficie** Oberfläche 20
superior *hier:* obere/r
la **superstición** Aberglaube 31
el **suplemento** Zuschlag 12
suponer *(supongo)* annehmen 23; voraussetzen 35
supone ser ahorrador es setzt voraus, sparsam zu sein 35
Supongamos que eres ... Nehmen wir an, du seiest ... 35
supongo *(Präsens suponer)* ich nehme an 24
Supongo que serán las Meninas. Es wird wohl (das Bild) Las Meninas sein. 23
¡Por supuesto! Selbstverständlich!
el **sur** Süden
al sur (de) südlich (von)
surgir *hier:* entstehen 33; *hier:* sich ergeben 35
surrealista surrealistisch 23
surtir versorgen 11
surtirlo de cuanto pueda necesitar es mit all dem versorgen, was man brauchen kann 11
suspender *hier:* durchfallen 12; (vorläufig) einstellen; aufgeben 28
sustituir *(sustituyo)* ersetzen 20
suyo ihr, sein 22

T

la **tabacalera** Spaniens Tabakmonopol 4
el **tabaco** Tabak 6
la **taberna** Kneipe 36
el **tabernero** (Kneipen-)Wirt 36
el **tabú** Tabu 14
el **taburete** (Bar-)Hocker 22
el **tachero** *Argentinien:* Taxifahrer 31
los **taínos** *Ureinwohner Puerto Ricos* 6
tal solch 11
tal como so wie 15
Tal como había dicho el viejo ... So wie es der Alte gesagt hatte ... 15
¿Qué tal? Wie geht es?
¿Qué tal el día? Wie war der Tag (heute)?
talar (Bäume) fällen 26
el **talento** Begabung 23
Talgo («Tren Articulado Ligero Goicoechea-Oriol») *span. Schnellzug* 2
el Talgo Pendular *neueres Modell mit Schwankungsausgleich* 2
la **talla** Konfektionsgröße; Bildhauerarbeit 21
tallar schnitzen 6
el **taller** Werkstatt
también auch
tampoco auch nicht
tan so
el **tango** Tango *(Tanz)* 32
el **tano = el italiano** *Argentinien:* Italiener 31
tanto, -a soviel
un tanto ziemlich
tanto ... como sowohl ... als auch
tapar zudecken 20
tardar lange dauern; *hier:* Zeit brauchen 2
El camión no puede tardar ya. Der Lastwagen muß bald kommen.
No tardará. Sie wird nicht lange auf sich warten lassen. 34
No tardará mucho. Es wird nicht lange dauern. 22
Tardó tres semanas en ... Er benötigte drei Wochen, um ... 38
voy a tardar ich brauche noch Zeit 2

la **tarde** Nachmittag, Abend
Buenas tardes. Guten Tag./Guten Abend.
de 5 a 8 tardes nachmittags zwischen 5 und 8 33
el horario de tarde Öffnunszeiten am Nachmittag 34
el periódico de la tarde Abendausgabe; Nachmittagsausgabe der Zeitung
por la tarde am Nachmittag; am Abend
tarde spät
más tarde später
la **tarea** Arbeit 14
la tarea doméstica Hausarbeit 14
la **tarjeta** (Visiten-) Karte
la tarjeta de crédito Kreditkarte
la tarjeta Interrail Interrailpaß 12
Tarragona *Stadt in Katalonien*
Tauro Stier *(Sternzeichen)* 28
TAV =Tren(es) de alta velocidad Hochgeschwindigkeitszug 2
el **taxi** Taxi
el/la **taxista** Taxifahrer/in
la **taza** Tasse
el **té** Tee
te dir, dich
el **teatro** Theater
el **tebeo** Comic-Heft
el **techo** Dach 35
el techo paterno väterliches Dach; Elternhaus 35
la **tecla** Taste 2
teclear die Tasten bedienen 3
la **técnica** Technik 6
técnico technisch
la **tecnología** Technologie 6
tecnológico technologisch 32
el **Teide** *höchster Berg Spaniens (3718 m)* 25
el **tejido** Gewebe; Stoff 16
Tel. = el teléfono Telefon
la **tela** Stoff 1; *hier:* Tuch 38
el **telebaby** Babylift
el **telediario** *Nachrichtensendung ähnlich der Tagesschau* 24
el **teléfono** Telefon
hablar por teléfono telefonieren
la **telesilla** Sessellift
el **telesquí** Skilift
el/la **televidente** Fernsehzuschauer/in 24
la **tele(visión)** Fernsehen
mirar la tele(visión) fernsehen
el **televisor** Fernsehapparat
el **tema** Thema
temblar *(ie)* zittern 35
echarse a temblar anfangen zu zittern 35
temible furchterregend 17
la **temperatura** Temperatur
la temperatura es de 18 grados es sind 18 Grad
la temperatura media Durchschnittstemperatur
la **tempestad** Unwetter 15
templado mild
el **templo** Tempel 16
la **temporada** Saison; eine Zeitlang 31
temporal *hier:* zeitweilig, zeitweise 11
temprano früh, zeitig
el **tendero** *Argentinien:* Verkäufer von Kurzwaren 31
tendrá *(Futur tener)* sie/er wird haben 26; Sie werden haben 28
Tendrás que esperar. Du wirst warten müssen. 15
tendría *(Konditional tener)* 18
tener *(ie, tengo)* haben
Se tiene que levantar. Er muß aufstehen.
Tened cuidado. Paßt auf. 29
tened entendido *etwa:* laßt euch sagen 17
tener 16 años 16 Jahre alt sein
tener cara de aussehen
tener en común gemeinsam haben
tener en cuenta in Betracht ziehen; bedenken
tener ganas de Lust haben zu
tener lugar stattfinden 32
tener mala cara schlecht aussehen
tener que müssen
Tiene más de dos mil años. Sie ist mehr las zweitausend Jahre alt.
tienen otras cosas que hacer sie haben andere Dinge zu tun 20
Tienes cara de cansado. Du siehst müde aus.
Tuvo que volver a su país. Er mußte in seine Heimat zurückkehren.
Tenerife Teneriffa 25
tenga *(Konjunktiv Präsens tener)* 25
Tenga. *(Imperativ tener)* Bitte!
tengo *(Präsens tener)* ich habe
tengo que ich muß
el **tenis** Tennis
Tenochtitlán *Name der Stadt Mexiko zur Zeit der Azteken* 16
la **tensión** Spannung
la **teoría** Theorie 35
en teoría theoretisch 35
Teotihuacan *bisher größte ausgegrabene altindianische Stadt Mesoamerikas*
el **tepesquinche** *Nagetier (dem Kaninchen ähnlich)* 17
tercer(o) dritter
el **tercio** Drittel 27
el **terciopelo** Samt 20
termal Thermal- 34
el baño termal Thermalbad 34
la piscina termal Thermalschwimmbad 34
la **terminal** Endhaltestelle
terminar beenden; aufhören
el **término** *hier:* Bezeichnung 35
por término medio im Durchschnitt 14
el **termo** Thermosflasche
la **ternera** Kalb- 22
el **terrateniente** (Groß)grundbesitzer
la **terraza** Terrasse
el **terremoto** Erdbeben 17
el **terreno** *hier:* Boden 19; Gebiet 28
en el terreno del amor *hier:* in der Liebe 28
terrible schrecklich 20
el **territorio** Gebiet
el **terror** Schrecken, Entsetzen 17
les llenaron de terror sie erfüllten sie mit Schrecken 17
el **terrorismo** Terrorismus
Teruel *Stadt im Norden Aragoniens*
el **testigo** Zeuge
Texas Texas 19
el lago Texcoco *Salzwassersee östlich von Mexiko City* 17
el **texto** Text
ti dir; dich 27
tibio (lau)warm; wohlig 1
el **ticket** Eintrittskarte 34
el **tiempo** Zeit; Wetter
a flor de tiempo *hier:* über die Zeit hinaus 17
A mal tiempo, buena cara. Gute Miene zum bösen Spiel.
al mismo tiempo gleichzeitig 36
¿Cuánto tiempo? Wie lange?
¡Cuánto tiempo sin verte! Ich habe dich lange nicht gesehen! 1
el tiempo libre Freizeit
¿Lleva mucho tiempo aquí? Sind Sie schon lange hier?
Los tiempos cambian. Die Zeiten ändern sich.
la **tienda** Geschäft, Laden
la tienda de prendas deportivas Sportbekleidungsgeschäft
tiene *(Präsens tener)* er/sie hat
tierno zart 4
la **tierra** Boden; Landstrich; Land
el **timbre** *hier:* Schulglocke 29
justo cuando suena el timbre gerade als die Schulglocke ertönt 29
la **tintorería** chemische Reinigung

el **tío** Onkel
los **tíos** Tante und Onkel
típicamente typisch
típico typisch
el **tipo** Art 5
dos tipos de obras zwei Arten von Werken 20
tirar wegwerfen 25
la **tirita** Pflaster (Strip) 9
el **lago Titicaca** Titicacasee
Tlalnelhuayocán *Stadt im Bundesstaat Veracruz* (Mexiko)
Tlatelolco *heute Stadtteil von Mexiko City, früher eigenständiger Ort* 16
Tlaxcala *mexikanischer Bundestaat* 39
la **toalla** Handtuch 34
los **tobas** *Argentinien: Indianerstamm* 31
el **tocadiscos** *(Sing.)* Plattenspieler
tocar anfassen; *hier:* zukommen 15; an der Reihe sein 36
A mí me tocó hace dos años. Ich war vor zwei Jahren dran. 36
Ahora me toca a mí. Jetzt bin ich an der Reihe. 15
tocar la guitarra Gitarre spielen
todavía noch
todo alles
todo, toda, todos, todas ganz; jede(r); alle
de todo alles Mögliche 23
Hay de todo. *etwa:* Hier findet man alles.
no ... del todo nicht ganz 7
sobre todo vor allem
toda clase de jede Art von
toda la semana die ganze Woche
todas las semanas jede Woche
todo el día den ganzen Tag
todo el mundo alle Welt
¿Todos bien en casa? *etwa:* zu Hause alles gesund? 7
todos juntos alle zusammen
todos los, todas las alle, die
todos los días jeden Tag
todos los que alle, die
Todos los Santos Allerheiligen
el **«tohil»** *Titel des religiösen Oberhauptes* 17
Toledo *Stadt südlich von Madrid*
tolteca toltekisch 20
la **toma de aguas** Trinkkur 34
tomar trinken; *hier:* einnehmen 7; nehmen 22
tomar el metro mit der U-Bahn fahren
Tómelo. Nehmen Sie ihn/es. 8
el **tomate** Tomate
ton: sin ton ni son ohne Grund und Anlaß 11
la **tonelada** Tonne 20
tonto dumm 24
torcer *(ue, tuerzo)* einbiegen 13
el **tórax** Brustkorb 20
el (río) Tormes *Fluß, der durch Salamanca fließt*
el **tornillo** Schraube 36
Le falta un tornillo. Bei ihm ist eine Schraube locker. 36
en torno a um ... herum 7
el **toro** Stier 5
los **toros** *hier:* Stierkampf 5
la **torre** Turm
Torrelobatón *Dorf in der Provinz Valladolid*
Torremolinos *schon seit den 60er Jahren beliebte Touristenhochburg, Málaga*
Torrenueva *Dorf am Mittelmeer, in der Provinz Granada*
la **tortilla** Omelett
la tortilla de patatas Kartoffelomelett
la tortilla francesa Omelette (nature)
la **tortuga** Schildkröte 39
el **tostador** Toaster 11
total ganz
en total insgesamt
el **total** *hier:* Gesamtmenge 7
totalmente ganz 36
el **trabajador** Arbeiter 21
trabajador, -a arbeitsam
trabajar arbeiten
Empezó a trabajarlo. Er begann, ihn zu bearbeiten. 23
Que también trabaje mi hermano. Aber auch mein älterer Bruder soll arbeiten. 30
trabajar de arbeiten als
trabajar la tierra den Boden bestellen
el **trabajo** Arbeit
el trabajo manual Handarbeit
el **tractor** Traktor
la **tradición** Tradition 27
tradicional herkömmlich
traer *(traigo)* (her-, mit-)bringen
el **tráfico** Verkehr
¡Qué tráfico! Was für ein Verkehr!
tragar schlucken 14
la **tragedia** Tragödie
la tragedia humana menschliche Tragödie
trágico tragisch 17
traigo *(Präsens traer)* ich bringe
el **traje** Anzug; *hier:* Gewand 18
el traje de baño Badeanzug 34
trajo *(Indefinido traer)* er/sie brachte 6
el **tramo** Strecke 2
la **tranquilidad** Ruhe
el **transbordo** Umsteigen 27
transmitir überliefern 6; *hier:* weitergeben 15
transparente durchsichtig 32
El río parece un ala transparente. Der Fluß gleicht einem durchsichtigen Flügel. 32
transportar transportieren
el **transporte** Transport
el medio de transporte Verkehrsmittel 25
tras nach 6; hinter 17
trasladarse übersiedeln; sich begeben 18
el **tratamiento** Behandlung 7
el tratamiento de textos Textverarbeitung
tratar behandeln
tratar de versuchen zu 6
tratarse de sich handeln um
el **trato** Abmachung 23
Trato hecho. Abgemacht! 23
a través de durch 20
la **travesura** Streich 39
hacer travesuras allerlei Streiche aushecken 39
treinta dreißig
¿No tiene las treinta? *hier:* Haben Sie es nicht passend?
el **tren** *hier:* Straßenbahn 20
el tren con servicio de bar o minibar Zug mit Bar oder Minibarservice 2
el tren con servicio de restaurante Zug mit Speisewagenservice 2
el tren con servicio de vídeo Zug mit Videoprogrammangebot 2
el tren de cercanías Nahverkehrszug 2
el tren eléctrico elektrische Eisenbahn 11
el tren exprés = expreso Schnellzug 2
el tren interurbano Fernverkehrszug 2
tres drei
la **tribu** (Volks-)Stamm 15
el jefe de la tribu Stammeshäuptling 15
una tribu de indios pacíficos ein friedlicher Indianerstamm 15
tributar abtreten 16
el **trigo** Weizen
triste traurig 17
la **tropa** Truppe 14
tropezar *(ie)* con algo *hier:* auf etwas stoßen 21

tropical tropisch 6
el **trópico** Wendekreis 25
el **trozo** Stück
tú du
tu dein
el **tubo** Tube 9
tuerce (a la izquierda) biege nach links ein 13
el **tufo** Ausdünstung; Geruch 4
la **tumba** Grab 32
el **túnel** Tunnel 2
turco türkisch; *Argentinien: syrisch, libanesich, arabisch* 31
el **turismo** Tourismus
el turismo tradicional der herkömmliche Fremdenverkehr
el/la **turista** Tourist/in
turístico touristisch
tuvieron *(Indefinido tener)* 6
tuyo dein 22

U

u = o oder *(„o" wird zu „u" vor „o" oder „ho")*
el **ucraniano** Ukrainer 32
último letzter
un, una ein, eine
único einzig
el hijo único Einzelkind 11
la **Unión Soviética** UdSSR
unirse con sich vereinen mit 16
hasta unirse con ... bis sie sich mit ... zusamenschloß 16
universal allgemein 32
la **universidad** Universität
la Universidad Autónoma Autonome Universität (Madrid)
la Universidad Popular Volkshochschule
la Universidad Internacional (de Verano) Internationale (Sommer) Universität
universitario Universitäts-
uno eins
unos, unas ungefähr
a unos 300 metros de aquí etwa 300 Meter von hier
de unos 25 años von ungefähr 25 Jahren
unas 400 conchas ungefähr 400 Muscheln
unos cuatro mil etwa viertausend
unos meses einige Monate
el/la **urbanista** Städteplaner/in 27
la **urbanización** Wohnsiedlung; *hier:* Feriensiedlung 33
urbano Stadt- 27
la **urgencia** Dringlichkeit; Notstand 17
usar benutzen; tragen 6
la ropa usada die schmutzige Wäsche 34
el **uso** Gebrauch 5
para uso externo äußerlich anzuwenden 9
usted Sie
ustedes Sie *(Pl)*
la **utilización** Benutzung 27
utilizar benutzen
utilizaba un lenguaje culto er verwendete eine kultivierte Sprache 31
la **uva** Weintraube

V

va *(Präsens ir)* er, sie fährt/geht
¡Qué va! Ach was!
Va a llover. Es wird regnen.
la **vaca** Kuh
las **vacaciones** Urlaub, Ferien
estar/ir de vacaciones in Urlaub sein/gehen
vacío leer
vacuno Rind-
el **vagón** Eisenbahnwagen 8
vainilla Vanille
vais *(Präsens ir)* ihr geht
la **vajilla** (Tafel-)Geschirr 5
Valdano, Jorge *argentinischer Journalist, Ex-Fußballspieler* 31
Vale. Einverstanden.
valer kosten; wert sein
¿Cuánto vale ... ? Wieviel kostet ... ?
Valencia *„autonome Region" im Osten Spaniens*
valenciano *hier: Sprache, die im Gebiet des ehemaligen Königreichs von Valencia gesprochen wird*
valeroso tapfer 10
válido gültig 12
valioso wertvoll 17
Valladolid *Stadt nordwestlich von Madrid*
el **valor** Wert
de mucho valor von hohem Stellenwert 24
valorar schätzen 35
Vamos. *(Präsens ir)* (Auf,) Gehen wir.
La Vanguardia *Tageszeitung aus Barcelona*
los **vaqueros** Jeans
Vargas Losa *peruanischer Schriftsteller, geboren 1936 in Arequipa*
variado abwechslungsreich; *hier:* artenreich 25
la **variedad** Vielfalt; *hier:* Art 20
varios verschiedene, manche, einige 18
varias veces mehrmals
varios años einige Jahre
el **varón** *hier:* das menschliche Geschlecht 14
vas *(Präsens ir)* du fährst/gehst
el **vasco** Baske
vasco baskisch
el **País Vasco** Baskenland
Vasco Nuñez de Balboa *span. Eroberer (1475-1517), der als Erster durch die Meerenge von Panama gefahren ist, und den „Stillen" Ozean entdeckte*
el **vascuence** Baskisch *(Sprache)*
la **vasija** Gefäß 17
el **vaso** (Trink-)Glas
¡Vaya! Na so etwas!
¡Vaya coche! Was für ein Auto!
vayamos *(Konjunktiv Präsens ir)* 33
vecino benachbart 16
Vega *Dorf an der asturischen Küste*
la **vegetación** Vegetation 17; Pflanzenwelt 25
vegetal Pflanzen- 7
el **vehículo** Fahrzeug
veinte zwanzig
veinticinco fünfundzwanzig
veintiocho achtundzwanzig
el **velador** Kaffeehaustisch 11
Velázquez, Diego de *span. Maler (1599-1660)* 23
velear *Lateinamerika:* segeln 18
la **velocidad** Geschwindigkeit 2
ven *(Imperativ venir)* Komm her! 36
el **venado** Hirsch 17
vencer *(venzo)* besiegen
la **venda** (Mull-)Binde 9
el **vendedor** Verkäufer
vender verkaufen
la **vendimia** Weinlese
vendrán *(Futur venir)* (sie) werden kommen
vendrían *(Konditional venir)* 18
Venecia Venedig 16
venezolano venezolanisch 18
Venezuela Venezuela
¡Venga! *(Imperativ venir)* Kommen Sie (her)! 36
la **venganza** Rache 11
vengo *(Präsens venir)* ich komme
venir *(ie, i, vengo)* kommen
el año que viene nächstes Jahr 1
la semana que viene nächste Woche

venir de von … kommen; abstammen 6
venirse *(ie, i) hier:* hierher kommen 20
la **venta** Verkauf
la **ventaja** Vorteil 18
la **ventana** Fenster
la **ventanilla** Schalter(fenster) 2
ventilar lüften 29
ver sehen
A ver. Laß mal sehen.
A ver si hay suerte. Mal sehen, ob ich (damit) Glück habe.
No es que se vean muchos borrachos. Es ist nicht so, daß man viele Betrunkene sieht. 17
Se verán en la obligación de … Sie werden sich gezwungen sehen … 28
Veracruz *einer der bevölkerungsreichsten Bundesstaaten Mexikos*
el **verano** Sommer
la **verdad** Wahrheit
¿De verdad? Tatsächlich?
Es la pura verdad. Es ist die reine Wahrheit. 36
Es verdad. Das stimmt.
No es verdad. Das stimmt nicht.
Pues es verdad. Nun, das stimmt. 25
¿verdad? nicht wahr?
verdaderamente tatsächlich 7
verdadero wahr; tatsächlich 18
verde grün
ser verde grün (= umweltbewußt) sein 26
las zonas verdes *hier:* Wälder 26
el **vergel** *hier:* blühender Garten 25
Vespucci, Amérigo *italienischer Seefahrer (1454-1512)* 18
el **vestíbulo** Flur
el **vestido** Kleid
La tibia tela de tu vestido. *etwa:* Der warme Stoff deines Kleides. 1
vestir *(i)* kleiden 32
Vestido con botas, poncho y sombrero. Bekleidet mit Stiefeln, Poncho und Hut. 32
la **vez** *(Pl. veces)* Mal
a veces manchmal
algunas veces manchmal 4
cada vez jedesmal 6
cada vez que jedesmal, wenn 20
de una vez endlich einmal
dos veces zweimal
en vez de anstatt 16
muchas veces oft
otra vez noch einmal
otras veces sonst
pocas veces selten 26
por primera vez zum erstenmal 17
rara vez selten 24
rara vez baja de un par de horas liegt selten unter ein paar Stunden 24
una vez einmal
Una vez terminado … Wenn erst einmal … fertig ist. 14
Una vez sembradas … Einmal gesät … 6
la **vía** Gleis 2
Está entrando por la vía dos. Er fährt gerade auf Gleis zwei ein. 8
viajar reisen 19
Cuando uno viaja por California … Wenn man durch Kalifornien reist … 19
el **viaje** Fahrt; Reise
¡Buen viaje! Gute Reise! 8
el viaje chárter Charterflug 11
el viaje organizado organisierte Reise
el **viajero** Reisender 31
vial Straßen- 27
viario Straßen- 27
la **víbora** Schlange 39
vibrar vibrieren
la **víctima** Opfer 35
la **vid** Wein(stock)
la **vida** Leben
la forma de vida Lebensweise
la vida cultural das kulturelle Leben
la vida doméstica *hier:* Privatleben 5
la vida nocturna Nachtleben
la vida real das wirkliche Leben 5
la vida social Gesellschaftsleben
¡Qué vida! Was für ein Leben!
el **vídeo** Video(gerät)
el **vidrio** Glas 26
viejito (viejo) sehr alt 38
viejo alt; *Argentinien:* mein Freund 36
¿Y de qué te quejás, viejo? *Argentinien:* Und worüber beklagst du dich, mein Freund? 36
Viena Wien
vienes *(Präsens venir)* du kommst
el **viento** Wind
el **vientre** Bauch 17
«en el vientre de una vasija de barro» *hier:* „im Bauch eines Tongefäßes" 17
el **viernes** Freitag
Vigo *Stadt in Galicien*
el **vigor** Kraft 27
entrar en vigor in Kraft treten 27
Villar Fernando *Dorf in Galicien, an der Grenze zu Asturien*
vinculado verknüpft
vinícola Weinbau- 27
vinieron *(Indefinido venir)* sie kamen 6
el **vino** Wein
el vino de la casa Wein der Hausmarke 22
el vino del país Landwein 36
la **viña** Weinberg; Weingarten
la **violencia** Gewalt
violento *hier:* kräftig 20; heftig 32
el color violento *hier:* kräftige Farbe 20
la **Virgen** Jungfrau (Maria) 20
la Virgen de Guadalupe *Schutzpatronin Extremaduras und Hispanoamerikas* 20
Virgo Jungfrau *(Sternzeichen)* 28
visible *hier:* offenkundig
la **visita** *hier:* Besichtigung
la visita guiada Führung
el/la **visitante** Besucher/in
visitar besuchen
la **vista** Aussicht; das Sehen; Ansicht
con vistas al mar mit Aussicht aufs Meer
Hasta la vista. Auf Wiedersehen.
visto *(Partizip Perfekt ver)* gesehen
la **vitamina** Vitamin 7
la **viuda** Witwe
vivir leben, wohnen; erleben 17
se vive mejor es lebt sich besser
vivir al día in den Tag hinein leben 31
vivo lebendig 20
vociferar schreien, brüllen 11
el **volante** Lenkrad
volar *(ue)* fliegen 39
el **volcán** Vulkan 25
volcánico vulkanisch 25
volver *(ue)* zurückkommen
volver a + *Infinitiv* wieder + Infinitiv
como no he vuelto a tomar wie ich nie wieder gegessen habe 20
Cuando yo te vuelva a ver … Wenn ich dich wiedersehen werde … 32
No vuelvo a salir de casa. Ich gehe nicht mehr aus dem Haus.
volver otra vez a … noch einmal nach … fahren 1
volverse *(ue)* sich umdrehen 28
volverse atrás *hier:* von vorne anfangen 28
la **voracidad** Gefräßigkeit 32
vos *in einigen Ländern Lateinamerikas wird „vos" statt „tú" gebraucht* 36
vosotros ihr
voy *(Präsens ir)* ich fahre/gehe

la **voz** Stimme 4
en voz alta laut 4
la **vuelta** *hier:* Rückfahrt 2; *hier:* Runde; Spaziergang
dar la vuelta a ... *hier:* umschiffen 16
dar una vuelta einen Spaziergang machen
Hasta la vuelta. Bis zu deiner Rückkehr!
ida y vuelta Hin- und Rückfahrt 2
vuelva *(Imperativ volver)* 7
vuelvan *(Konjunktiv Präsens volver)* 4
vuelve *(Präsens volver)* er kommt zurück
vuestro euer

W

el **walkman** Walkman

X

Xiquena *span. Nachname*

Y

y und
¿Y eso? Wieso?
ya schon
Ya está. Schon fertig.
ya no nicht mehr
Ya no hay (entradas). Es gibt keine (Eintrittskarten) mehr.
ya que da, weil 18
yacer *(yazgo)* liegen, begraben sein 17
el **yaguareté** *amerikanischer Tiger* 32
Yagüe *span. Nachname*
la **yerba** Kraut; *hier:* Mate(tee) 31
el **yeso** Gips 20
yo ich
Yo que sé. Was weiß ich.
Yo sí. Ich schon.
el **yoga** Yoga
Yugoslavia Jugoslawien
el **yugoslavo** Jugoslawe 32
el **yute** Jute 26

Z

la **zapatilla** Leinenschuh
las zapatillas de tenis Tennisschuhe
el **zapato** Schuh
Zaragoza *Hauptstadt Aragoniens*
Zarauz *Seebad unweit von San Sebastián*
la **zona** Gebiet, Gegend
la zona de influencia Einflußgebiet 27
la zona montañosa Gebirgsgegend
la zona verde Grünanlage
zoológico zoologisch 16
el **zoológico** Zoologischer Garten 39
el **zumo** Saft 22
el zumo de fruta Fruchtsaft 22

Refranes y giros idiomáticos españoles – Spanische Sprichwörter und Redewendungen

Wie in vielen anderen Ländern, so haben sich auch in Spanien und Lateinamerika Bauernregeln, Familienleben und Feste in Sprichwörtern und Wendungen niedergeschlagen.
Besonders hervorzuheben sind jedoch jene, die aus dem Bereich der Religion stammen, die in den spanischsprechenden Ländern eine sehr wichtige Rolle gespielt hat und immer noch spielt.

1. **Veo el cielo abierto.**	Der Himmel hängt voller Geigen.
2. **A quien madruga, Dios le ayuda.** *madrugar* = früh aufstehen	Morgenstund' hat Gold im Mund.
Fue cosa de llegar y besar el santo. *besar* = küssen	Das ging im Handumdrehen. Das ging ruck-zuck.
3. **Los dineros del sacristán cantando se vienen, cantando se van.** *el sacristán* = Küster, Mesner *cantar* = singen *venir(se)* = kommen *ir(se)* = weggehen, verschwinden	Wie gewonnen, so zerronnen.
4. **Dime con quién andas y te diré quién eres.** *dime* = sag mir *andar* = gehen *diré* = ich werde sagen	Sag mir, mit wem du gehst, und ich sage dir, wer du bist.

5. **A Dios rogando y con el mazo dando.**

Hilf dir selbst, so hilft dir Gott.

rogar = bitten, beten
el mazo = Holzhammer
dar = *hier:* schlagen

6. **¡Marinero sobre cubierta!**

Matrosen an Deck!
etwa: Achtung, aufgepaßt!

el marinero = Seemann, Matrose
la cubierta = (Schiffs-)Deck

Camarón que se duerme, se lo lleva la corriente.

etwa: Wer nicht aufpaßt, wird von der Strömung fortgespült.

el camarón = Sandgarnele
dormirse = einschlafen
la corriente = Strömung

7. **He pasado una noche toledana.**

Ich habe eine schlaflose Nacht verbracht.

toledano = aus Toledo

(Anspielung auf die zahlreichen Mücken, die es angeblich einstmals in Toledo gab und die einen nachts nicht schlafen ließen.)

8. **Adonde fueres, haz lo que vieres.**

In Rom tue, wie Rom tut.

adonde = wohin
fueres (Konjunktiv Futur ir) = du mögest gehen
haz = mache
vieres (Konjunktiv Futur ver) = du mögest sehen

9. **Almuerce bien, coma más, cene poco y vivirá.**

Frühstücken wie ein König, Mittagessen wie ein Fürst, Abendessen wie ein Bettelmann.

almorzar = *hier:* frühstücken
vivirá = Sie werden leben

10. **Lo ha aprendido todo al pie de la letra.**

Er/Sie hat alles wörtlich/auswendig gelernt.

la letra = Buchstabe

11. **Eva está en lo mejor de la vida.**
lo mejor = das Beste

Eva ist in den besten Jahren.

12. **Los precios están por las nubes.**

Die Preise sind ganz schön gesalzen!
Die Preise sind ins Unermeßliche gestiegen.

la nube = Wolke

13. **A lo hecho, pecho.**

Was geschehen ist, läßt sich nicht ungeschehen machen.

(Gemeint ist, daß man den Tatsachen – mögen sie auch unangenehm sein – mit Mut begegnen und die Folgen tragen soll.)

14. **El amor y la tos no se pueden ocultar.**

Liebe und Husten lassen sich nicht verbergen.

el amor = Liebe
la tos = Husten
ocultar = verbergen, verstecken

15. **Hombre prevenido vale por dos.**

Vorsicht ist besser als Nachsicht.
Vorsicht ist die Mutter der Porzellankiste.

16. **El hábito no hace al monje.**

Die Kutte macht noch keinen Mönch.
Der Schein trügt.

el hábito = Kutte
el monje = Mönch

17. **Tras la tempestad viene la calma.**

Auf Regen folgt Sonnenschein.

tras = nach
la tempestad = Sturm; Unwetter
la calma = Ruhe

18. **Nunca es tarde si la dicha es buena.**

Besser spät als nie.
Es ist nie zu spät.

la dicha = Freude; Glück

19. **Conozco el país como la palma de mi mano.** *la palma (de la mano)* = Handfläche	Ich kenne das Land wie meine eigene Westentasche.
20. **No hay mejor espejo que el amigo viejo.** *el espejo* = Spiegel	Kein besserer Spiegel als ein alter Freund.
21. **No dejes para mañana lo que puedas hacer hoy.**	Was du heute kannst besorgen, das verschiebe nicht auf morgen.
22. **La boca se me hace agua.**	Mir läuft das Wasser im Munde zusammen.
23. **Mariano habla por los codos.** *el codo* = Ellbogen	Mariano redet wie ein Wasserfall.
24. **Cada loco con su tema.** *el loco* = Verrückter; Narr	Jedem Tierchen sein Pläsierchen.
25. **No se puede repicar y estar en la procesión.** *repicar* = Glocken läuten	Man kann nicht gleichzeitig auf zwei Hochzeiten tanzen.
26. **Por San Blas la cigüeña verás.**	*etwa:* Am 3. Februar, am Tag des Heiligen Blasius, kehren die Störche (nach dem Winter) zurück. (D. h.: Der Winter ist vorbei.)

San Blas = Hl. Blasius, Bischof und Märtyrer (3. Februar)
la cigüeña = Storch
verás = du wirst sehen

27. **Del dicho al hecho hay mucho trecho.** *el dicho* = Aussage *el hecho* = Tat *el trecho* = (Weg-)Strecke	Versprechen und Halten ist zweierlei.

28. **Más vale pájaro en mano que ciento volando.**

Lieber den Spatz in der Hand als die Taube auf dem Dach.

el pájaro = Vogel
volar = fliegen

29. **José es más bueno que el pan.**

José ist die Güte selbst.

30. **Los niños y los locos dicen las verdades.**

Kinder und Narren sagen die Wahrheit.

el loco = Verrückter; Narr

31. **¡Qué plomo que sos!**

Wie lästig du bist!

sos = eres

(Vor allem in Argentinien und Uruguay wird in der Umgangssprache «vos» anstelle des Pronomens «tú» verwendet. Die Verbform dazu heißt dann nicht «sois», «estáis», «bebéis» ..., sondern »sos«, «estás», «bebés» ... .

32. **Calafate está donde el diablo perdió el poncho.**

Calafate liegt am Ende der Welt.
Calafate liegt dort, wo sich Fuchs und Hase gute Nacht sagen.

Calafate = Stadt im äußersten Süden Argentiniens
el diablo = Teufel
el poncho = Poncho

33. **No se debe comprar el collar antes que el galgo.**

Man darf nicht das Fell des Bären verkaufen, bevor man ihn erlegt hat.
Nach eins kommt zwei.

el collar = Halsband
el galgo = Windhund

34. **Las cuentas claras y el chocolate espeso.**

etwa: Iß mit deinem Freund, aber mach mit ihm keine Geschäfte.
Geschäft ist Geschäft, und Freundschaft ist Freundschaft.

el chocolate = Trinkschokolade
espeso = dickflüssig

35. **De tal palo, tal astilla.**

el palo = Stock
la astilla = Holzspan

Der Apfel fällt nicht weit vom Stamm.

36. **Lo bueno, si breve, dos veces bueno.**

In der Kürze liegt die Würze.

37. **José Luis tiene la cabeza a pájaros.**

el pájaro = Vogel

etwa: José Luis ist ein zerstreuter Professor.

38. **Se ha puesto de punta en blanco.**

Er/Sie hat sich herausgeputzt.

39. **Antes de acabar nadie se debe alabar.**

alabar(se) = (sich) loben

Singe nicht „Victoria", bevor der Sieg erfochten ist.

Y colorín, colorado, este libro se ha acabado.

Und wenn sie nicht gestorben sind, dann leben sie noch heute.

colorín, colorado = lautmalerische Wörter

(Mit diesen Worten – «este cuento se ha acabado» – enden die spanischen Märchen.)

Eso sí II – Grammatik

«Sala de estar» – «Sala de ser»

«Ni están todos los que son ni son todos los que están.»

Nicht alle Narren tragen Kappen.

(D. h.: Nicht alle, die Narrenkappen tragen, sind Narren = gehören dazu.
Und: Es gibt viele Narren, die keine Kappen tragen.)

¡Eso sí! II – Lehrbuch

Zeichnungen:

Göran Lindgren, Stockholm; W. Rieck, Pforzheim; Sara Karlsson; Joaquín Masoliver; Juan Ballesta, Cambio 16, Madrid; M. Masoliver, Stockholm.

Karten:

Klett, Cotta 49; Klett Kartographie (J. Krüger) 25, 31; Lars-Ove Norling, 59, 71, 75, 93.

Umschlagfotos: Rolf Betz, Esslingen.

Quellennachweis:

F. García Lorca; *¿De dónde vienes, amor mi niño?* aus **Yerma, Obras completas,** Aguilar, Madrid, Seite 16; L. R. Sánchez, *Enfrentados a dos Imperios,* 25; P. Neruda, *Voy a contarte,* Losada, Buenos Aires, 22; El País, Madrid, *Bisonte,* 22; *A la cabeza de Europa … en colesterol* (adaptiert), 30; *Los hombres nunca rompen un plato* (adaptiert), 44; *El Ejército discrimina a los hombres,* 45; *Tenochtitlán* (adaptiert), 49; *Humos, olores, ruidos* (adaptiert), 78; *Lo que no cambiaríamos,* 80; *El mago del tráfico* (adaptiert), 82–83; *No viajes con un elefante a tu espalda,* 83–84; *D. A. Maradona* (J. Valdano), 90; E. Galeano, *El rey azúcar,* aus **Las venas abiertas de América Latina**, Siglo XXI, Barcelona, 27; *España es una de las madres,* 53; *Introducción a la historia del arte,* aus **Días y noches de amor y de guerra**, Laia, Barcelona, 71; J. R. Jiménez, *Tierra de Puerto Rico,* 28; Cambio 16, Madrid, *Más carne y menos pan* (adaptiert), 31; *¿Quién ha escrito El Quijote?* (adaptiert), 35–36; *Una llamada misteriosa* (adaptiert), 63–64; *¿Cultura viva?* (adaptiert), 75–76; *La contaminación empieza en el hogar,* 78–79; *Dos preguntas imaginarias,* 102; *¡Cómo cambia la juventud!* (adaptiert), 103–104; M. de Cervantes, *La aventura de Don Quijote y los molinos de viento,* aus **El ingenioso hidalgo Don Quijote de la Mancha,** 36; El País Semanal, Madrid, *Antes y ahora* (A. Gala), 38; *Un lacandón descubre España,* 52–53; *Los matacos y los tobas,* 92; M. Machado, *Morir, dormir …,* aus **Obras Completas,** Biblioteca Nueva, Madrid, 43; Valette and Valette, *El secreto,* aus **Spanisch for Mastery**, Heath and Company, Lexington Massachusets, 46–47; T. Borge, *Colón adivinó América,* 53; A. Roa Bastos, *Es claro que el mundo …,* 53; M. Benedetti, *El legado,* 53; J. E. Adoum, *La vasija de barro,* 53; S. Bolívar, *Es una idea grandiosa,* 55; J. Ibargüengoitia, *Educación de príncipe,* 57; Octavio Paz, *Todos santos, día de Muertos,* aus **El laberinto de la soledad**, Fondo de Cultura económica, México, 60; K. A. Johansson, *Hispanos* (adaptiert), Dagens Nyheter, Stockholm, 58; E. Poniatowska, *Calabaza y maguey,* aus **Hasta no verte, Jesús mío,** Era, México 61; C. Segoviano, Stuttgart, *¿Tú ves con frecuencia la televisión?,* 72–73; *La radio y los idiomas,* 73; *Habla un guardia civil de tráfico,* 81–82; *Dos camareras; una jueza y una historiadora,* 102–103; M. Delibes, *Querida amiga,* aus **Cartas de amor de un sexagenario voluptuoso,** Destino, Barcelona, 74; Radio Nacional de España, Madrid, *Oír cantar a los ruiseñores,* 80; R. Avila, *Cuando yo sea grande,* 89, *Y todos seríamos felices,* 110, aus **Así escriben los niños de México,** Comisión para la defensa del Idioma Español, México; J. P. Duviols – P. Duviols, *Receta,* aus **Sol y Sombra,** Bordas, Paris, 91; J. L. Borges, *Desde el arenal,* 95; A. Le Pera, *Mi Buenos Aires querido,* 96; Ricardo Güiraldes, *Cinco años habían pasado,* aus **Don Segundo Sombra,** Edición Losada, Buenos Aires, 97; Ernesto Sábato, *Bruno se inclinó ...,* aus **Sobre héroes y tumbas,** Sudamericana, Buenos Aires 97; Noticias de la Semana, Buenos Aires, *Quiéreme mucho,* 106.

Bildnachweis:

P. Hollbach, Stuttgart, 19; Foto Stock, Barcelona, 20, 37 (2, 3), 40, 81 (1), 82 (1, 2), 84, 90 (3), 104 (1), 110 (1, 2); Jürgen Klein, Ammerbuch, 23; Bauknecht, Stuttgart, 24 (3, 4, 5, 8); Siemens, Stuttgart, 24 (1, 2, 6, 7); Puerto Rico Tourism Company, San Juan, 26 (1, 2, 3), 27 (2, 3), 28 (1, 2); Institut für Auslandsbeziehungen, Stuttgart, 27 (1), 56 (2, 3), 60 (1), 99 (1, 2); Pressens Bild, Stockholm, 34, 51, 58, 61, 70, 71, 90 (2); R. Stenberg/Mira, Stockholm, 37 (1); Ruth Segoviano, Stuttgart, 38 (1, 2); W. Backen Studio, Stockholm, 46; El País Semanal, Madrid, 52 (1, 2); P. Almasy, 54; Melloul/Sygma/Diana Photo Press, 56, (1); R. Hassner/TIO, 63, 64; P. Klaesson/O. Bengt Olof/Bildhuset, Stockholm, 75; J.-K. Dahlström/Bildhuset, Stockholm, 77 (1); M. Markefelt, 77 (2); S. Segoviano, Stuttgart, 79 (1), 100 (1); Radio Nacional de España, Madrid 79 (2, 3), 80 (2); Guardia Civil de Tráfico, Madrid, 81 (1); DPA, Frankfurt/M., 90 (1); B. Larsson, Stockholm, 91; W. Krabel, 94; L. Müller, Stuttgart, 95; H. Basaldúa/Centro Arte, Buenos Aires, 96; Jean Guichard/Sygma, 97; U. Sjöstedt/TIO, 97; Secretaría General de Turismo, Madrid, 99 (3), 100 (2); P. Viña, Playa de Vega/Asturias, 103.

¡Eso sí!

Werkübersicht

¡Eso sí! I – **Spanisch für Anfänger**

Lehrbuch. Klettbuch 51441
Arbeitsbuch. Klettbuch 51445
Lösungsheft. Klettbuch 51442
Lehrerband. Klettbuch 51443
2 Compact-Cassetten. Alle Lehrbuchtexte, Hörverstehensübungen und Lieder. Klettbuch 51447
Testaufgaben. Klettbuch 51446
Grammatische Zusatzübungen, Lektionen 1–20 Klettbuch 514451
Grammatische Zusatzübungen, Lektionen 21–40 Klettbuch 514452
Lösungen zu den grammatischen Zusatzübungen. Lektionen 1–40 Klettbuch 514453

¡Eso sí! I **Superlearning** 51448

1 Entspannungscassette
8 Lerncassetten
1 Begleitbuch

¡Eso sí! II – **Spanisch für Fortgeschrittene**

Lehrbuch. Klettbuch 51451
Arbeitsbuch. Klettbuch 51455
Lösungsheft. Klettbuch 51452
Lehrerband. Klettbuch 51453
2 Compact-Cassetten. Alle Lehrbuchtexte, Hörverstehensübungen und Lieder. Klettnummer 51457